金苑文库
浙江金融职业学院中国特色高水平高职学校建设系列成果

国际经济与贸易专业中高职一体化课程改革研究

Research on the Curriculum Reform for Integration
of Secondary and Higher Vocational Education
of International Economics and Trade

梁 帅 章安平 著

中国人民大学出版社
·北京·

序 言

近10年来我国的高等职业教育发展迅猛,《国家职业教育改革实施方案》在"完善国家职业教育制度体系"的第三条"推进高等职业教育高质量发展"中明确提出:"在学前教育、护理、养老服务、健康服务、现代服务业等领域,扩大对初中毕业生实行中高职贯通培养的招生规模。"国内外现有研究分析了中高职衔接和贯通培养的现状、问题和路径,为我国中高职一体化贯通培养和课程改革奠定了研究基础。但关于中高职一体化的内涵和中高职一体化的学段划分、课程融合、教师选配、教材开发以及教法选用的研究较少。

为此,笔者从2021年开始,对国际经济与贸易专业中高职一体化课程改革开展了系统研究和实践:对浙江省内21所高职院校、34所中职学校以及263家外贸企业分别开展了人才培养现状和人才需求调研;根据教育学专家提供的理论框架,确定了传统外贸和数字贸易典型职业活动、工作任务和工作内容,研制了浙江省国际经济与贸易专业中高职一体化职业能力标准;坚持省域统筹、调研先行、一体设计、科研引领等课程改革原则,遵循专业教学标准研制技术路线,参照国家相关标准编制要求,制定了《浙江省职业院校国际经济与贸易专业中高职一体化专业教学标准》,并最终形成了8门中职学段专业核心课程标准和7门高职学段专业核心课程标准,共计15门专业核心课程标准。

本书采用理论研究和实证分析相结合、以实证分析为主的方法,对"双元育人 书证融通"人才培养模式进行了系统研究与实践。本书包括绪论、国际经济与贸易专业中高职一体化人才需求现状和教学现状调研、国际经济与贸易专业中高职一体化职业能力标准开发、国际经济与贸易专业中高职一体化专业教学标准开发、国际经济与贸易专业中高职一体化课程标准开发五章内容。

本书对于中高职一体化课程改革研究,尤其是国际经济与贸易专业中高职一体化课程改革研究与实践具有重要的参考和指导作用。本书可供高职教育研究者、高职院校专业主任和专业教师等阅读参考。

在编写本书过程中，我们得到了刘一展、范越龙、郑可立等老师的大力支持。此外，对于引用成果的权利人，我们在此一并表示衷心的感谢。

由于精力与水平等各种主客观原因，全书内容及个别观点可能存在值得进一步商榷的余地，恳请各位读者不吝赐教。

章安平

2023 年 11 月于杭州西湖

目 录

第一章 绪论
第一节 研究背景 / 3
第二节 国内外研究综述 / 5
第三节 研究价值 / 13
第四节 研究思路 / 13
第五节 研究方法 / 14
第六节 研究重点与创新 / 15

第二章 国际经济与贸易专业中高职一体化人才需求现状和教学现状调研
第一节 国际经济与贸易专业中高职一体化人才需求现状调研 / 19
第二节 国际经济与贸易专业中高职一体化教学现状调研 / 36

第三章 国际经济与贸易专业中高职一体化职业能力标准开发
第一节 职业能力标准开发的思路 / 63
第二节 职业能力标准开发的过程 / 64
第三节 职业能力标准的主要内容 / 65
第四节 职业能力标准开发的特色 / 76

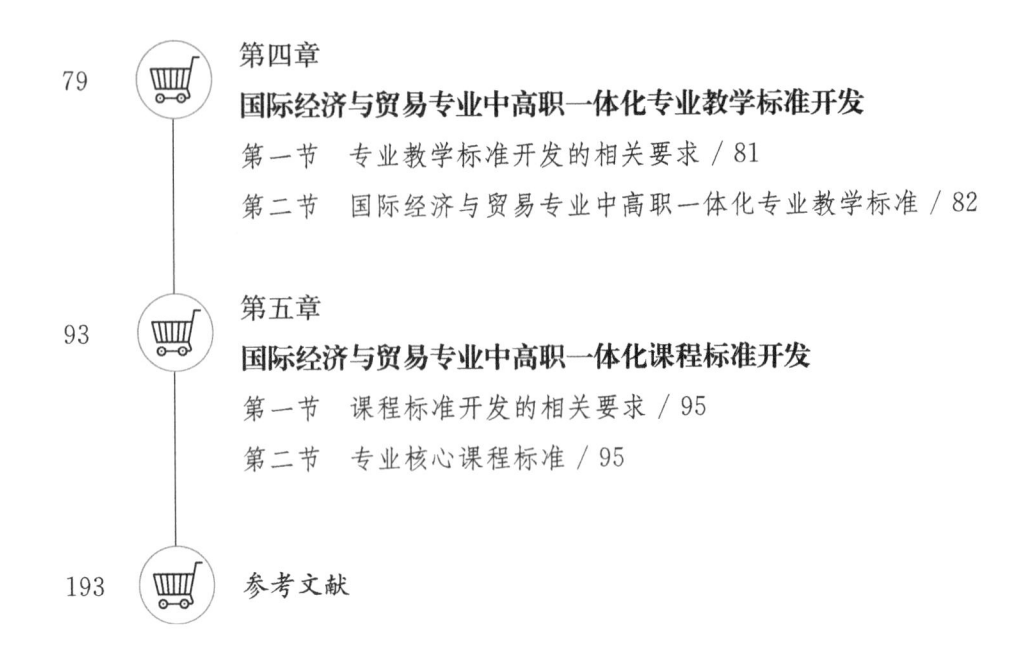

第四章
国际经济与贸易专业中高职一体化专业教学标准开发
第一节　专业教学标准开发的相关要求 / 81

第二节　国际经济与贸易专业中高职一体化专业教学标准 / 82

第五章
国际经济与贸易专业中高职一体化课程标准开发
第一节　课程标准开发的相关要求 / 95

第二节　专业核心课程标准 / 95

参考文献

第一章

绪 论

第一节 研究背景

一、问题提出

（一）落实国家职教政策

国家和省域层面出台的职业教育政策为开展中高职一体化建设奠定了政策基础。《国家职业教育改革实施方案》在"完善国家职业教育制度体系"的第三条"推进高等职业教育高质量发展"中明确提出："在学前教育、护理、养老服务、健康服务、现代服务业等领域，扩大对初中毕业生实行中高职贯通培养的招生规模。"《中国教育现代化2035》提出："优化人才培养结构，综合运用招生计划、就业反馈、拨款、标准、评估等方式，引导高等学校和职业学校及时调整学科专业结构。"《浙江省深化产教融合推进职业教育高质量发展实施方案》提出："健全中职-高职-本科-专业学位硕士等一体化人才培养体系……进一步健全高素质技术技能人才成长'立交桥'，构建学段衔接、技能递进的职业教育人才培养体系。深入推进中职学校与高职院校一体化人才培养试点工作。"《浙江省职业教育"十四五"发展规划》指出："着力构建完整、有机、互联、贯通的职业教育生态链条。一体设计、学段衔接、技能递进，规范、优化、创新长学制技术技能人才培养模式，有序推进中职与高职、高职与职业教育本科贯通式培养，逐步扩大一体化设计、长学制培养学生的比例，在培养目标、课程体系、管理考核等方面加强衔接。在部分中职学校高水平专业开展五年制人才培养试点。"

（二）服务产业技术升级

随着我国产业技术迭代升级，产业数字化、数字产业化，特别是"云物大智"等新一代数字技术赋能产业的步伐日趋加快。"数字化赋能"使传统制造业和服务业的就业岗位与数字化技术相互结合，大大提高了从业人员的职业能力和素质要求，形成传统产业普通技术工人过剩、高技能人才短缺的局面，进一步导致技能型人才供给侧的结构性矛盾。据阿里巴巴国际站预测，截至2021年5月，我国跨境电商专业人才缺口超过600万。超过70%的国内跨境电商B2B企业认为，制约企业发展最大的瓶颈是专业人才缺乏。当前，普通中专、职业高中、技工学校培养的中职毕业生无法完全适应数字化时代高端岗位的能力要求。因此，巩固和优化职业教育类型定位，发展中高职一体化教育，在凸显实践能力的基础上，聚焦长学制技术技能人才培养需求，能够更好地满足产业转型升级和区域经济社会高质量发展对高端技术技能人才的需求。

(三) 回应社会大众期待

当前，我国社会普遍存在将职业教育视为"次等教育"的偏见，这让选择就读中职学校的家长和学生十分焦虑。许多中职生的出路已经从传统的"就业为主、升学为辅"转向"升学为主、就业为辅"。《2019届浙江省中职毕业生职业发展状况调查报告》显示，接受调查的毕业生中，就业、升学和自主创业人数比例为1：3.78：0.16。因此，发展中高职一体化教育，让中职生可以在职业教育轨道上充分提升自身的技术技能水平，并根据自身特点和兴趣选择适合自己的教育类型，通过掌握技术技能实现精彩人生。因此，如何遵循并顺应不同职业教育类型的特征及发展规律，因势利导，从课程改革层面入手，推动中职学校与高职院校开展人才一体化培养，成为本书的题中应有之义。

二、专业现状

目前，浙江省内开设国际经济与贸易专业的高职院校有27所，开设相关专业的中职学校有40余所。浙江金融职业学院国际经济与贸易专业是首批中国特色高水平学校国际经济与贸易高水平专业群核心专业，教师团队牵头制定了国家高等职业教育（专科）国际经济与贸易专业教学标准，主持建设了职业教育国际贸易专业国家教学资源库及升级改进项目1个、国家精品课程1门、国家精品资源共享课1门、国家精品在线开放课程2门、国家课程思政示范课程1门、省级精品在线开放课程6门、省级课程思政示范课程3门，主编"十二五"职业教育国家规划教材4本、"十三五"职业教育国家规划教材4本，荣获全国优秀教材一等奖1项、国家级教学成果奖二等奖3项，拥有国家"万人计划"教学名师1人、黄炎培职业教育奖杰出教师1人、省"万人计划"教学名师1人、省优秀教师2人、省高职高专专业带头人4人，学生获技能竞赛国赛一等奖等省级以上奖项20余项，专业建设基础雄厚，产出成果丰硕。

《浙江省中高职一体化课程改革方案》指出，近年来，为适应经济社会快速发展对高素质技术技能人才的需要，浙江省探索推进中高职课程改革和人才一体化培养，取得了良好成效，在全国也形成了品牌效应。但在实际工作中还存在培养目标模糊、教学标准不一致、课程内容重复、管理机制不畅等问题，与国家对职业教育发展定位，与区域经济发展对高素质技术技能人才的需求，与人民群众对职业教育的美好期盼相比，还存在一定的差距。当前，从国际经济与贸易专业中高职衔接现状来看，存在以下几个问题：

（一）人才培养定位模糊

中职教育与高职教育分属两个不同层次的同一职业教育类型，本应有各自清晰的人才培养定位和目标。但当前中职学校和高职院校普遍将国际经济与贸易人才培养目标描述为"高素质技术技能人才",该目标描述趋同,没有量化指标,缺乏清晰界定,现实中难以操作。

(二)课程体系互不衔接

目前,高职院校将中职生源和普高生源混合编班的现象普遍存在,导致中职生源学生课程重复率较高,具体体现在核心课程内容重叠、实习实训环节重复。此外,许多开设国际经济与贸易相关专业的中职学校不重视英语课,英语课经常被挤占。长此以往,这将导致中职学生英语听说读写能力薄弱,升入高职后,学生需要"回炉再造"重修英语课程,额外花费较多时间学习英语,效果也不理想,未能完全达到外贸岗位所需的基本英语要求。

(三)课堂教学不够通畅

浙江省中职国际经济与贸易相关专业成立了教研大组,定期开展教育教学研究活动,而高职院校没有统一的教研平台,基本各自为政,兄弟院校之间教学研讨和交流较少,导致中职教师对新开设课程讲授内容把握不准,高职教师对学生原有专业基础情况不甚了解。

第二节 国内外研究综述

由于中高职一体化是带有鲜明中国特色的职业教育研究话语,绝大多数国外学者的相关研究不在这一研究语境下,因此,在国外研究综述方面,本研究主要借助联合国教科文组织国际职业技术教育培训中心的"世界技术和职业教育与培训国家概况数据库"(TVET Country Profiles),基于当前世界主要国家职业教育学制的视角,梳理不同国家高中阶段和中学后阶段职业教育人才培养的特点。

一、何谓中高职一体化

厘清中高职一体化的概念是开展本研究的首要步骤。然而,综观国内外现有文献,系统分析中高职一体化内涵、性质、概念的极少,已有研究多见于对中高职衔接和中高职贯通培养这两个概念进行阐释。有研究提出"中高职一体化"的概念是指中高职教育衔接的一种密切无缝的连接或承接模式,是一种以最小的教学消耗来达到最大的教学效率的教育关系,是为了改善职业教育的两个阶段各自为政的现状,解决中高职衔接过程中的一系列问题,在人才培养目标、专业设置和课程等方面,形成一个统一的整体(曹勇,2011)。

有研究对"中高职一体化教育管理"的概念进行了解读，即为了保证中高职一体化教育的顺利衔接与顺畅运行，实现中高职一体化教育的专业建设和人才培养，满足区域产业经济发展的需求，从而服务人的全面发展这一基本目标，在办学体制、管理机制、招生制度和学制、人才质量评价、基础保障等各项管理环节中，围绕专业设置、课程体系、教学模式、顶岗实习、科研产出、职业素养培养等主要办学工作衔接贯通的管理体系（姜宇国，2015）。《浙江省中高职一体化课程改革方案》开宗明义："深化中高职衔接、加强中高职一体化贯通培养是加快构建中国特色现代职业教育体系，不断提升职业教育适应性的重要途径。"可见，政策文本赋予中高职一体化和贯通培养并列的地位。结合文件精神，本研究将"中高职一体化课程改革"概念界定为：对在专业目录中名称相同、方向相近的中职和高职两个学段开展的专业教育活动进行一体化人才培养标准开发、一体化人才培养方案构建、一体化课程改革实施、一体化教研科研机制、一体化管理评价制度健全，达成提升专业人才培养的适应性、促进中等和高等职业教育一体化发展的目标，满足地方经济社会发展和技能人才可持续发展的需要。

二、中高职一体化人才培养模式

国内部分学者对中高职一体化人才培养的模式、问题、对策展开了探讨。有学者从社会与经济发展以及教育自身规律等方面探讨了中高职贯通的必要性，分析了当前人才培养的生源结构、培养目标、课程体系、市场对接四个方面存在的问题，并从中高职贯通人才培养模式的设计原则与方法展现了新型的人才培养模式（陆国民，2012）。有学者以护理专业为例，分析了浙江省中高职衔接的现状，发现其中存在管理制度壁垒、目标定位模糊、课程体系不衔接、教学通而不畅、评价制度不健全等问题，并从统筹协调、制度保障、核心内容、教学实施及评价跟进五个方面提出了对策和建议（于丽娟，2020）。还有学者比较了中美两国中高职衔接机制，美国实现中高职衔接的主要方式是技术准备项目，高中生选修职业教育课程后，可以直接学习社区学院或其他中学后教育机构的课程，或者学习由社区学院与中学共同开发的中高职衔接课程（臧志军、石伟平，2013）。

三、中高职一体化课程改革

关于中高职一体化课程改革，学者见仁见智，从不同方面展开了研究。中高职贯通人才培养模式的有效实现，需要打破中职、高职固有课程体系，重构一体化课程体系，要以课程开发管理理顺中高职贯通课程开发的权与责，以课程设计管理统领中高职贯通课程的逻辑架构，以课程实施管理体现中高职贯通课程的真正意蕴，以课程评价管理保障中高职贯通课程的有效性（刘磊等，2015）。中高职一体化课程体系是根据专业教学标准和职业标准、不同学习层次和终身专业发展需要，构建的一种横向统整、纵向统合的课程体系框架，应体现职业性、持续性、融合性及主体多元性特点（王丽新、李玉龙，2016）。中高职衔接的关键点与难点均在课程设计：在课程形成路径上，应对现有课程体系进行重组；在课程展开上，应遵循学生能力发展逻辑；在课程分段上，应保持中高职课程各自的相对完整性；在课程任务分担上，应基于中高职各自的办学优势（徐国庆，2013）。

四、世界各国中高职一体化办学实践

以获证等级衡量学生职业能力水平是世界各国职业教育普遍的办学实践，澳大利亚、荷兰、南非、瑞士、英国等国家是职业教育证书制度的典型代表国。

澳大利亚国家资格证书框架分为10级，每一级都有相应的证书、文凭和学位。选择走职业道路的学生只要达到全国统一开发的培训包能力要求，即可获得与岗位能力相匹配的证书或文凭。例如，学生可在初中阶段获取1～2级证书，在高中阶段获取3～4级证书，进入TAFE学院后可获取文凭（5级）和高级文凭（6级）。澳大利亚的3～4级证书对应我国的中职教育阶段文凭，文凭和高级文凭对应我国高职教育阶段学历。国家培训包制度以澳大利亚国家资格证书框架为基础，与国家认证框架共同构成国家培训框架。培训包是澳大利亚职业教育课程开发的指导材料，成功实现了中高职课程的衔接，而且使职业教育内部及职业教育与普通教育、高等教育有效衔接，形成了完善的国家终身教育体系。

作为第二次世界大战后经济腾飞的秘密武器，德国的双元制职业教育享誉全球。众所周知，德国从初中阶段就实行普通教育与职业教育的分流，而选择走职业教育道路的学生从初中到大学阶段共有3次就业选择机会，最高可获取应用科学大学的硕士文凭。德国面向17岁以下的初中学生提供一年制"职业教育与培训过渡课程"（TVET Transition Programme），旨在为学生后续的职业培训奠定基础，学生可以从13个职业领域中选择一个作为主修课程。初中学制通常为5至6年不等，具体分为文理中学、综合中学、实科中学和主体中学（职业预校）四类。后三类初中不同程度地带有职业属性：综合中学毕业生既可升入普通高中或综合高中，也可选择进入职业学校（学制1～3年）和双元制学校（学制2～3.5年）接受职业培训；实科中学和职业预校的所有课程都必须面向工作世界。此外，四类初中毕业生都可以选择进入专业型职业高中（学制1～3年），毕业后进入双元制大学（学制2～3年）参加技师课程学习，或者经过1～3年培训，获取德国职业教育领域最高职业资格——工匠资质（Meister）。德国职业预校和职业完全中学的双重证书衔接教学计划保证了学生一定的专业课时数和普通文化课时数，为中职学生升入高职接受高等教育奠定了良好的基础。

美国职业生涯与技术教育的中高职衔接并非单纯的教育阶段衔接，更是文化课与专业

课的衔接,是人才培养与满足劳动力市场需求的衔接,这种衔接的职业教育模式旨在培养同时具备技能、学习能力和适应能力的"弹性人才"。根据《卡尔·帕金斯生涯与技术教育促进法案(2006年)》,所有的学生都要达到知识与技能的较高水平,以便能在21世纪全球经济发展中谋得高技能、高薪酬及高标准的工作。在具体操作中,一般会由一所社区学院、几所中学或几个学区加上一些企业结成职教集团,社区学院根据各中学的专业特点分别与不同学校在州教育管理机构的见证下签订衔接协议。

英国职业教育的特色是资格证书框架下以课程为主线开展的。这保证了英国中等、高等职业教育课程体系建设依托资格与学分框架(QCF),围绕同一行业科目分类系统进行。英国职业教育的课程通常由国家职业考试委员会与中学教育考试委员会共同协调和审定,课程衔接实行学分制度和学业认可制度,创立了教学单元衔接模式。英国将中、高职课程统一归划为五个不同层次的教学单元。英国的教学单元课程衔接模式衔接紧凑、逻辑顺序清晰,避免了课程内容的断档和重复。英国将职业教育和企业生产紧密联系在一起,从资格框架、能力标准、课程内容、培养模式到师资力量,企业都有很多话语权和决定权。校企合作可以最大限度地缩短学生从职业院校到企业工作之间的适应期。有研究总结了英国中高等职业教育衔接的四项主要举措:整体设置课程,内容相互衔接;学分可以转换,资格可以互认;工读交替进行,坚持在做中学;组织机构健全,管理有效衔接。

日本实施中等教育与高等教育衔接的基本出发点是实现每一个学生的健康成长和主体性发展。日本实施中高等(技术)教育衔接与贯通的形式可以分为:通过教育目标分工、学分互认和转入学制度,实施不同层次和类型学校之间的衔接与融通;通过5年一贯制高专(全称为"高等专门学校")与专攻科制度,以及技术科学大学,实施技术类学校之间的一体化教育。日本各高等专科学校按照统一的标准对教学大纲进行编制,并依据教学大纲的要求设置相关课程。统一的教学大纲有助于学生在不同学校之间的自由流动。此外,日本采用学年学分制,每个学年都要求学生获得相应的学分。如果学分不够,学生将面临留级的风险,而不能继续进行高年级的学习。

五、我国省域层面对中高职一体化课程改革的政策导向

为深入贯彻落实全国职业教育大会精神,加快构建现代职业教育体系,畅通人才成长渠道,提升职业教育适应性,全面提升高素质技术技能人才培养质量,经研究,浙江省决定在全省进一步深化中高职一体化课程改革。浙江省教育厅办公室印发了《浙江省中高职一体化课程改革方案》(浙教办教科〔2021〕15号)。方案具体内容如下:

深化中高职衔接、加强中高职一体化贯通培养是加快构建中国特色现代职业教育体系,不断提升职业教育适应性的重要途径。近年来,为适应经济社会快速发展对高素质技

术技能人才的需要，浙江省探索推进中高职课程改革和人才一体化培养，取得了良好成效，在全国也形成了品牌效应。但在实际工作中还存在培养目标模糊、教学标准不一、课程内容重复、管理机制不畅等问题，与国家对职业教育发展定位，与区域经济发展对高素质技术技能人才的需求，与人民群众对职业教育的美好期盼相比，还存在一定的差距。为进一步优化中高职一体化课程体系，完善一体化人才培养机制，畅通高素质技术技能人才成长渠道，结合浙江省实际，制定本改革方案。

（一）指导思想

以习近平新时代中国特色社会主义思想为指导，全面贯彻落实全国职业教育大会精神和《中国教育现代化2035》《国家职业教育改革实施方案》《浙江省教育事业发展"十四五"规划》《浙江省深化产教融合推进职业教育高质量发展实施方案》，落实立德树人根本任务，突出职业教育的类型特点，秉承立德树人、德技并修的育人理念，以人才成长规律为遵循，以培养高素质技术技能人才为核心，立足产业转型升级和区域经济社会高质量发展需要，聚焦长学制技术技能人才培养需求，明确目标定位，构建特色鲜明、充满活力的中高职一体化课程体系，规范技术技能人才贯通培养过程，全面提升高素质技术技能人才培养质量。

（二）改革目标

以服务国家和地方高素质技术技能人才需求为导向，专业标准体系建设为统领，一体化课程改革为核心，一体化培养机制探索为主线，充分发挥行业企业的作用，构建适应浙江省经济社会发展需求和学生全面可持续发展需要，具有浙江特色的中高职一体化专业教学标准体系和课程体系；探索中高职一体化教研协同机制，深化一体化人才培养模式改革，提升技术技能人才培养质量，促进中等和高等职业教育一体化发展，满足高端产业和产业高端对高素质技术技能人才的迫切需求。到2025年，中高职一体化课程改革基本覆盖适合长学制培养的专业。

（三）基本原则

1. 坚持德技并修、服务发展

落实立德树人根本任务。坚持为党育人，为国育才，全面推动习近平新时代中国特色社会主义思想进教材进课堂进头脑。服务国家发展战略需要、产业发展和学生职业生涯发展需求，将劳模精神、劳动精神、工匠精神融入人才培养全过程，满足行业技术技能进步和产业结构转型升级对技术技能人才的新要求，服务学生终身发展需求。

2. 坚持一体设计、递进培养

树立系统培养和终身教育的理念，以社会发展需求为出发点，建立一体化人才培养标准为切入点，制定一体化人才培养方案，构建各年段相互衔接递进的课程体系、教材体系、实训体系。明确人才培养规格，系统设计培养目标，充分整合资源、优势互补、合作共赢，做好一体化培养。

3. 坚持省域统筹、协同推进

坚持统筹谋划，在省级职业教育行业指导委员会指导下，强化顶层设计，完善协同推进，建立健全培养方案、教材、教学、考试、评价、招生等各个环节有机衔接的工作机制，确保人才培养平稳有序。

4. 坚持试点先行、持续优化

以若干所国家和省级高水平职业院校为主体，吸收行业企业专家参与，依托高水平专业群建设基础，遴选一批量大面广、行业岗位技术含量较高、专业技能训练周期较长、社会需求相对稳定、适合中高职一体化培养的专业，先行先试。及时总结经验，建立健全行业企业、第三方评价机构等多方参与的监督评价和改进机制，持续优化一体化课程改革。

（四）改革任务

1. 研制一体化人才培养标准

强化标准在提升中高职一体化人才培养质量中的基础性作用。由高职院校牵头，中职学校、行业企业共同参与，立足省域视角，结合实际需求，确定一体化课改专业，做好人才需求调研，明确课改专业所对应岗位的工作任务和职业能力，对接职业能力标准，清晰界定中高职层次的人才培养目标，并据此制定一体化专业教学标准、一体化核心课程标准、一体化实训条件建设标准和一体化顶岗实习标准。

2. 构建一体化人才培养方案

由高职院校牵头，联合中职学校、行业企业，构建体现省域特色的中高职一体化人才培养方案。遵循人才成长规律，兼顾学生成长需要和社会用人需求，确定培养规格，统筹安排教学计划、课程选择、实践实习、考试评价、质量监控等各环节，研究制定人才培养方案。按照"把好两端、规范中间"的原则，严把学生入学标准和毕业质量两个关口，严格学段管理。构建中高职有序衔接的课程体系，避免课程内容的脱节和简单重复，实现课程内容衔接的连续性、逻辑性和整合性，着力提升课程有效性和适应性。

3. 强化一体化课程改革实施

充分调动行业、企业、职业院校专家等多方力量，根据一体化核心课程标准，共同研发和编写一体化课程教材，及时将新技术、新工艺、新规范纳入教学内容。持续推动适应一体化人才培养要求的精品在线开放的专业教学资源库建设，加快智能化教学支持环境建设，完善满足学生多样化需求的课程资源。坚持书证融通，促进中高职一体化的课程设置、教学内容与职业岗位能力、职业技能等级证书对接，创新一体化人才培养模式。探索建立一体化校企双元育人机制，推进中高职教学团队分工协作的模块化教学，重新系统规划设计实训实习安排，强化实践性教学，协同建好用好各类校企实训基地，广泛开展各类社会实践活动，将职业素养培养和职业技能训练贯穿整个培养过程。

4. 探索一体化教研科研机制

探索建立高职院校、中职学校和合作企业共同参与的中高职一体化教研科研工作机制。组建省级中高职一体化专业教研大组，搭建教研活动平台，深入推进校际研训，积极开展人才培养标准研制、人才培养方案制定、课程体系设计、课程实施、教材开发、技能比赛、质量评价等，形成定期交流、专题研讨的常态化教研活动模式。探索中高职一体化教学创新团队建设，推进中高职教师双向交流。

5. 健全一体化管理评价制度

积极推进中高职一体化教学管理和学生学业评价制度改革，建立健全中高职一体化人才培养全过程管理评价制度建设。探索实施中高职教学及管理人员互兼互聘、教育教学定期检查等机制。深化一体化"学分制"管理，改进结果评价、强化过程评价，探索增值评价、健全综合评价，完善中高职一体化的学生学业质量评价体系。优化中高职升段评价，依据一体化专业教学标准，科学设置升段考核机制，全面评价中职阶段人才培养质量；以毕业生就业率、就业质量、企业满意度为核心指标，全面衡量高职阶段高素质技术技能型人才培养质量。

(五) 保障措施

1. 健全组织领导

成立由浙江省教育厅分管领导任组长，相关职能处室和单位参加的课程改革工作领导小组，统筹督促实施，定期研究并协调解决工作中遇到的突出问题，领导小组办公室设在浙江省教育科学研究院。各设区市成立课程改革工作指导小组，统筹推进本地的课程改革工作，积极调动并充分整合当地学校资源、企业资源和社会资源参与。各牵头高职院校成立由院（校）领导、职能部门负责人、专业负责人和行业专家组成的工作小组，健全工作推进制度。

2. 强化互动合作

由国家级或省级"双高"高职院校牵头，会同高水平中职学校做好一体化专业确定、专业教学标准研制、人才培养方案制定、课程体系设计、工作具体实施等工作。充分依托省级职业教育行业指导委员会，开展职业能力标准开发、专业教学标准研制、专业人才培养方案制定、课程论证、教材编写工作。充分发挥职业教育集团作用，联合行业企业，吸引头部企业深度参与，深化产教融合、校企合作，建设校企命运共同体。

3. 加强经费保障

全省各级教育行政部门和职业院校要根据课程改革工作需求，建立稳定的投入机制，确保必需的师资、场地、设备等配备。开展课程建设、教材开发、教学研究、教师培训与研修以及开展综合实践活动等所需经费，要予以充分保障。

4. 完善考核激励

建立考核激励制度。按照"管、办、评"分离原则，研究建立职业院校课程改革专项评估制度，将中高职一体化课程改革落实情况纳入中职、高职督导评估内容，将有关课程改革成果列入省教育现代化建设工程绩效评价内容。设立专项研究课题，支持课程改革相关研究成果、课改教材申报各级教学成果奖和教材奖。

六、研究述评

通过对国内外中高职一体化课程改革研究的回顾与探讨，分析我国中高职一体化课程存在的问题与对策，以及国外中高职一体化课程改革的成功经验，可以为我国无缝衔接的中高职一体化课程设计奠定基础并提供借鉴。过去，我国中高职一体化课程改革存在课程内容重复与断接、课程衔接错位、技能倒挂等问题，中高职一体化课程设计是解决中高职课程衔接问题的必然趋势。国际职业教育发达国家的中高职一体化设计存在一些共同特征：行业企业的广泛参与确保了课程内容与岗位的对接性和前瞻性；文化课程与专业课程有效融合，具有明确的课程目标达成等级；实行统一的课程教学标准和统一的教学大纲；灵活的学分制度保证了学习者学习的灵活性；学习目标面向就业岗位能力和个体可持续发展。在中高职一体化课程改革过程中，德国摒弃学科系统化模式，提高课程的综合化与项目化程度；美国统一制定中高职衔接的教学大纲，实施以应用为导向的综合课程等；英国实行学分制度和学业认可制度；澳大利亚通过培训包体系和资格证书框架体系来实现中高职一体化课程；日本通过制定统一的标准、落实统一的教学大纲、实施严格的学业评价来达成中高职课程体系的一体化。

综上，我国中高职一体化课程改革可以从以下几个方面进行构建。第一，借鉴德国的摒弃学科系统化模式，构建能力本位的课程体系；第二，学习美国经验，设置应用导向的综合课程，将文化课与专业课进行融合，统一制定中高职教学大纲；第三，参考英国的学分和学业认可制度，规范采用学分制，打通中高职一体化顺畅无阻的通道；第四，澳大利亚的资格证书框架体系为建立与若干专业对应的职业技能等级证书体系提供了启示，职业能力的对接也是中高职一体化课程体系的一个重要方面。另外，中高职一体化课程体系的构建依赖于教学内容的一体化，应统筹编制中高职一体化教材资源，建设中高职一体化数字化教学资源平台，构建独具特色的中高职一体化课程体系。

第三节　研究价值

综上，国内外现有研究分析了中高职衔接和贯通培养的现状、问题和路径，为我国中高职一体化贯通培养和课程改革奠定了研究基础。但关于中高职一体化的内涵以及中高职一体化的学段划分、课程融合、教师选配、教材开发以及教法选用，是本研究可进一步探讨和突破的空间。

一、学术价值

本研究旨在为新时代中高职一体化课程改革和人才培养质量提升提供前置性实践研究，通过研究成果的发表，达到学术成果的传播和交流等目的，最终为完善现代职业教育体系奠定实践研究基础。

二、应用价值

本研究通过阶段性研究成果的发表，使国内外同行、相关教学科研单位及其主管部门实时了解本研究的进展，并为相关学科领域的科研人员和学生提供参考和借鉴，为浙江省中高职一体化发展提供决策参考，彰显浙江省在构建中高职一体化课程体系、人才培养体系方面的独特性。在应用场景中，本研究可以为浙江省中高职长学制人才培养改革试点提供指导，完善并优化中高职"3+2"衔接、"3+3"单考单招等人才培养方式。

三、社会价值

本研究对国际经济与贸易专业中高职一体化课程改革开展系统研究，尤其是进行体系化的理论研究与实践印证，其现实意义体现在：切实回应学生对接受更高质量职业教育的追求以及家长和社会大众对职业教育的关切，满足人民群众对美好生活的更高期待。

第四节　研究思路

一、开展人才需求调研

主要调研对象为浙江省外贸企业和开展外贸相关业务的企业，重点调查外贸企业一线从业人员、部门管理人员及人力资源管理人员。

二、开展教学现状调研

面向浙江省中职学校和高职院校国际经济与贸易专业的学院院长、专业负责人、专任教师等开展教学现状调研。

三、进行职业能力分析

职教专家作为主持人，确定参会人员并根据职业活动分组，主要参会人员为企业人员，一个岗位需要两个企业人员，每组确定1名教师作为联络员。对调研初步形成的中高职国际经济与贸易专业面向的主要岗位进行论证。按照中高职面向的主要岗位进行一体化的典型职业活动和工作任务分析，完成职业能力分析表。

四、研制专业教学标准

根据职业能力分析提炼国际经济与贸易专业所需的知识、能力与素质，确定各阶段的人才培养规格。以校企合作的方式召开课程体系设计会议，将职业能力分析表进行转换，通过明确课程结构、课程转换、课程体系分析完成中高职一体化的课程体系设计。从师资、实训条件、教材等资源分析支撑条件，结合国家专业教学标准的模板要求，设计体现一体化特色的专业教学标准，并制定人才培养指导方案。

五、制定核心课程标准

在职业能力分析的基础上，完成专业核心课程与能力目标对应表，根据职业能力分析表，确定核心课程的教学目标，并归纳学习内容，具体明确课程名称、适用专业、学时与学分、课程性质任务、课程目标、课程内容与要求、考核评价、实施保障等。

第五节　研究方法

一、文献研究法

收集、整理、分析国家、省、地市有关部门近三年来出台的本行业相关政策、发展规划、产业和技术发展动态，国家相关新职业信息等。通过查阅文献，了解国家相关政策文件及产业规划对国际贸易行业发展的新要求，了解浙江省相关发展战略对国际经济与贸易专业人才的需求情况，分析数字经济和新技术发展对专业人才的影响，了解新职业对专业技能人才培养提出的新要求。

二、问卷调查法

由于本次调研范围面向全省,考虑到调研的便捷性和有效性,因此面向行业企业、职业院校、毕业生开展在线问卷调研。其中,行业企业调研问卷一份面向企业一线从业人员,一份面向人力资源管理人员。

三、访谈调查法

设计半结构式访谈提纲,面向外贸企业从业人员和管理人员以及高职院校、中职学校的教师和毕业生开展现场深度访谈。

第六节 研究重点与创新

一、研究重点

经过研究组成员充分讨论与研判,本研究在推进过程中的重点问题体现为以下四个方面:
(1) 国际经济与贸易专业中高职一体化人才需求调研的代表性;
(2) 国际经济与贸易专业中高职一体化教学现状调研的全面性;
(3) 国际经济与贸易专业中高职一体化职业能力分析的精准性;
(4) 国际经济与贸易专业中高职一体化人才培养指导性方案的科学性。

二、研究创新

(一) 实践创新

本研究立足我国职业教育现状,基于浙江省高职院校和中职学校的办学特色,探索形成浙江省国际经济与贸易专业中高职一体化人才培养标准、一体化人才培养方案、一体化课程改革实施方案、一体化教研科研机制、一体化课程质量监测制度,能够为进一步优化中高职一体化课程体系、完善一体化人才培养机制、畅通高素质技术技能人才成长渠道奠定实践基础。

(二) 视角创新

本研究立足教育学、心理学、管理学等多学科视角,设立中高职一体化课程质量监测、"三教"改革、岗课赛证综合育人三个研究子方向,打造一批具有浙江特色的中高职一体化课程改革研究成果,不仅能为中高职一体化课程改革的后续实施、运行起到支撑作用,还能切实回应现代职业教育高质量发展所提出的"强化职业教育类型特色"。

(三)方法创新

本研究在全省范围内选取 20 余所中高职学校协同开展国际经济与贸易专业中高职一体化课程改革研究,尚属先例,无论在研究方法的广度还是深度上均具有较强的创新性。

第二章

国际经济与贸易专业中高职一体化人才需求现状和教学现状调研

第一节　国际经济与贸易专业中高职一体化人才需求现状调研

为了解浙江省外经贸人才需求的基本现状和发展趋势，促使浙江省中高职院校国际经济与贸易专业教学与相应行业的人才结构要求、与企业岗位的人才技能需求相适应，提高浙江省中高职院校人才培养的针对性与适应性，浙江省国际经济与贸易专业中高职一体化课改工作课题组于 2022 年 4—6 月对浙江省 263 家外贸企业开展问卷调研以及深度访谈，为提升浙江省中高职院校国际经济与贸易专业人才培养质量提供全面、客观的现实依据。

一、调研目的、调研对象、调研方式与调研实施情况

（一）调研目的

为顺应国际贸易产业升级和数字化转型的新趋势，通过外贸行业企业调研，了解当前外贸行业的人才结构现状、技术技能人才最新需求状况，厘清外贸企业职业岗位设置情况、岗位人员结构、岗位招聘途径与要求、岗位待遇与发展，把握行业企业对国际经济与贸易专业技术技能人才在知识结构、职业能力和综合素质等方面的最新要求。

（二）调研对象

1. 受访企业概况

263 家受访企业主要分布在浙江省内，其中杭州 80 家、宁波 68 家、温州 27 家、台州 25 家、绍兴 20 家、金华 18 家、嘉兴 16 家、湖州 9 家。受访企业所在地域兼顾浙南和浙北地区，既有浙江传统外贸强市，又有外贸发展充满潜力的地级市，以及外贸发展相对滞后的地级市。

84.41% 的受访企业的性质为民营企业，国有企业占 4.94%，外商投资企业占 7.22%（见图 2-1）。

47.53% 的受访企业从事传统国际贸易业务，10.27% 的受访企业从事跨境电商业务，38.4% 的受访企业从事传统国际贸易与跨境电商相结合的业务（见图 2-2），大部分受访企业都已完成或正在从传统国际贸易向跨境电商新业态转型升级。

受访企业主要出口市场为美国和欧盟，占比分别达到 68.06%、66.92%（见图 2-3）。此外，对"一带一路"、RCEP（《区域全面经济伙伴关系协定》）贸易伙伴的贸易量稳步增长，表现出较高的竞争潜力，如澳大利亚、日本、俄罗斯、巴西、韩国等市场。

受访企业涉及机械、电子、纺织服装、化工、五金矿产、农产品等产业，其中纺织服装、机械、化工产业所占比重较高（见图 2-4）。

图 2-1 受访企业性质

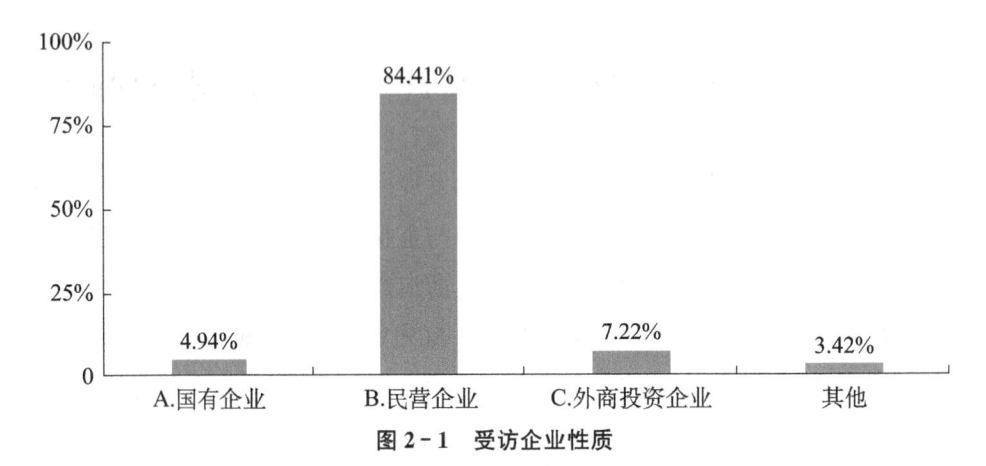

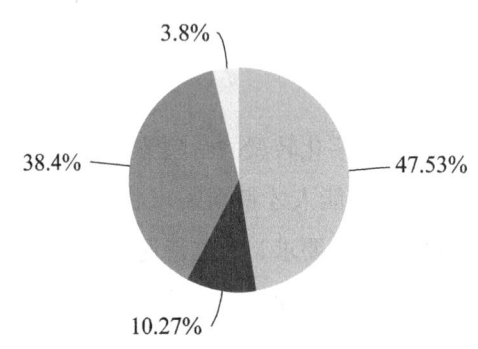

- A.国有企业 4.94%
- B.民营企业 84.41%
- C.外商投资企业 7.22%
- 其他 3.42%

图 2-2 受访企业业务类型

- A.传统国际贸易 38.4%
- B.跨境电商 10.27%
- C.传统国际贸易+跨境电商 47.53%
- 其他 3.8%

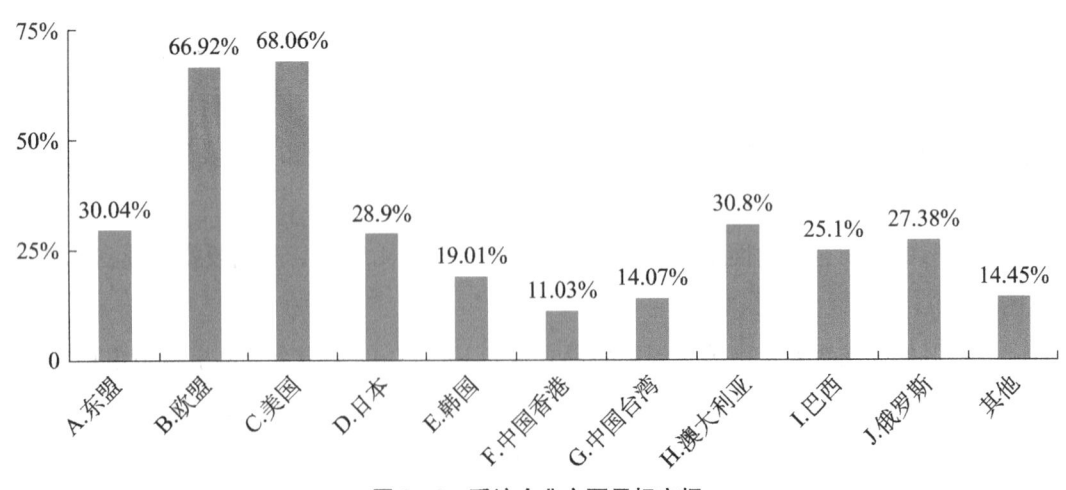

图 2-3 受访企业主要目标市场

- A.东盟 30.04%
- B.欧盟 66.92%
- C.美国 68.06%
- D.日本 28.9%
- E.韩国 19.01%
- F.中国香港 11.03%
- G.中国台湾 14.07%
- H.澳大利亚 30.8%
- I.巴西 25.1%
- J.俄罗斯 27.38%
- 其他 14.45%

2021年营业收入在1 000万～5 000万元（不含）的受访企业占比35.36%，营业收入低于1 000万元的受访企业占比23.57%，营业收入在5 000万～40 000万元（不含）的受访企业占比19.77%，营业收入大于或等于40 000万元的受访企业占比21.29%，受访企业兼顾大、中、小、微四种规模（见图2-5）。

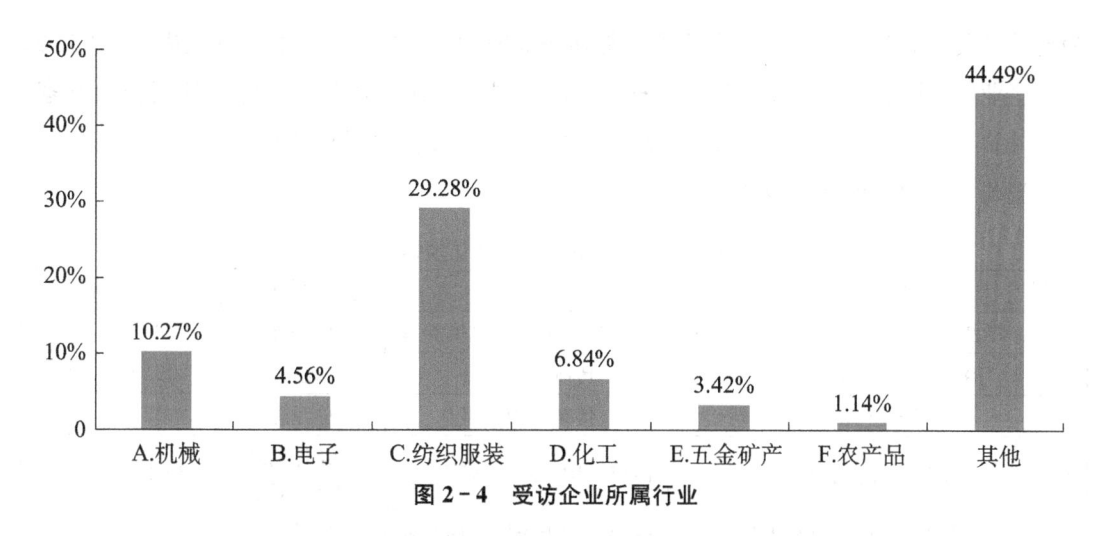

图 2-4 受访企业所属行业

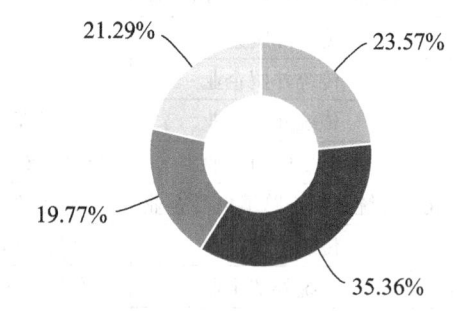

- A.机械 10.27%
- B.电子 4.56%
- C.纺织服装 29.28%
- D.化工 6.84%
- E.五金矿产 3.42%
- F.农产品 1.14%
- 其他 44.49%

图 2-5 受访企业所属行业 2021 年营业收入

- A.营业收入<1 000万元 21.29%
- B.1 000万元≤营业收入<5 000万元 23.57%
- C.5 000万元≤营业收入<40 000万元 35.36%
- D.营业收入≥40 000万元 19.77%

2. 受访企业中受访者概况

本次企业受访者共 263 位，其中 34.22% 为业务部门经理，28.9% 为总经理或副总经理，8.37% 为人力资源经理，其他的受访者主要为外贸业务员、外贸跟单员和跨境电商运营专员等。总体而言，受访者职务级别较高，对外贸企业的人才需求有清晰的把握。

（三）调研方式

在开展行业调查时，课题组收集、整理、分析了国家、省、地市有关部门近三年来出台的本行业相关政策、发展规划、产业和技术发展动态、国家相关新职业信息等。通过查阅文献，课题组了解了国家相关政策文件及产业规划对国际贸易行业发展的新要求，知晓了浙江省相关发展规划对国际经济与贸易专业人才的需求情况，剖析了数字经济和新技术发展对专业人才的影响，探究了新职业对专业技能人才培养提出的新要求。

在开展企业调查时，课题组采用直接调研（访谈）与间接调研（问卷和文献）相结合的方法，遵循调研对象先进企业与一般企业相结合的原则。其中，企业调查问卷发放范围为传统外贸企业和跨境电商 B2B 企业，调研企业兼顾大、中、小、微四种规模。在 263 家受访企业中，课题组选取了 15 家代表性企业开展深度访谈，其中，传统外贸企业 9 家、传统外贸＋跨境电商企业 5 家、跨境电商企业 1 家，覆盖杭州、宁波、绍兴、嘉兴、金华、温州 6 个地级市（见表 2-1）。

表 2-1 代表性企业深度访谈情况

序号	受访企业名称	企业类别	受访对象职务	访谈时间
1	浙江新大三源控股集团有限公司	传统外贸＋跨境电商企业	总经理	2022-06-13
2	宁波市旭马吊索工具有限公司	传统外贸企业	总经理	2022-06-13
3	浙江金纺贸易有限公司	传统外贸企业	总经理	2022-06-13
4	浙江驰非控股有限公司	传统外贸＋跨境电商企业	总经理助理 人力资源主管	2022-06-16
5	温州尚宁进出口有限公司	传统外贸＋跨境电商企业	总经理	2022-06-10
6	温州康丰进出口有限公司	传统外贸企业	总经理	2022-06-15
7	温州恒瑞科技有限公司	传统外贸企业	总经理	2022-06-12
8	温州优荣国际贸易有限公司	传统外贸企业	总经理	2022-06-15
9	遨森电子商务股份有限公司	跨境电商企业	招聘部经理	2022-06-15
10	浙江保宏境通供应链管理有限公司	传统外贸＋跨境电商企业	总经理	2022-06-13
11	浙江超达经编有限公司	传统外贸企业	副总经理	2022-06-12
12	杭州盛孚交通设施有限公司	传统外贸企业	副总经理	2022-06-13
13	义乌竞尧进出口有限公司	传统外贸＋跨境电商企业	总经理	2022-06-14
14	浙江优特格尔医疗用品有限公司	传统外贸企业	销售经理	2022-06-15
15	浙江富豪时装有限公司	传统外贸企业	业务经理	2022-06-15

（四）调研实施情况

调研工作于 2022 年 3 月启动，通过电子和纸质文献阅读、访谈行业企业专家等方式，课题组做了大量的调研前期准备工作，包括制定调研方案，形成调研对象清单和调研提纲、访谈纲要和调查问卷。2022 年 4—6 月，课题组按照调研计划走访清单中的企业，通过实地走访、面对面访谈和电话访谈，并基于"问卷星"平台发放调查问卷等方式，进行了广泛而深入的调查，获得了大量一手宝贵数据与文本。2022 年 6 月，课题组整理、分析调研数据与文本，并形成《浙江省国际经济与贸易专业人才需求调研报告》。

二、调研内容

（一）行业发展现状与趋势

1. 中国外贸行业发展现状

商务部《"十四五"对外贸易高质量发展规划》指出，"十三五"时期，在以习近平同志为核心的党中央坚强领导下,面对保护主义和单边主义蔓延、新冠疫情严重冲击等重大风险挑战,各地区、各有关部门认真贯彻落实党中央、国务院一系列决策部署,我国外贸展现出极强的韧性和蓬勃的活力,取得显著发展成就,为国内经济社会发展和全球共同发展做出积极贡献。"十三五"期间,我国货物贸易总额从2015年的3.95万亿美元增至2020年的4.65万亿美元,国际市场份额提升至14.7%。2020年,我国货物与服务贸易总额跃升至全球首位,贸易伙伴扩展至230多个国家和地区。贸易结构持续优化,2020年新兴市场占货物进出口比重达58.6%。以大数据、云计算、人工智能、区块链为代表的数字技术推动了我国数字贸易的迅速崛起,外贸行业进入新一轮发展高峰期,外贸行业发展逐渐从传统外贸向数字贸易转型,传统外贸短期内在规模上将继续保持主体地位,而数字贸易将成为我国外贸行业新的发展引擎并将逐渐成为主流贸易方式。顺应数字贸易发展趋势,近年来我国政府出台了一系列推进外贸高质量发展的政策文件,对数字贸易均有所提及(见表2-2)。

表2-2 近年来我国政府层面支持数字贸易新业态发展系列政策文件

发布时间	发布部门	文件名称
2019年11月	中共中央 国务院	《关于推进贸易高质量发展的指导意见》
2020年10月	国务院办公厅	《关于推进对外贸易创新发展的实施意见》
2021年3月	中共中央	《中华人民共和国国民经济和社会发展第十四个五年规划和2035年远景目标纲要》(简称"十四五"规划)
2021年7月	国务院办公厅	《关于加快发展外贸新业态新模式的意见》
2021年11月	商务部	《"十四五"对外贸易高质量发展规划》
2021年12月	国务院	《"十四五"数字经济发展规划》
2022年3月	国务院	《政府工作报告》

2019年11月,中共中央、国务院《关于推进贸易高质量发展的指导意见》提出加快培育贸易竞争新优势,推进贸易高质量发展,提升贸易数字化水平,加快数字贸易发展。

2020年10月,国务院办公厅印发《关于推进对外贸易创新发展的实施意见》(国办发〔2020〕40号),围绕构建以国内大循环为主体、国内国际双循环相互促进的新发展格局,加快推进国际市场布局、国内区域布局、经营主体、商品结构、贸易方式"五个优化"和外贸转型升级基地、贸易促进平台、国际营销体系"三项建设",培育新形势下参与国际合作和竞争新优势,实现外贸创新发展。其中提到大力发展数字贸易,推进国家数字服务出口基地建设,鼓励企业向数字服务和综合服务提供商转型。

2021年3月,国家"十四五"规划提出要加快数字化发展、建设数字中国。随着创新数字技术的出现和互联网基础设施建设的逐步完善,新型数字技术在数字贸易中的广泛应用推动数字贸易发展边界向外延伸,这将进一步拓展数字贸易发展市场。而高素质、高层次外贸技术技能人才则是支撑数字贸易快速发展的关键支撑。7月，国务院办公厅印发《关于加快发展外贸新业态新模式的意见》（国办发〔2021〕24号），提出新业态新模式是我国外贸发展的有生力量，也是国际贸易发展的重要趋势。加快发展外贸新业态新模式，有利于推动贸易高质量发展，培育参与国际经济合作和竞争新优势，对于服务构建新发展格局具有重要作用。11月，商务部印发《"十四五"对外贸易高质量发展规划》，提出大力发展数字贸易，建立健全数字贸易促进政策体系，探索发展数字贸易多元化业态模式。12月，国务院印发《"十四五"数字经济发展规划》，提出要加快贸易数字化发展，以数字化驱动贸易主体转型和贸易方式变革，营造贸易数字化良好环境。

2022年3月，国务院《政府工作报告》提出加快发展外贸新业态新模式，充分发挥跨境电商作用，支持建设一批海外仓。积极扩大优质产品和服务进口。创新发展服务贸易、数字贸易，推进实施跨境服务贸易负面清单。深化通关便利化改革，加快国际物流体系建设，助力外贸降成本、提效率。

"十四五"期间，我国外贸发展面临着机遇与挑战并存的局面。我国将以深化供给侧结构性改革为主线，以贸易创新发展为动力，推进优化货物贸易结构，加快发展跨境电商等贸易新业态，提升贸易数字化水平，深化"一带一路"贸易畅通合作等重点任务，加快实现外贸高质量发展跃上新台阶。

2. 浙江外贸行业发展现状

在"十四五"开局之年，2021年浙江货物贸易进出口实现快速增长，全年进出口、出口和进口规模创历史新高，扩大高水平对外开放和推进外贸高质量发展取得显著成效。据杭州海关统计，2021年，浙江进出口总值首次超过4万亿元（人民币，下同），达4.14万亿元，较2020年增长22.4%，高出全国1.0个百分点；其中，出口总值首次突破3万亿元，达3.01万亿元，较2020年增长19.7%，进口总值首次突破1万亿元，达1.13万亿元，较2020年增长30.3%，进口增速高出全国8.8个百分点。把视野拉长，中国加入世界贸易组织20年，浙江省外贸快速发展，与2001年相比，全省进出口总值增长14.3倍，年均增长14.6%。其中，出口总值增长14.8倍，年均增长14.8%；进口总值增长12.9倍，年均增长14.1%。

2022年5月发布的《浙江数字贸易发展蓝皮书（2022）》显示，浙江实施数字经济"一号工程"以来，数字贸易规模不断扩大，数字贸易指数持续上升，由2017年的80.9上升至2021年的123.9。2021年浙江省数字贸易进出口额达5 279.0亿元，其中数字服务贸易进出口额1 975.56亿元，同比增长12.47%，跨境网络零售（B2C）出口额2 430.2亿元，同比增长39.3%。此外，浙江实现了跨境电子商务综合试验区在11个设区市的全覆盖，浙江省数字贸易发展走在全国前列。事实上，从2020年开始，浙江陆续发布支持数字贸易新业态发展的政策文件（见表2-3），大力发展以数字经济为核心的新经济，加快构建现代化经济体系，全面实施数字经济"一号工程"，积极争创国家数字经济示范省，为网络强国、制造强国、数字中国建设贡献浙江智慧。

表2-3 浙江省级层面支持数字贸易新业态发展系列政策文件

时间	发布部门	文件名称
2020年9月	国务院	《中国（浙江）自由贸易试验区扩展区域方案》
2020年10月	浙江省商务厅 浙江省委网信办	《浙江省数字贸易先行示范区建设方案》
2020年12月	浙江省人民代表大会常务委员会	《浙江省数字经济促进条例》
2021年5月	浙江省发改委 浙江省商务厅	《浙江省自由贸易发展"十四五"规划》
2021年6月	浙江省发改委 浙江省商务厅	《浙江省新型贸易发展"十四五"规划》
2021年6月	浙江省人民政府办公厅	《浙江省商务高质量发展"十四五"规划》
2021年12月	浙江省委办公厅 浙江省人民政府办公厅	《关于大力发展数字贸易的若干意见》
2021年12月	浙江省外贸工作领导小组办公室	《浙江省落实区域全面经济伙伴关系协定三年行动计划（2022—2024）》
2022年3月	浙江省数字经济发展领导小组办公室	《浙江省高质量推进数字经济发展2022年工作要点》

2020年9月，国务院印发《中国（浙江）自由贸易试验区扩展区域方案》，明确提出要打造数字经济发展示范区。10月，浙江省商务厅、浙江省委网信办印发了《浙江省数字贸易先行示范区建设方案》，计划到2025年，浙江将全面形成数字贸易新发展格局，示范区将覆盖全省各地市，全省数字贸易进出口总额达到1 000亿美元，数字贸易年均增速达到15%以上，初步建成全球数字贸易中心。12月，全国第一部以促进数字经济发展为主题的地方性法规——《浙江省数字经济促进条例》出台，从法规角度明确了浙江数字经济发展目标与路径，为企业和政府数字化转型提供了保障，用法治为数字经济发展护航。

2021年5月，浙江省发改委和商务厅印发《浙江省自由贸易发展"十四五"规划》，提出打造新型国际贸易中心，大力发展数字贸易。6月，浙江省发改委和商务厅印发《浙江省新型贸易发展"十四五"规划》，提出要加快跨境电子商务、数字服务贸易、市场采购贸易方式等外贸业态创新发展，以数字驱动内外联动，加快打造内外贸有效贯通的市场枢纽。同年6月，浙江省人民政府办公厅印发《浙江省商务高质量发展"十四五"规划》，提出到2025年，打造数字贸易中心。全省货物贸易、服务贸易进出口总额保持增长，出口占全国份额稳步提高，进口规模不断扩大。贸易结构进一步优化，数字贸易发展成型成势，全球数字贸易中心基本形成。

2021年12月，浙江印发了全国首个以省委、省政府名义印发的数字贸易文件——《关于大力发展数字贸易的若干意见》，明确提出到2025年浙江省数字贸易占全球比重要达2.5%以上，初步建成全球数字贸易中心，打造浙江数字贸易"金名片"。该文件聚焦数字贸易全产业链，提出做好数字贸易示范区、数字自贸区等八项核心任务。此外，要探索数字贸易规则与标准，建立健全数字贸易制度体系，积极为数字贸易高质量发展提供"浙江方案"。同年12月，浙江发布《浙江省落实区域全面经济伙伴关系协定三年行动计划（2022—2024）》，提出8个方面21项重点任务与举措，旨在全方位、多维度深化浙江省与其他RCEP国家的经贸合作，以高水平开放推动浙江高质量发展，奋力打造"重要窗口"。其中提出打造全球数字贸易中心，拓展数字贸易重点领域，推进服务贸易数字化转型，发展数字技术贸易、数字内容产业、数据及衍生品流通交易等。

3. 中国外贸行业发展趋势

在第四次全球化浪潮下，依托于互联网、物联网、大数据、云计算、区块链、人工智能等新技术，传统国际贸易的主体、对象、流程和规则发生了重大改变，逐渐向数字国际贸易转型，贸易主体更普惠、贸易对象更多元、贸易效率更优化、贸易流程更便捷，能够实现全球生产、消费和服务无缝对接。数字国际贸易正成为全球关注的焦点。可以预见的是，未来数字国际贸易将成为各国贸易增长的新引擎，在驱动经济持续增长方面将发挥重要作用。我国外贸行业将呈现以下发展趋势：

（1）贸易模式高度复合化。伴随全球数字国际贸易平台的发展，为了充分反映消费者的个性化需求和制造业的智能化转型需要，B2B2C日益凸显，成为一种重要的线上复合贸易形态，其既能匹配贸易成本降低的诉求，又能契合碎片化订单集聚的趋势。具体而言，B2B是大动脉，负责大批量成交和供应链协调；B2C是支线，既如毛细血管一样为"最后一公里"的消费者输送货物，又如同神经末梢一样感知消费者的个性化需求。两者之间通过大数据算法相联系。

在B2B2C模式高度发展的同时，B2B和B2C仍具有其模式的科学性与合理性，B2B、B2C和B2B2C三者共生并存。虽然相应企业具体的业务模式有所调整，但从总体上讲，其调整的依据和出发点仍是原有的比较优势，在全球数字贸易发展过程中战略定位各有所侧重。例如，阿里巴巴国际站将其工作重点放在B2B业务的深度数字化挖掘上，全球速卖通将其工作重点放在B2C业务的深度数字化挖掘上。

（2）贸易环节高度扁平化。全球数字国际贸易平台使国际贸易各环节之间信息流动频率加快，能够有效促进贸易企业、生产企业和消费者直接与国外大小批发商甚至消费者进行直接沟通，而中间的环节如通关、支付、物流、金融、财税等环节直接在全球数字国际贸易平台实现，贸易流程呈现高度扁平化趋势。

（3）贸易主体高度普惠化。几乎所有在传统分工中处于弱势地位的主体都可以通过全球数字国际贸易平台有效参与跨境贸易，共享国际分工带来的福利。一方面，货物贸易企业能够通过平台参与国际贸易，国家间产业内贸易将更为普遍；另一方面，服务贸易企业能够在平台上提供更多全面、优质的线上服务。部分优秀个体工商户能够利用平台将产品销往海外，越来越多的个体工商户能够通过跨境贸易方式备货，成为全球数字国际贸易平台的重要采购商。消费者不仅可以通过全球数字国际贸易平台直接购买海外产品和服务，还能通过国内平台间接购买海外产品和服务，在跨境 B2B2C 贸易模式下扮演越来越重要的角色。

(4) 贸易标的高度多元化。在全球数字国际贸易时代，几乎没有不可贸易的产品和服务。首先，传统实体货物仍是核心标的。在全球数字国际贸易平台上，现货与定制将进一步相互渗透，使得更多传统实体货物，几乎是所有可贸易商品都可以通过数字国际贸易方式实现跨境交易。其次，数字产品与服务成为重要消费品。数字国际贸易的发展也使得各国消费者更容易接触和接受多元文化，从而更愿意消费跨境数字产品与服务。在全球数字国际贸易平台上，越来越多的中小企业选择优质跨境供应链服务。最后，数字化知识与信息成为重要生产资料。在全球数字国际贸易平台帮助下，中小企业逐渐重视数字化知识与信息这一重要生产资料的跨国消费，届时在政府与平台监管下数据跨境流动将成为常态。

(5) 智能制造高度常态化。数字国际贸易并不只是简单的跨境交易活动，其强调数字技术与传统产业的融合发展，并以实现制造业智能化作为重要目标。传统制造业智能化主要聚焦于能够负担高额数据成本的大企业，与其不同，全球数字国际贸易平台降低了中小企业获取消费端数据的成本，使更多中小企业能够通过全球数字国际贸易平台累积消费端数据，并将其与生产端的设计、制造、管理等环节结合，实现生产端的精准分析和快速响应。这种高度常态化的智能制造模式将成为推动消费互联网向工业互联网转变的重要力量。

(6) 营销推广高度个性化。随着网络信息技术的迅猛发展，消费者对产品和服务的个性化需求被进一步激发，数字国际贸易在消费与生产流通环节之间搭建起了一条高效的交流渠道，使消费者的个性化需求能够得到反映与满足。在数字国际贸易中，大量虚拟企业、中小企业乃至个人都可以通过网络共享信息、资源进行生产经营合作，分散的贸易流量和消费者偏好等信息通过平台汇集成一个整体，这为数字国际贸易中的产品差异化生产和个性化服务定制提供了更多可能性，也为实现智能制造提供了更充分的消费者信息集成，消费者个性偏好和需求将得到充分体现。在跨境出口中，品牌出海成为近年来发展的主流趋势。在出口电商中，庞大的海外市场需求及外贸企业转型升级等因素都助推行业快速发展，吸引更多企业参与品牌出海。

4. 外贸行业人才技术技能新要求

数字化已成为当前浙江中小外贸企业转型升级的急迫需求，而规模化的数字化人才是实现企业转型的关键要素，外贸企业数字化人才的质量决定着企业数字化转型的质量。数字贸易活动是以网络信息技术为基础、以网上交易活动为核心的新型交易方式，已快速发展成为完整的从营销到支付、从物流到金融服务的全新产业链。未来国际贸易方式将日益数字化，表现为数字对接、数字订购、数字交付和数字结算，数字技术在贸易的订购或交付构成中发挥着越来越重要的作用。"数字贸易"成为国际贸易的最新发展形态。近年来跨境电商发展迅猛，已成为数字贸易发展的突破口。数字贸易的快速发展对外贸行业人才技术技能提出了新要求，外贸企业对高级数字国际贸易人才的需求更显急迫。

为适应数字贸易新业态、新岗位的需求，今后外贸从业人员应该掌握数字技术和数字工具，跨境电商平台运营、内容营销、业务销售、客户支持和供应链管理等知识的掌握和应用将成为外贸从业人员新的必备技能。相比传统外贸而言，数字国际贸易需要从业人员具备的知识和技能更加复杂和高级，除了传统外贸必须掌握的知识和技能外，要求外贸从业人员具备数字素养，掌握复合技能，拥有创新能力。

5. 外贸行业岗位设置现状及人才结构现状

在传统外贸领域，外贸一线操作岗位包括外贸业务员、外贸单证员、外贸跟单员等。在跨境电商领域，在数字化时代浪潮推动下，外贸行业吸收了新技术、新工艺、新流程，催生了跨境电商B2B运营专员、跨境电商B2B销售专员、跨境电商B2B营销专员等新岗位。

课题组通过对263家受访企业的问卷调查发现，外贸行业人才学历结构以高职高专和本科为主，受访企业本科学历占比平均值为42.23%，专科学历占比平均值为34.37%，硕士研究生及以上学历占比平均值为5.64%，高中学历占比平均值为11.9%，初中学历占比平均值为5.86%。外贸行业属于服务业，高素质、高技能是服务行业对从业人员的普遍要求，大学毕业生（包括本科和高职高专）最符合服务行业对人才的学历要求。

6. 外贸行业人才需求趋势

当前外贸人才供给存在总量不足和结构性不足的问题。相较于巨大的行业人才需求，每年高校外贸相关毕业生数量有限。结构性不足主要表现为高职高专院校国际经济与贸易专业（或原国际贸易实务专业）一直以来培养的是适应传统外贸如外贸业务员、外贸单证员、外贸跟单员的岗位毕业生，各高校专业人才培养定位从传统国际贸易向跨境电商转型刚刚起步，适应企业跨境电商B2B岗位需求的专业人才缺口很大。

随着与国外贸易往来的进一步扩大和深入，企业对外贸人才的需求量越来越大，培养高素质的外贸人才成为职业教育人才培养工作所面临的一项重要任务。2021年我国货物贸易进出口总值达到39.1万亿元人民币，比2020年增长24.1%，规模再创历史新高。传统外贸领域对外贸业务员、外贸跟单员、外贸单证员等一线操作性人才的需求依然较旺盛。跨境电商增长将超过传统外贸增长，跨境电商领域的岗位需求将非常大。通过对263家企业的问卷调查课题组发现，68.82%的受访企业表示近三年来有开展跨境电商相关业务的计划和需求，而目前外贸企业普遍存在由于缺乏合适的跨境电商B2B人才而无法开展跨境电商业务的情况。

当前外贸行业迫切需求具有全球视野、数字素养、创新能力、工匠精神，掌握跨境电商 B2B 平台运营、销售、数据分析以及全网营销等知识，能够进行跨境电商 B2B 运营、销售、营销等较复杂业务操作，能够解决较复杂问题的高素质跨境电商 B2B 技术技能人才。

（二）专业对应的岗位用工特点分析

1. 岗位设置情况

受访企业设置最多的岗位为外贸业务员，80.61%的受访企业设置该岗位，62.36%的受访企业设置外贸跟单员岗位，51.33%的受访企业设置外贸单证员岗位（见图 2-6）。企业数字化转型升级催生新的岗位，受访企业中跨境电商 B2B 运营专员的岗位设置占比为31.56%，跨境电商 B2B 销售专员的岗位设置占比为 17.49%，跨境电商 B2B 营销专员的岗位设置占比为 14.45%。

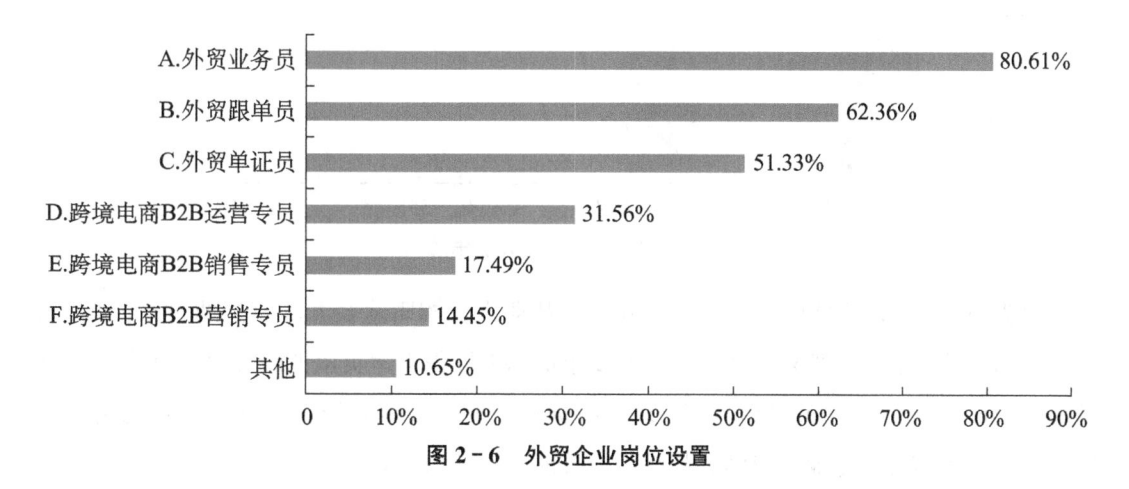

A. 外贸业务员	80.61%
B. 外贸跟单员	62.36%
C. 外贸单证员	51.33%
D. 跨境电商B2B运营专员	31.56%
E. 跨境电商B2B销售专员	17.49%
F. 跨境电商B2B营销专员	14.45%
其他	10.65%

图 2-6 外贸企业岗位设置

2. 岗位人员结构

38.78%的受访企业人员规模在 5~19 人，25.48%的受访企业人员规模在 1~4 人，24.71%的受访企业人员规模在 20~199 人，11.03%的受访企业人员规模在 200 人以上，受访企业主体为中小微企业（见图 2-7）。

61.22%的受访企业从事外贸相关业务的员工平均年龄在 31~45 周岁，38.4%的受访企业从事外贸相关业务的员工平均年龄在 18~30 周岁，不难看出，外贸企业一线员工年轻化程度高（见图 2-8）。

3. 岗位招聘途径与证书要求

77.57%的受访企业人员招聘途径为网络招聘；第二为熟人介绍，占比为 48.29%；第三为校园招聘，占比为 46.77%；第四为人才市场，占比为 45.63%，内部招聘和猎头招聘途径相对较少（见图 2-9）。外贸从业人员的招聘途径来自校园比例低于 30%的受访企

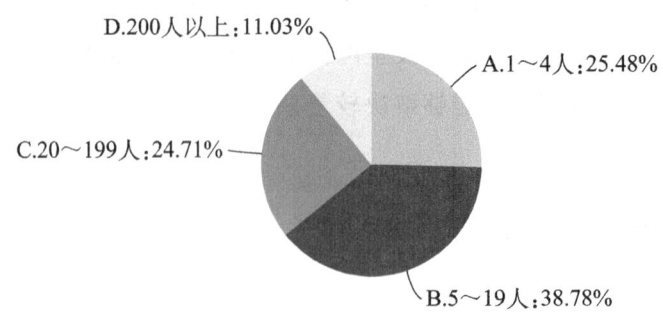

图 2-7　外贸企业人员规模

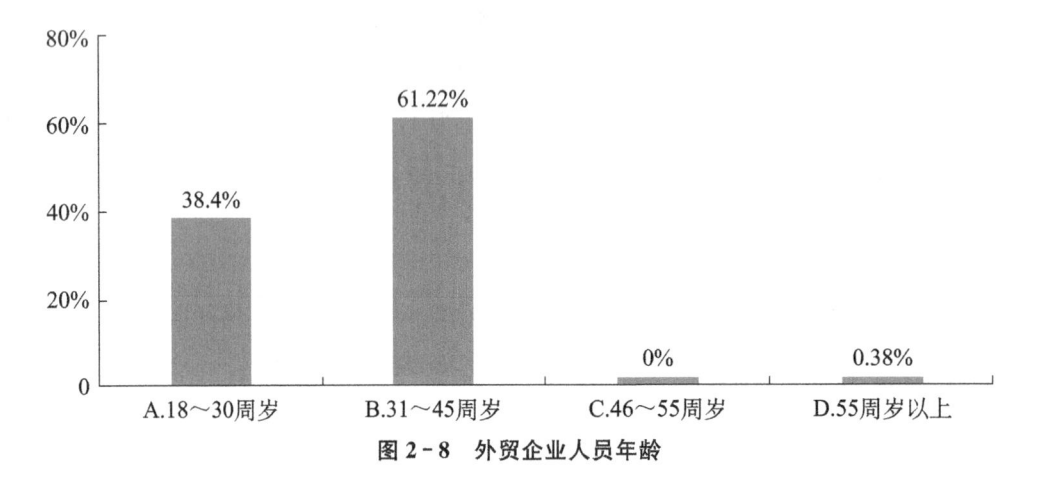

图 2-8　外贸企业人员年龄

业占比为 80.23%，可见目前大部分企业外贸从业人员招聘途径并非直接通过校园招聘。69.2% 的受访企业在招聘外贸从业人员时要求应聘者取得大学英语四级证书，其次为大学英语六级证书（57.03%），跨境电商 B2B 数据运营职业技能等级证书（中级）比例不足 20%，可见当前受访企业对应聘者具有职业技能等级证书的要求不高（见图 2-10）。

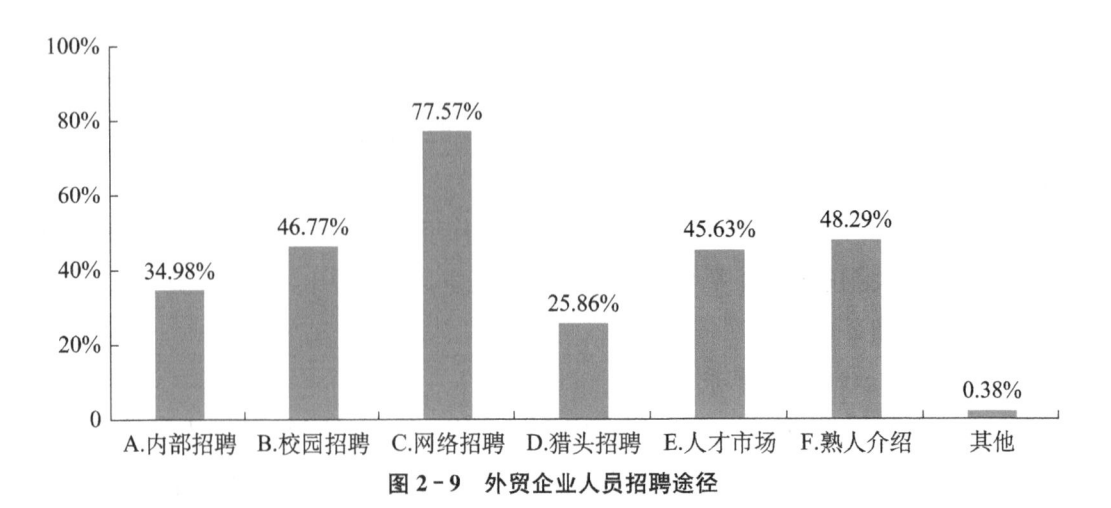

图 2-9　外贸企业人员招聘途径

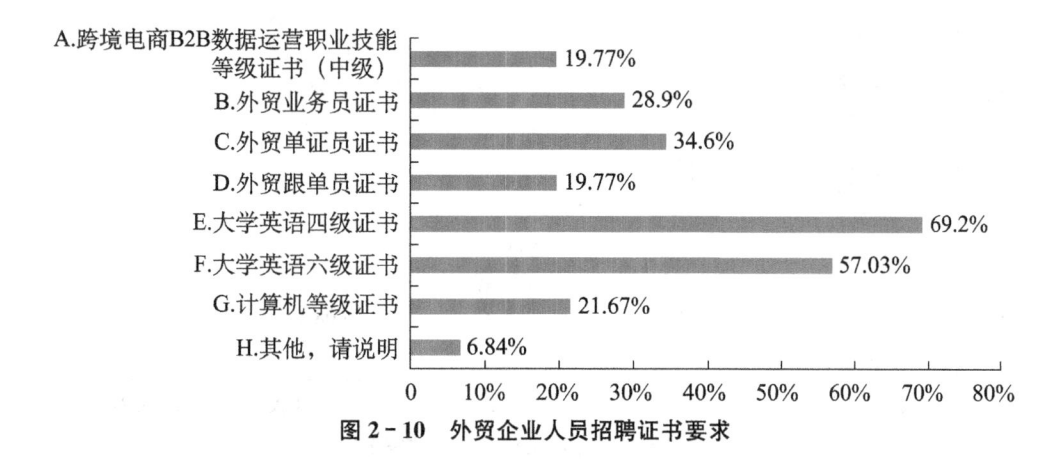

```
A.跨境电商B2B数据运营职业技能
    等级证书（中级）         19.77%
       B.外贸业务员证书      28.9%
       C.外贸单证员证书      34.6%
       D.外贸跟单员证书      19.77%
       E.大学英语四级证书               69.2%
       F.大学英语六级证书             57.03%
         G.计算机等级证书    21.67%
           H.其他，请说明  6.84%
```

图 2-10　外贸企业人员招聘证书要求

4. 外贸企业岗位待遇与发展

37.26%的受访企业外贸从业人员平均月薪资（税前）在 4 000～5 999 元，33.84%的受访企业外贸从业人员平均月薪资（税前）在 6 000～7 999 元，属于行业中等偏上水平（见图 2-11）。81.75%的受访者表示所在企业为外贸从业人员规划了合理的职业发展通道，41.44%的受访者认为所在企业外贸从业人员职业发展通道比较畅通，28.14%的受访者认为所在企业外贸从业人员职业发展通道非常畅通。

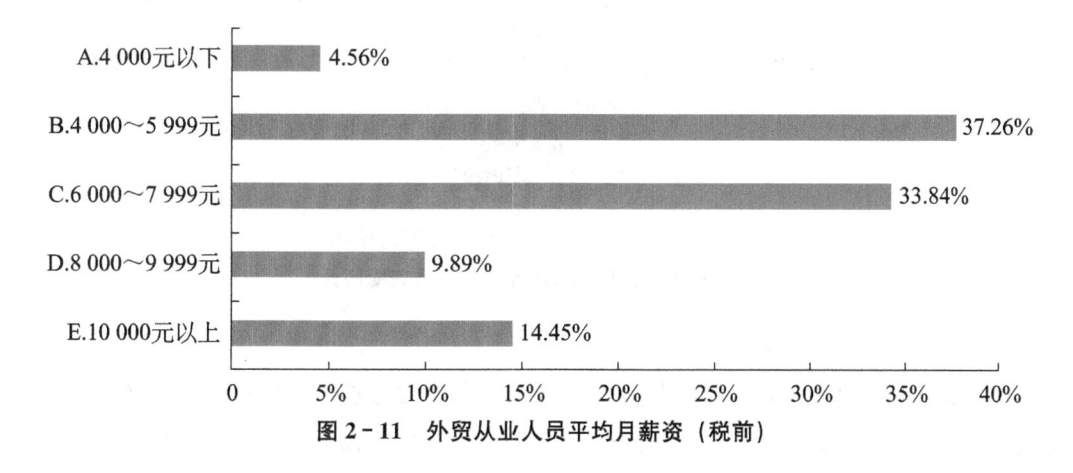

```
A.4 000元以下      4.56%
B.4 000~5 999元              37.26%
C.6 000~7 999元             33.84%
D.8 000~9 999元    9.89%
E.10 000元以上     14.45%
```

图 2-11　外贸从业人员平均月薪资（税前）

（三）专业对应的岗位用工需求分析

1. 未来 1～3 年岗位设置变化

39.92%的受访企业未来三年内对外贸人才需求数量为 5 人以下，28.9%的受访企业人才需求数量为 5～10 人，15.97%的受访企业人才需求数量为 11～20 人，6.08%的受访企业人才需求数量为 21～50 人，9.13%的受访企业人才需求数量超过 50 人（见图 2-12）。未来三年，受访企业外贸人才需求较为旺盛。

43.35%的受访企业预计未来三年内本企业人员规模将达到 50 人以上，19.01%的受

图 2-12 外贸企业岗位人才需求

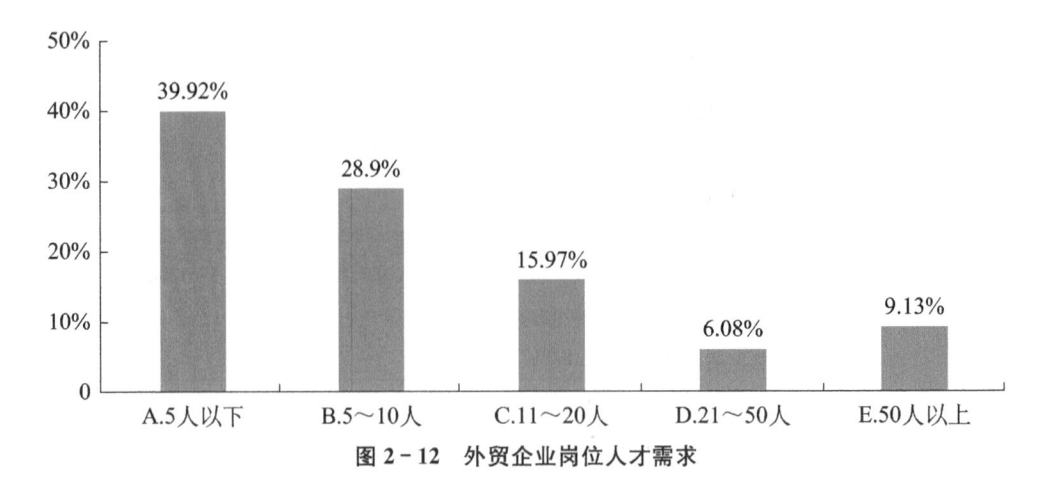

访企业预计未来三年内本企业人员规模在 21~50 人，18.63% 的受访企业预计未来三年内本企业人员规模在 11~20 人，12.93% 的受访企业预计未来三年内本企业人员规模在 5~10 人，6.08% 的受访企业预计未来三年内本企业人员规模在 5 人以下（见图 2-13）。未来三年，受访企业规模呈现上升趋势。

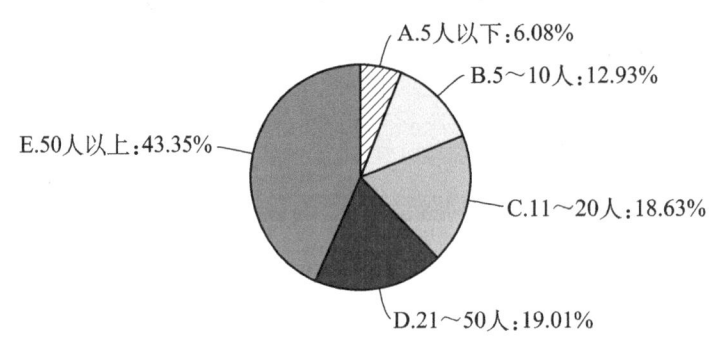

图 2-13 未来三年外贸企业人员规模预计

2. 岗位用工需求变化

受访企业招聘外贸从业人员时最关注的五项专业能力分别为外贸接单能力（63.88%）、外贸谈判能力（57.03%）、外贸外语能力（55.89%）、客户服务能力（53.99%）、外贸跟单能力（46.77%）（见图 2-14）。跨境电商迅猛发展，对外贸从业人员提出了更高的能力要求，如数据分析能力（41.83%）、平台运营能力（40.68%）等。

受访企业招聘外贸从业人员时最关注的五项职业素质分别为沟通能力（78.33%）、学习能力（75.29%）、团队精神（74.52%）、爱岗敬业（73.38%）、诚实守信（73.38%），抗压能力、应变能力、创新思维、开拓精神和审美能力等职业素养也受到外贸企业高度重视（见图 2-15）。

受访企业招聘外贸从业人员时最关注的五项专业知识分别为进出口业务（88.21%）、外贸单证（68.06%）、外贸跟单（56.65%）、外贸函电（53.99%）、国际物流与通关

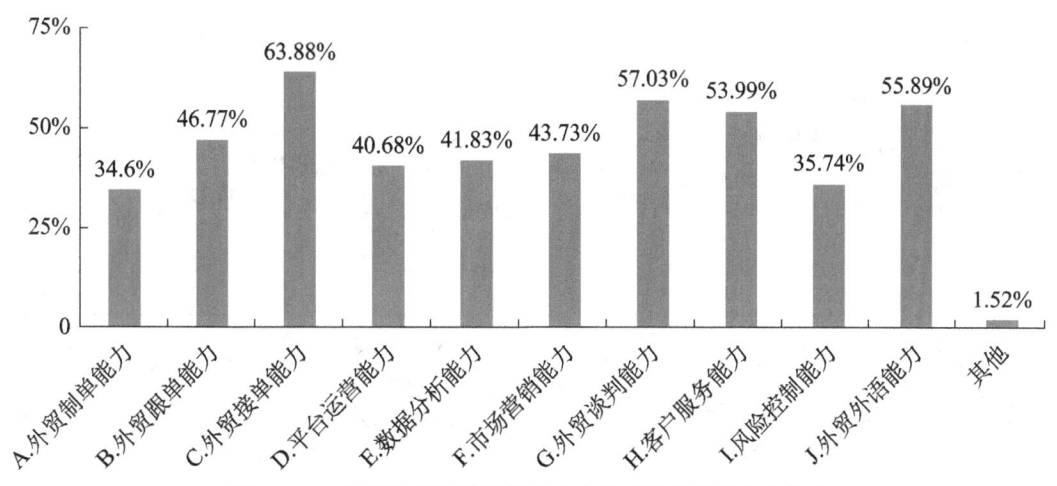

图 2-14 外贸企业招聘外贸从业人员时最关注的专业能力

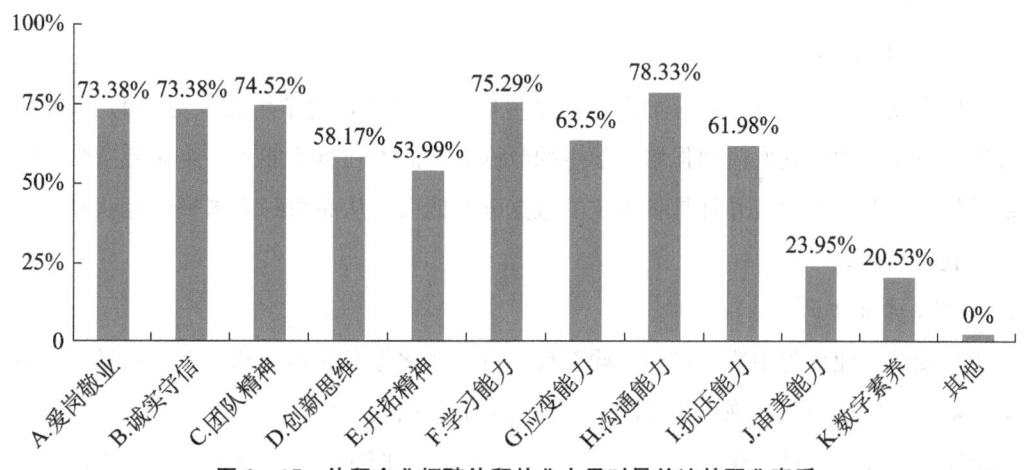

图 2-15 外贸企业招聘外贸从业人员时最关注的职业素质

(46.01%),紧随其后的为外贸商品知识(44.11%)、国际结算(42.59%)和跨境电商运营等专业知识(39.92%)(见图 2-16)。

在外语能力要求方面,受访企业最重视的依次为口语能力(92.02%)、写作能力(91.63%)、听力能力(91.25%)。

(四)企业对中职学校和高职院校举办该专业的具体建议

1. 专业知识方面

除传统国际贸易业务中外贸单证员、外贸跟单员和外贸业务员岗位的人才培养之外,中职学校和高职院校应顺应跨境电商发展需要,开展针对跨境电商 B2B 运营专员、跨境电商 B2B 销售专员、跨境电商 B2B 营销专员的教学;加强学生商品知识的学习,扩大学生的知识面;重视理论知识与实践操作的结合,既强调基础理论知识的学习,也不能忽视外

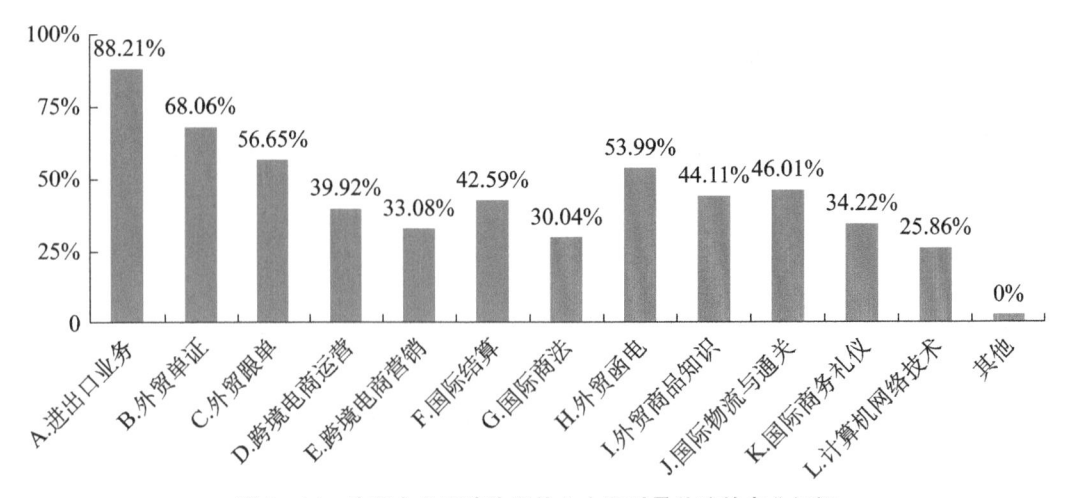

图 2-16 外贸企业招聘外贸从业人员时最关注的专业知识

选项	比例
A.进出口业务	88.21%
B.外贸单证	68.06%
C.外贸跟单	56.65%
D.跨境电商运营	39.92%
E.跨境电商营销	33.08%
F.国际结算	42.59%
G.国际商法	30.04%
H.外贸函电	53.99%
I.外贸商品知识	44.11%
J.国际物流与通关	46.01%
K.国际商务礼仪	34.22%
L.计算机网络技术	25.86%
其他	0%

贸业务岗位的实践操作。

2. 能力培养方面

中职学校和高职院校首先应加强培养学生的实践能力，为学生提供更多的实践机会，提升岗位适应能力；其次应加强培养学生的数据分析能力和英语能力。企业希望学生能够熟练掌握一门及以上语言并且具备一定的数据分析能力，从而为跨多国平台运营和产品销售奠定扎实基础。

3. 职业素养方面

不少受访企业认为中职学校和高职院校不仅要教学生专业知识和技能，而且应注重学生综合职业素质的养成，强化吃苦耐劳、爱岗敬业、诚实守信、踏实肯干的工作精神，希望此类院校可以紧密贴合企业需求开设提升学生团队协作能力、应变能力、抗压能力以及培养学生商务礼仪等方面的课程教育。

三、调研结果分析

（一）业务模式逐渐电子化

传统外贸企业表示因受疫情影响，越来越多的线下交易转为线上交易，跨境电商新业态发展迅猛。除了疫情，部分受访企业表示中美贸易摩擦、原材料成本高企、国际物流不畅、汇率波动加大、俄乌战争冲击、市场竞争加剧等因素也导致整体业务量下降。与传统贸易模式相比，小额、海量、电子化是外贸新业态的突出特征。跨境电商企业表示目标销售国部分品类订单出现下滑；受平台规则变化以及国际海运费持续高涨，企业利润下滑；大量竞争对手涌入，平台内卷严重。

(二) 业务内容逐渐精细化

随着外贸企业业务内容越来越精细化，跨境电商业务中跨境零售和跨境小额批发增多，竞争日益激烈，外贸企业不仅需要熟悉产品和生产工艺，开展平台运营、数字营销和在线磋商，而且需要预判并控制线上交易风险的人才，企业出口业务从简单卖货朝着提供优质服务的方向发展，客户更加看中的是产品的创新性，企业应注重研发创新。

(三) 业务方式逐渐多样化

外贸企业业务方式越来越多样化，获客渠道从各种线下展会转为线上直播平台和网络平台，很多企业通过谷歌、领英、Facebook、TikTok 等平台开发客户。

四、调研结论及对策建议

(一) 调研结论

通过本次调研，课题组厘清了中国外贸行业的发展现状及发展趋势，了解了外贸行业岗位设置及岗位适应能力变化要求，明确了中高职学生在外贸行业中的需求情况，主要结论如下：

（1）随着中国经济转型升级和产业结构的调整，外贸行业进入新一轮的发展高峰期，对外贸技术技能人才，尤其是具有平台运营、数字营销和在线谈判的跨境电商 B2B 人才需求更显急迫。

（2）外贸业务员、外贸跟单员和外贸单证员是当前外贸企业设置最多的岗位。随着企业数字化转型，越来越多的外贸企业设置了跨境电商 B2B 运营专员、跨境电商 B2B 销售专员和跨境电商 B2B 营销专员等岗位。

（3）外贸从业人员应掌握较强的进出口业务、外贸单证、外贸跟单、外贸函电、国际物流与通关、外贸商品知识、国际结算和跨境电商运营等专业知识；具备较强的外贸接单能力、外贸谈判能力、外贸外语能力、客户服务能力、外贸跟单能力、数据分析能力和平台运营能力等专业能力；具备较强的沟通能力、学习能力、团队精神、爱岗敬业、诚实守信、抗压能力、应变能力、创新思维、开拓精神和审美能力等职业素养。

(二) 对策建议

在人才培养定位方面，建议国际经济与贸易专业的人才培养定位为外贸业务员、外贸跟单员、外贸单证员、跨境电商 B2B 运营专员、跨境电商 B2B 销售专员和跨境电商 B2B 营销专员。

在专业课程设置方面，建议开设国际贸易基础、经济学基础、会计基础、跨境电商基础、进出口业务操作、外贸单证操作、外贸跟单操作、国际结算操作、国际商务礼仪、国际商法、跨境电商 B2B 运营、跨境电商 B2B 销售和跨境电商 B2B 营销等专业必修课程；建议开设数字贸易、跨境电商供应链管理、跨境电商数据分析、"一带一路"贸易概览、出口信用保险实务、外贸参展实务等体现行业发展新趋势的课程、体现拓展就业岗位技能要求的课程、体现本校优势特色的课程；建议开设综合英语、外贸英语基础、外贸英语口语、外贸英文函电、商务英语听说等语言类课程，强化学生英语综合应用能力。

第二节　国际经济与贸易专业中高职一体化教学现状调研

课题组于 2022 年 5 月 5 日召开了浙江省国际经济与贸易专业人才培养现状调研任务布置会，共设置高职院校卷、中职学校卷、高职教师卷、中职教师卷、高职学生卷、中职学生卷、毕业生卷 7 份问卷，调查小组分为高职组和中职组。

本次人才培养现状调研由省内 9 所高职院校和 9 所中职学校牵头，共有省内 12 所高职院校和 25 所中职学校参与调研。浙江金融职业学院制定调研问卷和访谈提纲，其他牵头院校负责发放回收问卷以及开展访谈。具体任务分配情况见表 2-4 和表 2-5。

表 2-4　高职院校调研任务分配情况

序号	负责人	牵头院校	调研院校
1	章安平	浙江金融职业学院	浙江机电职业技术学院 浙江经济职业技术学院 台州职业技术学院 绍兴职业技术学院 浙江工业职业技术学院 丽水职业技术学院
2	方巧云	浙江经贸职业技术学院	浙江农业商贸职业学院
3	郑文玲	浙江商业职业技术学院	
4	邱璐轶	宁波职业技术学院	宁波城市职业技术学院
5	田祖佑	浙江工商职业技术学院	浙江纺织服装职业技术学院
6	韩旭	嘉兴职业技术学院	
7	曹晶晶	义乌工商职业技术学院	浙江广厦建设职业技术大学
8	张建辉	温州科技职业学院	浙江东方职业技术学院
9	王群飞	湖州职业技术学院	浙江宇翔职业技术学院

表 2-5 中职学校调研任务分配情况

序号	负责人	牵头学校	调研学校
1	郑可立	宁波外事学校	宁波经贸学校 象山港高级技工学校 宁海县高级职业技术中心学校 宁波市甬江职业高级中学 温岭市职业技术学校 衢州中等专业学校 安吉职业教育中心学校 安吉县上墅私立高级中学 湖州交通学校 丽水旅游学校 台州市黄岩区第一职业技术学校
2	陆梦青	慈溪职业高级中学	宁波东钱湖旅游学校（宁波东钱湖护理学校）
3	应颖	杭州市中策职业学校	杭州市开元商贸职业学校
4	陈夏兰	杭州市萧山区第二中等职业学校	
5	周岚	杭州市临平职业高级中学	
6	张晓晨	温州华侨职业中等专业学校	温州市第二职业中等专业学校 乐清市职业中等专业学校
7	宋秋红	绍兴技师学院（绍兴市职业教育中心）	绍兴市中等专业学校 绍兴财经旅游学校 新昌技师学院（新昌职业高级中学） 绍兴市上虞区职业教育中心（上虞区技工学校） 浙江省诸暨市职业教育中心 浙江诸暨技师学院
8	陈丽梨	海宁市职业高级中学	海盐县商贸学校 嘉兴技师学院（浙江科技工程学校） 嘉善县中等专业学校
9	孟晗郁	义乌市国际商贸学校	义乌市城镇职业技术学校

一、调研目的、调研对象、调研方式与实施情况

（一）调研目的

根据《浙江省中高职一体化课程改革方案》的要求，顺应国际贸易产业升级和数字化转型的新趋势，通过对省内高职院校和中职学校教师以及在校生开展调研，课题组旨在了解国际经济与贸易专业中高职一体化人才培养教学情况、专业招生录取及就业情况、专业人才供需匹配情况、学校专业人才培养方案及执行情况等；通过毕业生调研，课题组旨在了解中高职一体化毕业生就业现状、听取对专业教学的意见和建议等，为后续国际经济与

贸易专业中高职一体化专业教学标准、人才培养方案、课程标准的制定提供比较全面、客观的依据。

（二）调研对象

本次调研对象面向浙江省内开设国际经济与贸易（含原国际贸易实务）专业的高职院校和开设国际贸易、国际商务、商务英语专业（以下简称国贸类专业）的中职学校，具体调研群体涉及以上院校的教师、在校生和毕业生三类群体，共覆盖浙江省内 11 个地市的 21 所高职院校和 34 所中职学校。

（三）调研方式与实施情况

本轮专业人才培养现状调研采用问卷调研的形式，课题组遵循双高校与普通校相结合的原则选取调研对象。调研工作于 2022 年 3 月启动，课题组通过文献阅读、访谈等方式做了大量的调研前期准备工作，制定调研方案，形成调研对象清单、调研提纲和调查问卷。2022 年 4—6 月，课题组按照调研计划基于"问卷星"平台发放调查问卷，进行了广泛而深入的调查，获得了大量一手宝贵数据与文本。2022 年 6 月下旬，课题组整理、分析调研数据与文本，并形成《浙江省国际经济与贸易专业人才培养现状调研报告》。

二、调研内容

（一）专业基本情况

1. 不同学段专业培养目标和专业（技能）方向

根据不同学段调研数据汇总分析，受访高职院校国际经济与贸易专业培养目标可归纳为：本专业培养思想政治坚定、德技并修、德智体美劳全面发展，掌握国际贸易、商务英语和互联网技术等专业理论知识，精通数字贸易、跨境电商相关职业技能，具备数字营销、外贸英语等职业能力，具有良好的人文素养、职业道德和创新意识，精益求精的工匠精神，较强的就业能力和可持续发展的能力，具有国际视野、知晓国际规则和"一带一路"相关贸易政策，在外贸企业、外运企业、跨境电商企业从事外贸单证操作、外贸跟单操作、外贸业务操作、跨境电商 B2B 业务操作等工作，适应产业转型升级和企业技术创新需要的高素质技术技能人才。

受访中职学校国贸类专业培养目标可归纳为：本专业培养能在各企事业单位从事外贸单证、外贸跟单、外贸业务、报关报检、国际货运代理及其他涉外商贸服务等工作，能适应国家经济社会对外开放要求，具有良好商贸职业道德和开拓创新精神，能适应外贸行业第一线岗位（群）工作的技术技能人才。

受访高职院校专业（技能）方向为：外贸单证员、外贸跟单员、外贸业务员、跨境电商 B2B 运营专员、跨境电商 B2B 销售专员、跨境电商 B2B 营销专员、报关员等。

受访中职学校专业（技能）方向为：外贸单证员、外贸跟单员、外贸业务助理、国际货运代理专员等。

此外，绝大部分（82.53%）受访中职学校和高职院校共同制定人才培养目标和课程标准（见图 2-17）。

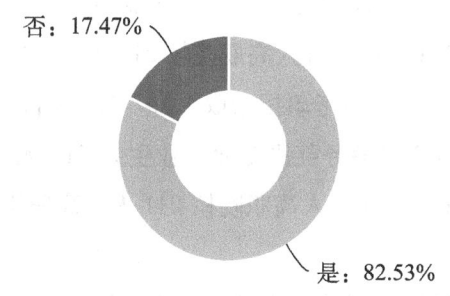

图 2-17　受访中职学校是否与高职院校共同制定人才培养目标和课程标准

2. 专业开设时间

调研数据显示，大多数（75%）受访高职院校国际经济与贸易专业已开设 10 年及以上（见图 2-18）。

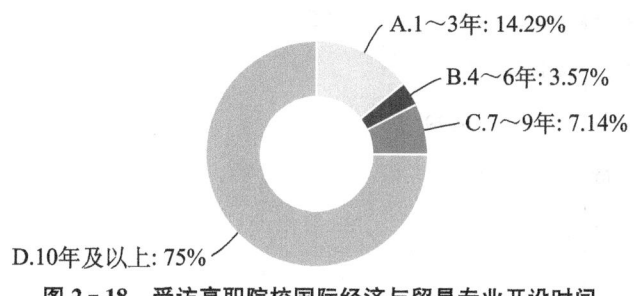

图 2-18　受访高职院校国际经济与贸易专业开设时间

3. 专业招生与生源质量

调研数据显示，浙江省内 21 所受访高职院校国际经济与贸易（含原国际贸易实务）专业中高职一体化学生共 1 230 人、28 个班级，单考单招班级学生共 2 549 人、65 个班级，普高生源班级学生共 4 957 人、118 个班级。2019 级国际经济与贸易（含原国际贸易实务）专业录取 3 783 人，其中中高职一体化录取 513 人、单考单招录取 990 人、普通高中录取 2 280 人。2020 级国际经济与贸易（含原国际贸易实务）专业录取 3 411 人，其中中高职一体化录取 606 人、单考单招录取 1 001 人、普通高中录取 1 727 人、高职扩招录取 77 人。2021 级国际经济与贸易专业录取 3 525 人，其中中高职一体化录取 729 人、单考单招录取 803 人、普通高中录取 1 905 人、高职扩招录取 88 人。

调研数据显示，浙江省内35所受访中职学校国贸类专业中高职一体化学生共2 655人、72个班级，单考单招班级学生共4 622人、114个班级，就业班级学生共463人、14个班级。2019届国际商务专业毕业生共1 977人，其中升入本科173人、单考单招录取1 141人、中高职一体化升入高职院校663人。2019届商务英语专业毕业生共582人，其中升入本科84人、单考单招录取275人、中高职一体化升入高职院校223人。2020届国际商务专业毕业生共2 076人，其中升入本科176人、单考单招录取1 182人、中高职一体化升入高职院校718人。2020届商务英语专业毕业生共628人，其中升入本科78人、单考单招录取331人、中高职一体化升入高职院校219人。2021届国际商务专业毕业生共2 002人，其中升入本科189人、单考单招录取1 197人、中高职一体化升入高职院校608人、高职扩招录取8人。2021届商务英语专业毕业生共717人，其中升入本科75人、单考单招录取391人、中高职一体化升入高职院校241人、高职扩招录取10人。

4. 专业就业岗位分布

调研数据显示，国际经济与贸易专业受访毕业生从事外贸业务员、外贸跟单员、外贸单证员等岗位工作的占比为47.35%（见图2-19）。从事其他岗位工作的受访毕业生占比为52.65%，其中，大部分受访毕业生从事的是国内电子商务销售、货代等岗位工作（见图2-20）。

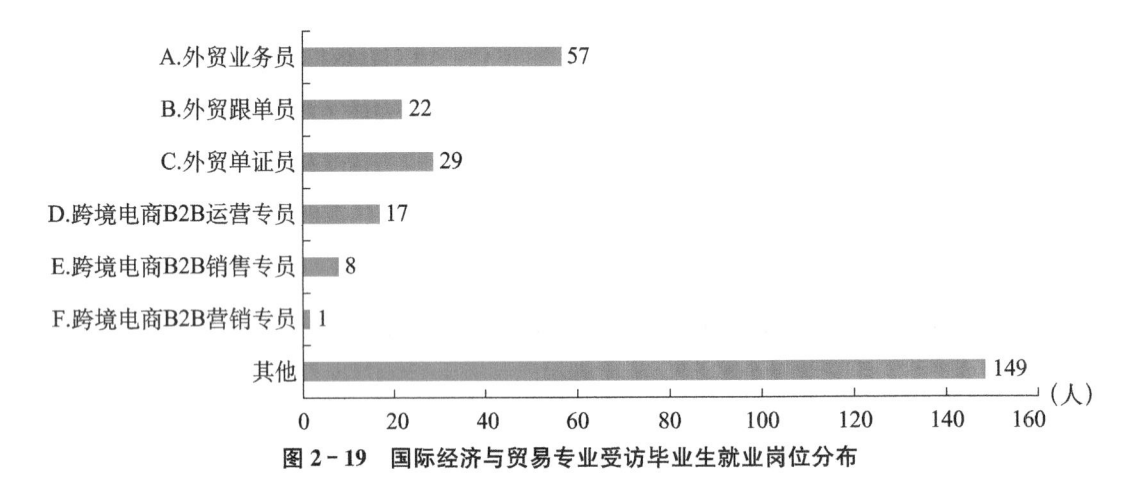

图2-19 国际经济与贸易专业受访毕业生就业岗位分布

- A.外贸业务员 57
- B.外贸跟单员 22
- C.外贸单证员 29
- D.跨境电商B2B运营专员 17
- E.跨境电商B2B销售专员 8
- F.跨境电商B2B营销专员 1
- 其他 149

5. 各学段转学段考试及考试办法

调研数据显示，中职升高职的转学段考试主要是中高职"五年一贯制"和"3+2"转段升学考试，大多在中职的第五学期末由高职院校组织，其特点为"理论+技能""文化+专业""笔试+面试""统考+抽考"。以湖州职业技术学院五年制中职升高职选拔考试为例，考试科目为语文、数学、外语和专业理论四门，语、数、外为一张试卷，总分为300分，专业理论为200分。录取成绩中，中职学校学生评定成绩占50%，高职院校选拔考试成绩占50%，最后折算总分择优录取。

货代航线员　主播　货代行政　运营　文员　会计　人事　网格员　货代单证　出纳　货代　电商　幼师　客服　统计员　销售　财务　新媒体运营　货代操作

图 2-20　国际经济与贸易专业受访毕业生其他就业岗位分布

6. 联合教研活动

调研数据显示，在受访高职院校与中职学校开展的联合教研活动中，升学遴选和教学内容及方法两者占比最高，分别达 74.51% 和 59.8%，其次是教学难度把握和教学质量抽测（见图 2-21）。与高职院校略有不同，在受访中职学校与高职院校开展的联合教研活动中，升学遴选和教学质量抽测两者占比最高，分别达 89.22% 和 75.84%，其次是教学内容及方法和教学难度把握（见图 2-22）。

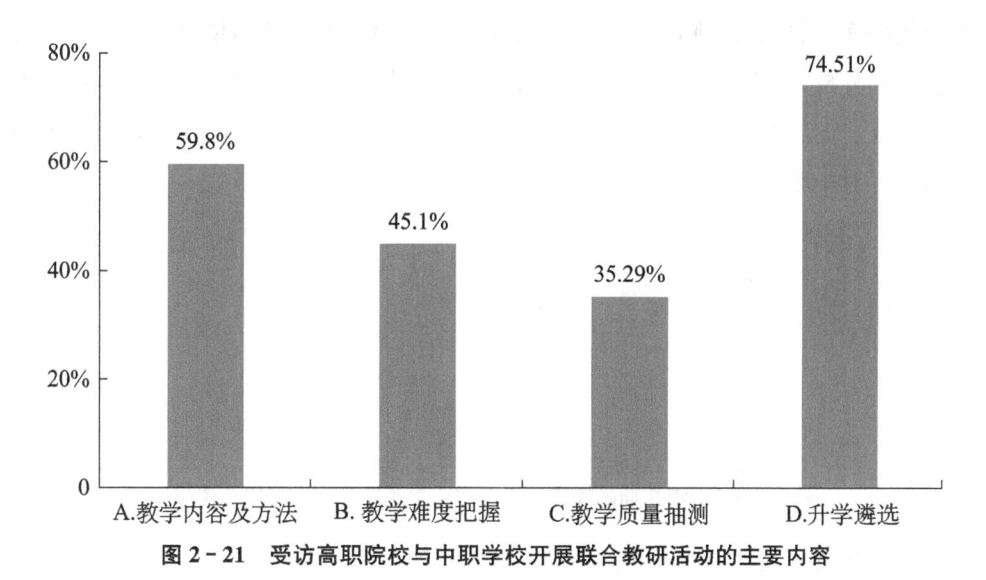

选项	占比
A. 教学内容及方法	59.8%
B. 教学难度把握	45.1%
C. 教学质量抽测	35.29%
D. 升学遴选	74.51%

图 2-21　受访高职院校与中职学校开展联合教研活动的主要内容

（二）人才培养情况

1. 课程设置

（1）各学段课程设置（公共基础课、专业核心课、专业拓展课）。调研数据显示，受

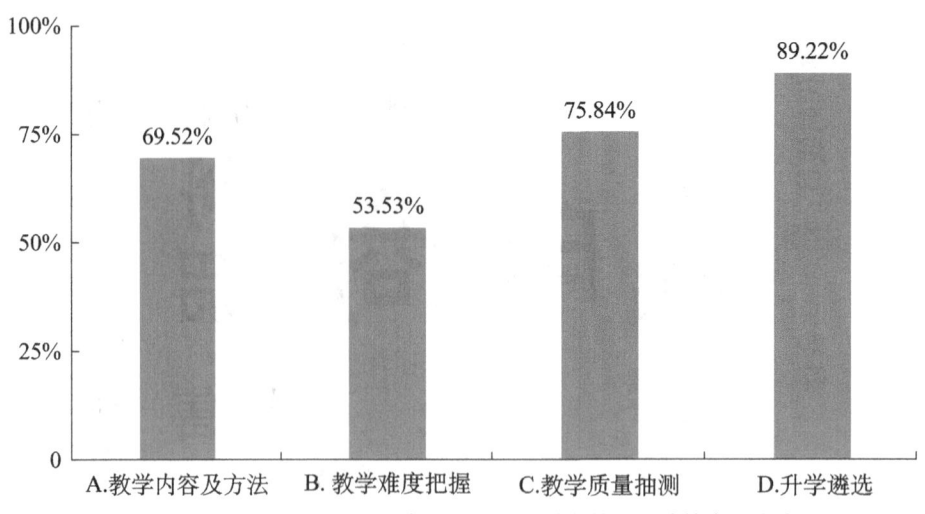

图 2-22　受访中职学校与高职院校开展联合教研活动的主要内容

访高职院校国际经济与贸易专业开设的公共基础课一般包括毛泽东思想和中国特色社会主义理论体系概论、思想道德与法治、形势与政策、军事理论、劳动教育、心理健康教育、体育与健康、职业发展与就业指导、创业基础、经济学基础等。专业核心课一般包括外贸单证操作、外贸跟单操作、进出口业务操作、国际结算操作、外贸英语函电、跨境电商B2B运营、跨境电商基础、跨境电商运营与管理、跨境电商营销推广实务、跨境电商客户服务与市场开发、跨境电商平台店铺运营、跨境电商物流和税费、外贸业务实施与优化等。专业拓展课一般包括国际经贸地理、外贸综合英语、外贸英语谈判、外贸风险管理、跨境电商数据分析、国际商法、国际市场营销、跨境电商直播、新媒体运营、职业形象与国际商务礼仪、商品拍摄与图片处理、外贸综合业务实训等。此外，有65.69%的受访高职院校专门针对中职生源开发了相关课程（见图2-23）。

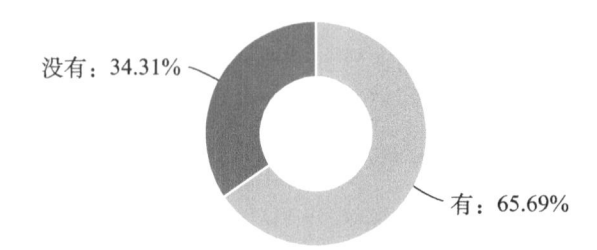

图 2-23　受访高职院校是否针对中职生源专门开发了相关课程

受访中职学校国贸类专业开设的公共基础课一般包括语文、数学、英语、计算机、思想政治、历史、体育与健康、艺术、劳动等。专业核心课一般包括走进外贸、外贸业务协调、外贸商函、外贸制单、国际汇兑与结算、报关与报检等。专业拓展课一般包括跨境电商实务、进出口贸易实务、国际货代实务、国际贸易地理、商务英语基础、商务谈判与礼仪、市场营销、英美文化等。

(2) 教材使用。调研数据显示，在受访高职院校国际经济与贸易专业和中职学校国贸类专业中，使用国家规划教材和浙江省新形态一体化教材的比例相当，均为 39.29%，部分中职学校选用的教材为浙江省国际商务专业课程改革成果教材，使用校本教材的仅占比 3.57%（见图 2-24）。

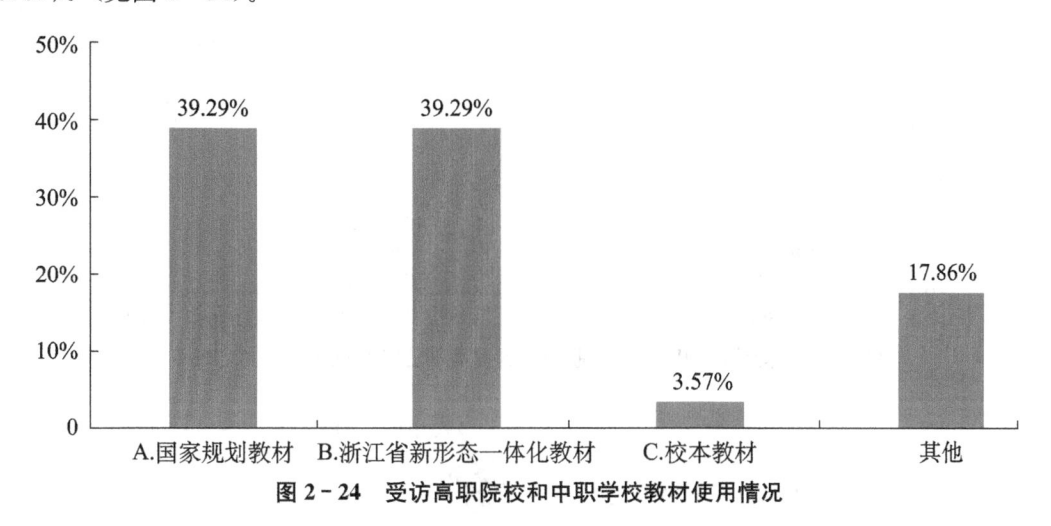

图 2-24 受访高职院校和中职学校教材使用情况

(3) 需要考取的职业类证书及考证率。调研数据显示，受访高职院校国际经济与贸易专业和中职学校国贸类专业学生需要考取的职业类证书一般包括由阿里巴巴（中国）教育科技有限公司颁发的"1+X 跨境电商 B2B 数据运营职业技能等级证书（中级/初级）"、由阿里巴巴（中国）网络技术有限公司颁发的"1+X 跨境电商 B2C 数据运营职业技能等级证书（中级/初级）"，由中国国际贸易促进委员会商业行业委员会颁发的"跨境电商专员（B2B）岗位专业证书"，由中国对外贸易经济合作企业协会颁发的"国际商务单证员专业证书"和"国际贸易业务员专业证书"，由上海市对外经济贸易教育培训中心颁发的"国际贸易单证员证书"以及由中国国际贸易学会颁发的"国际贸易从业技能综合实训证书"。

调研数据显示，绝大部分受访高职院校国际经济与贸易专业和中职学校国贸类专业学生职业类证书考证率达 76%~100%，占比为 85.71%（见图 2-25）。

此外，在进行国际经济与贸易中高职一体化设计时，大部分受访高职教师和相当比例的中职教师认为，在高职阶段开展外贸类 1+X 证书考试更为适合（见图 2-26、图 2-27）。在中职阶段通过外贸类 1+X 证书（初级）考试后，有 55.88% 的受访高职教师和 59.85% 的中职教师认为，学生高职阶段企业实习时间应为 4~6 个月（见图 2-28、图 2-29）。

2. 师资队伍建设

(1) 中高职教师能力结构与专业水平。调研数据显示，在受访的 102 名高职院校教师中，专业课教师占比为 65.69%、专业负责人占比为 15.69%、公共文化基础课教师占比为 11.76%、教学行政人员占比为 6.86%。在受访的 269 名中职学校教师中，专业课教师

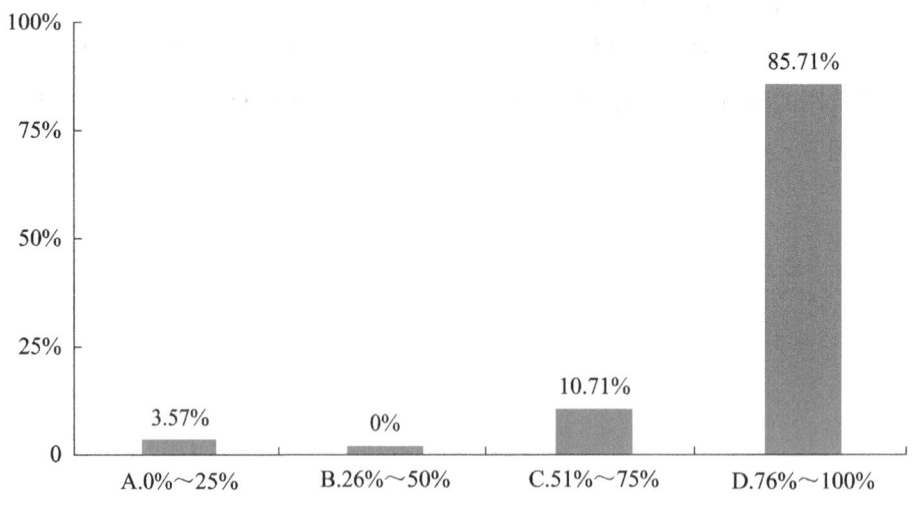

图 2-25　受访高职院校和中职学校国贸类专业学生职业类证书考证率

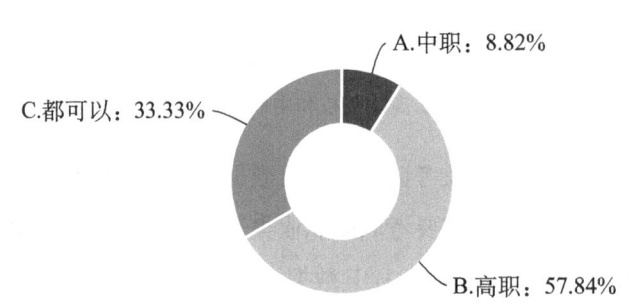

图 2-26　受访高职教师建议的外贸类 1+X 证书考试阶段

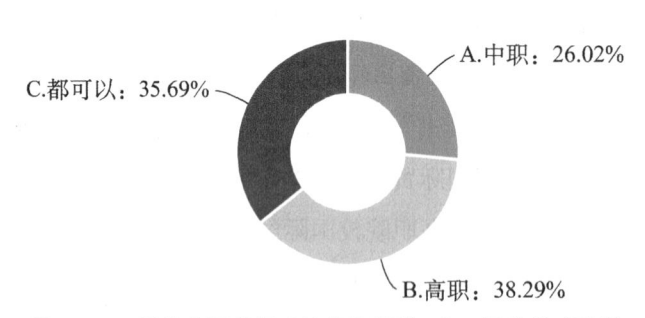

图 2-27　受访中职教师建议的外贸类 1+X 证书考试阶段

占比为 72.49%、公共文化基础课教师占比为 13.01%、专业负责人占比为 8.18%、教学行政人员占比为 6.32%。从高职院校教师能力结构与专业水平看，讲师占比为 51.96%、副教授占比为 32.35%、助教占比为 8.82%、教授占比为 6.86%。从中职学校教师能力结构与专业水平来看，中级职称占比为 53.16%、高级职称占比为 24.54%、初级职称占比为 22.3%。

（2）各学段教师教学交流情况。调研数据显示，53.92% 的受访高职院校会定期组织教师与中职学校教师开展教学交流活动；60.59% 的受访中职学校会定期组织教师与高职院校教师开展教学交流活动。在高职院校教学交流活动开展的频率方面，一学期 1 次的占

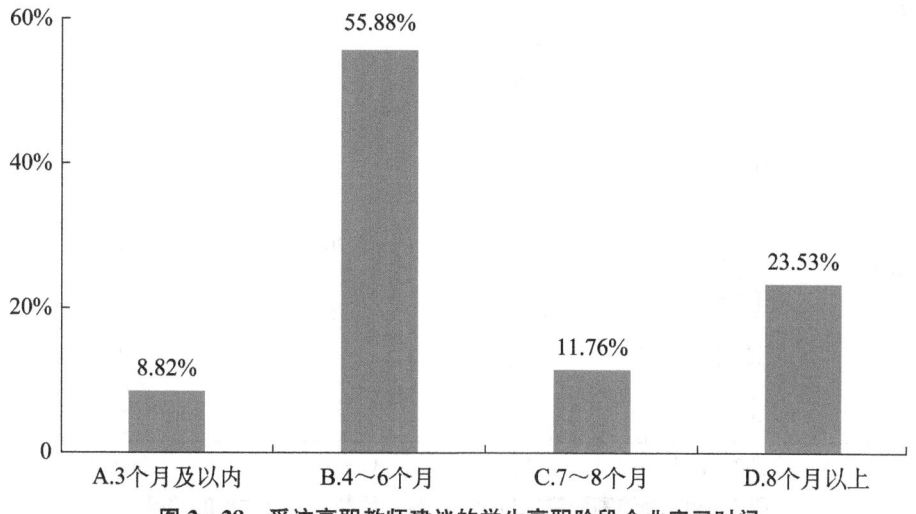

图 2-28 受访高职教师建议的学生高职阶段企业实习时间

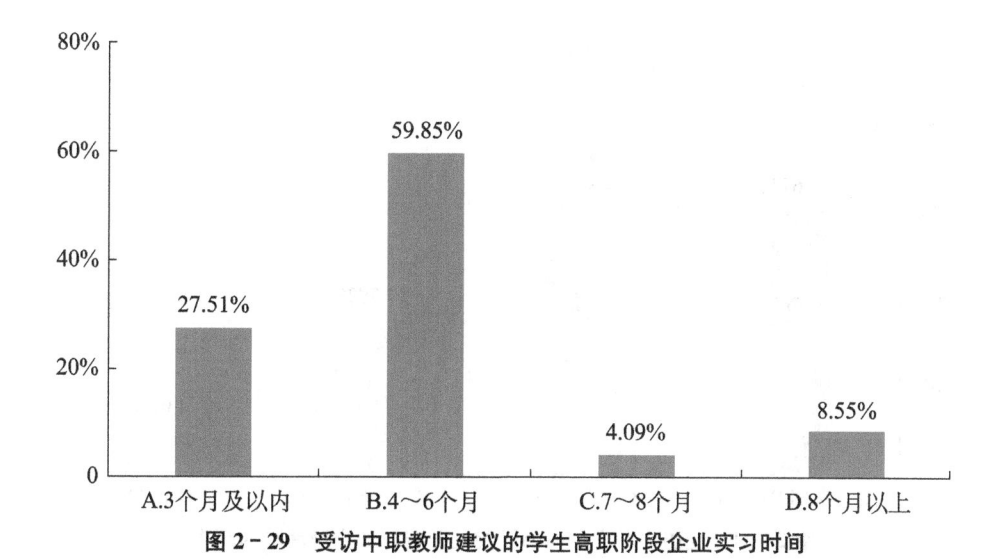

图 2-29 受访中职教师建议的学生高职阶段企业实习时间

比为 43.64%，一学期 2 次以上的占比为 29.09%，一年 1 次的占比为 20%（见图 2-30）。在中职学校教学交流活动开展的频率方面，一学期 1 次的占比为 46.63%，一学期 2 次以上的占比为 30.67%，一年 1 次的占比为 17.79%（见图 2-31）。

3. 教学实施

（1）教学方法。调研数据显示，全部受访高职院校国际经济与贸易专业和中职学校国贸类专业在教学实施过程中均采用了项目教学，采用案例教学和情境教学的占比也相对较高，分别为 89.29% 和 75%（见图 2-32）。

（2）教学资源。调研数据显示，受访高职院校国际经济与贸易专业和中职学校国贸类专业教学资源占比最高的是校级教学资源库，其次是各级精品在线开放课程，国家级教学资源库仅占 21.43%（见图 2-33）。

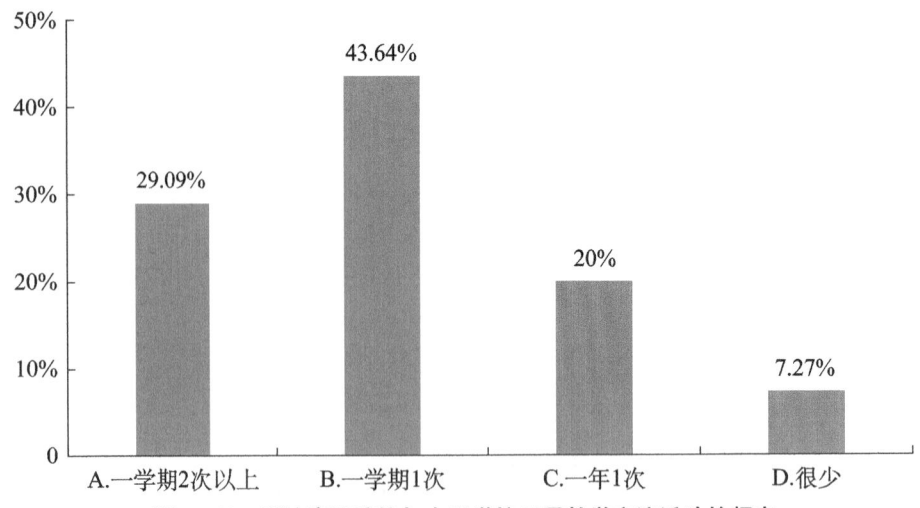

图 2-30 受访高职院校与中职学校开展教学交流活动的频率

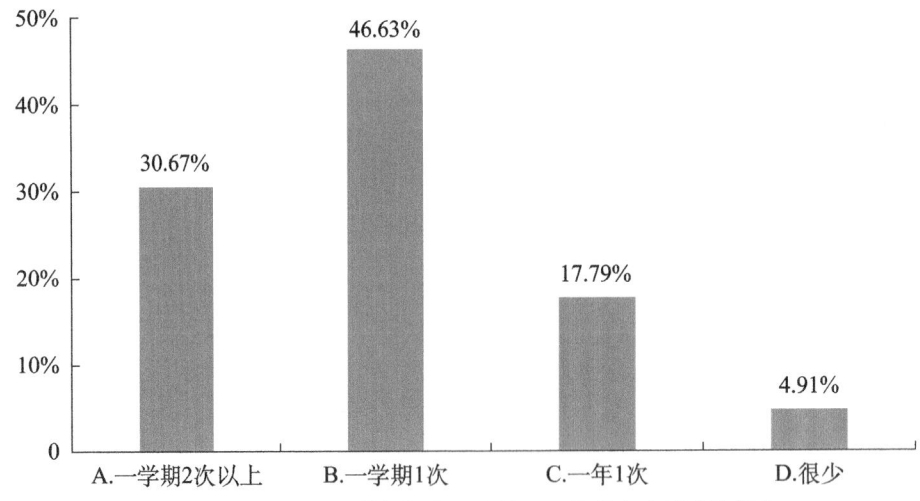

图 2-31 受访中职学校与高职院校开展教学交流活动的频率

4. 实习实训

(1) 各学段实训基地情况。调研数据显示,受访高职院校国际经济与贸易专业和中职学校国贸类专业校内实践基地数量共计 101 个,校外实习实训基地数量共计 171 个。在实训基地建设形式上,受访院校校企共建校内实践基地和校外实习实训基地的占比分别达50% 和 57.14%。

(2) 校企双主体合作内容和育人模式。受访高职院校国际经济与贸易专业和中职学校国贸类专业校企合作模式呈现多样性,学校教师到企业兼职或挂职锻炼最为常见(85.71%),其次为校企共同开发教学资源、企业人员参与日常教学工作(占比均为64.29%),企业接收学生顶岗实习和就业、校企共建校外实习实训基地、校企共建校内实践基地、职教集团/职教联盟等模式也被不少职业院校采纳。混合所有制、产业学院、现

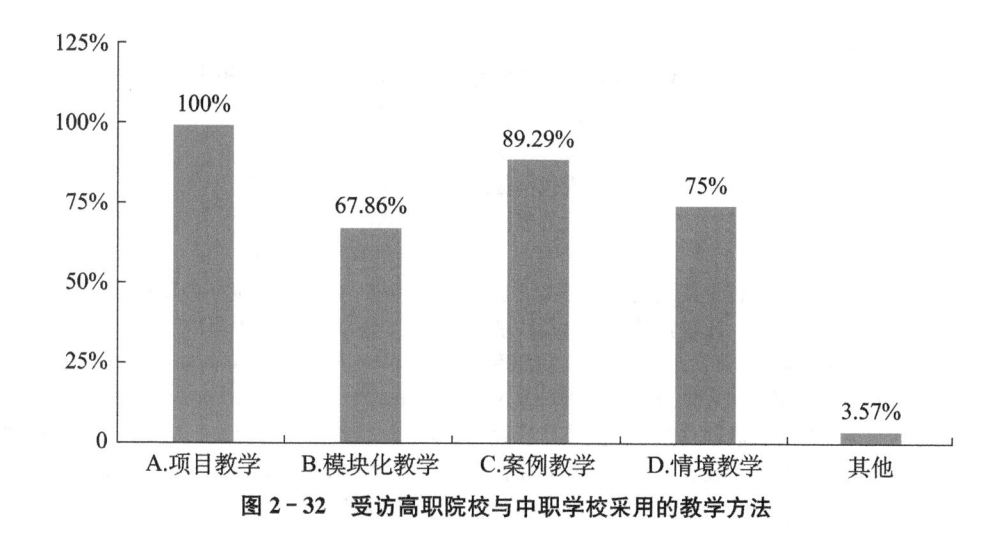

图 2-32 受访高职院校与中职学校采用的教学方法

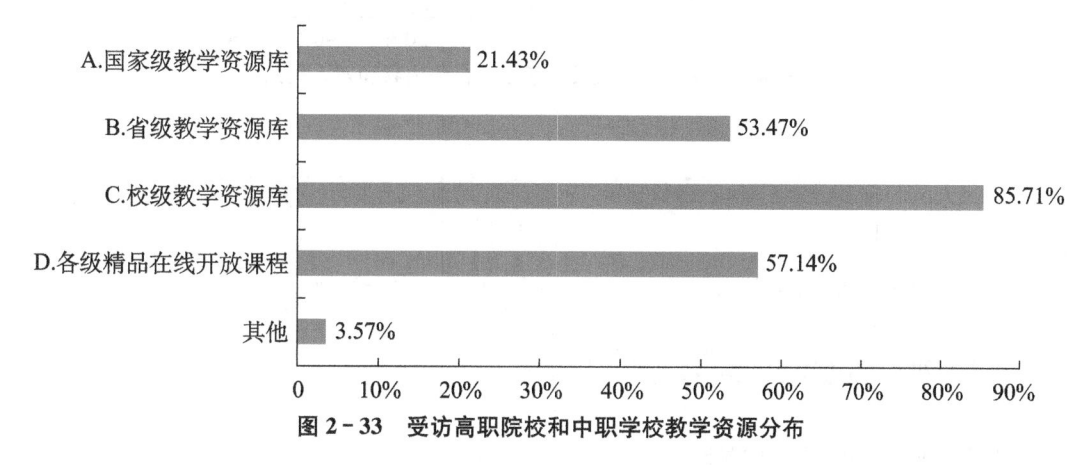

图 2-33 受访高职院校和中职学校教学资源分布

代学徒制、订单培养、引企入校和校企合作开展技术或产品研发等校企深度合作模式占比相对较低（见图 2-34）。

（三）专业人才供需匹配分析

1. 专业定位匹配分析

（1）规模。调研数据显示，未来三年内，263 家受访企业对外贸人才的需求规模为：5 人以下占比 39.92%、5~10 人占比 28.9%、11~20 人占比 15.97%、21~50 人占比 6.08%、50 人以上占比 9.13%（见图 2-35），预计需求总量约为 3 515 人。受访高职院校调研数据显示，2019 级、2020 级、2021 级国际经济与贸易专业录取人数总量为 10 719 人，按照对口就业 100% 计算，全部生源供给需求比达 3.05∶1，能够较好满足企业需求。但 2019 级、2020 级、2021 级国际经济与贸易专业中高职一体化录取人数总量为 1 848 人，按照对口就业 100% 计算，中高职一体化生源供给需求比为 0.53∶1，因此，未来国际经济与贸易专业在招生结构上应进一步向中高职一体化培养倾斜。

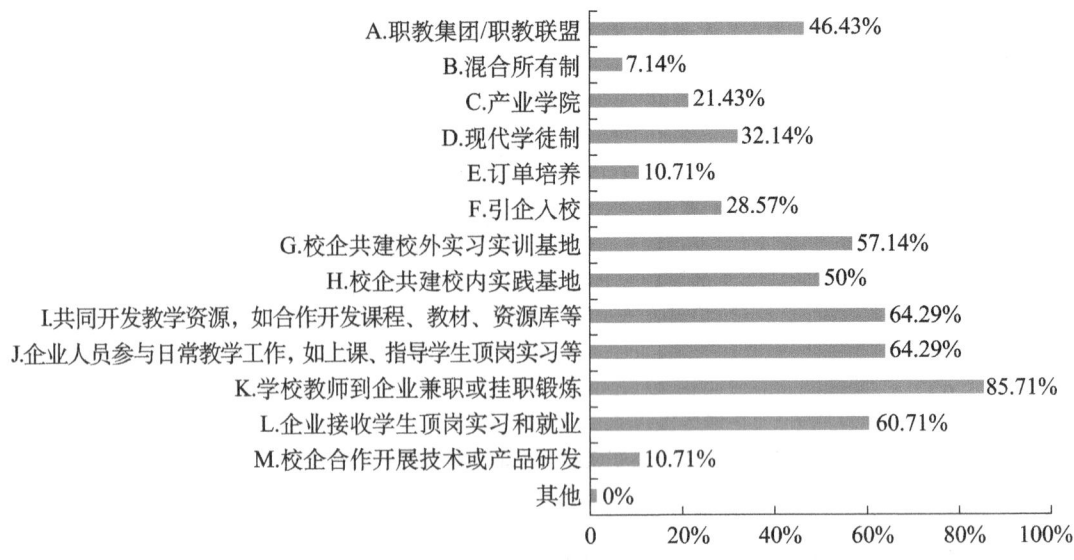

图 2-34 受访高职院校校企双主体合作内容和育人模式

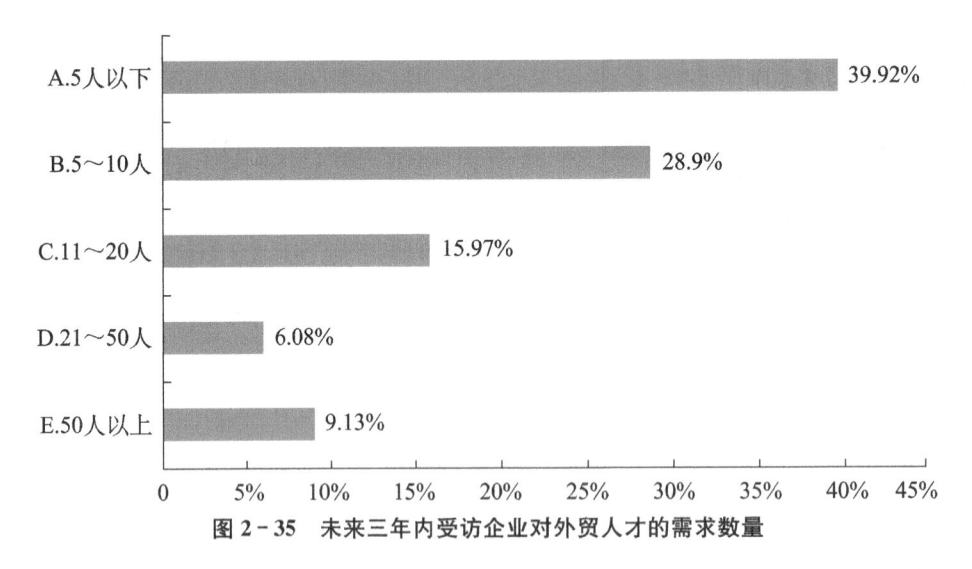

- A.职教集团/职教联盟 46.43%
- B.混合所有制 7.14%
- C.产业学院 21.43%
- D.现代学徒制 32.14%
- E.订单培养 10.71%
- F.引企入校 28.57%
- G.校企共建校外实习实训基地 57.14%
- H.校企共建校内实践基地 50%
- I.共同开发教学资源，如合作开发课程、教材、资源库等 64.29%
- J.企业人员参与日常教学工作，如上课、指导学生顶岗实习等 64.29%
- K.学校教师到企业兼职或挂职锻炼 85.71%
- L.企业接收学生顶岗实习和就业 60.71%
- M.校企合作开展技术或产品研发 10.71%
- 其他 0%

图 2-35 未来三年内受访企业对外贸人才的需求数量

- A.5人以下 39.92%
- B.5~10人 28.9%
- C.11~20人 15.97%
- D.21~50人 6.08%
- E.50人以上 9.13%

（2）岗位。调研数据显示，263家受访企业目前的外贸岗位类型为：80.61%的受访企业设有外贸业务员岗位，62.36%的受访企业设有外贸跟单员岗位，51.33%的受访企业设有外贸单证员岗位，31.56%的受访企业设有跨境电商B2B运营专员岗位，17.49%的受访企业设有跨境电商B2B销售专员岗位，14.45%的受访企业设有跨境电商B2B营销专员岗位，10.65%的受访企业设有其他岗位（见图2-36）。根据目前受访的国际经济与贸易专业毕业生调研数据显示，从事外贸业务员、外贸跟单员、外贸单证员等岗位工作的毕业生占比47.35%，就业岗位的供给需求存在结构性不匹配现象。

2. 专业培养质量匹配分析

根据调研情况，本报告从受访高职院校教师对学生学习的满意程度、受访毕业生认为

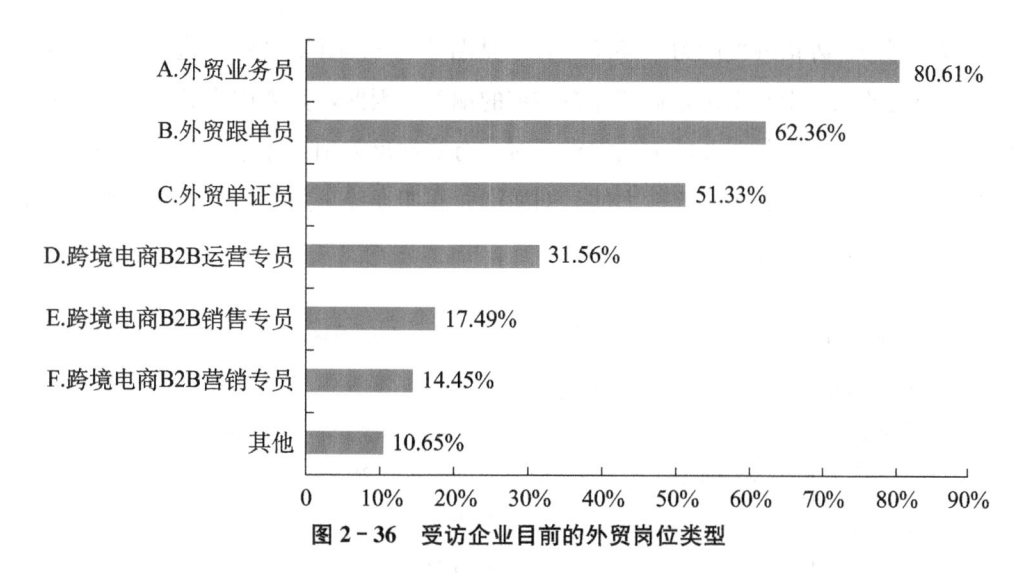

图2-36 受访企业目前的外贸岗位类型

- A.外贸业务员 80.61%
- B.外贸跟单员 62.36%
- C.外贸单证员 51.33%
- D.跨境电商B2B运营专员 31.56%
- E.跨境电商B2B销售专员 17.49%
- F.跨境电商B2B营销专员 14.45%
- 其他 10.65%

最重要的三项职业能力、职业素质、专业知识以及受访企业在招聘外贸从业人员时最关注的职业能力、职业素质、专业知识三个方面,对国际经济与贸易专业培养质量开展匹配分析。

调研数据显示,针对学生的五个方面,受访高职院校教师认为比较满意及以上的占比分别为:学生学习态度和积极性满意占比为57.85%、学生公共文化基础课学习满意及以上占比为50%、学生专业理论基础满意及以上占比为60.79%、学生专业动手操作能力满意及以上占比为67.65%、学生综合职业素养满意及以上占比为61.77%(见图2-37)。可见,教师对学生职业能力的培养满意度最高,其次分别是职业素养和专业知识,学习态度和积极性以及公共文化基础课学习还须进一步加强。

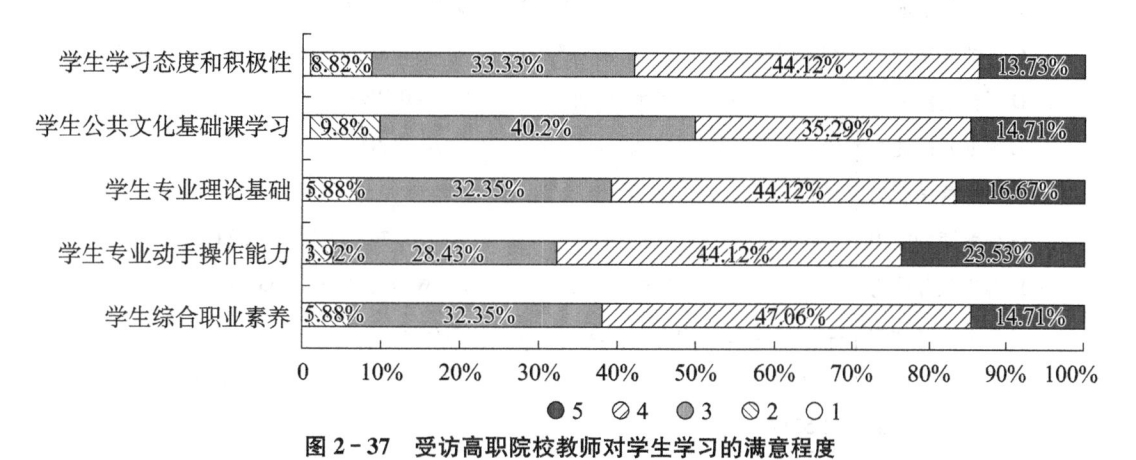

	5	4	3	2	1
学生学习态度和积极性		8.82%	33.33%	44.12%	13.73%
学生公共文化基础课学习		9.8%	40.2%	35.29%	14.71%
学生专业理论基础		5.88%	32.35%	44.12%	16.67%
学生专业动手操作能力		3.92%	28.43%	44.12%	23.53%
学生综合职业素养		5.88%	32.35%	47.06%	14.71%

图2-37 受访高职院校教师对学生学习的满意程度

(1)职业能力。调研数据显示,受访毕业生认为最重要的三项职业能力分别为外贸制单能力(42.05%)、外贸跟单能力(41.7%)、客户服务能力(33.57%),而受访企业在招聘外贸从业人员时最关注的前三项职业能力分别为外贸接单能力(63.88%)、外贸谈判能力（57.03%）、外语外贸能力（55.89%）（见图 2-38、图 2-39）。这表明，受访毕业生在职业能力的认知上与受访企业还存在一定的偏差。因此，开展中高职一体化培养，能够将企业对外贸从业人员职业能力的需求及时、有效地反馈到人才培养中，并在一定程度上弥补学生与企业之间关于职业能力的认知鸿沟。在职业能力上，国际经济与贸易专业培养质量匹配度为基本匹配。

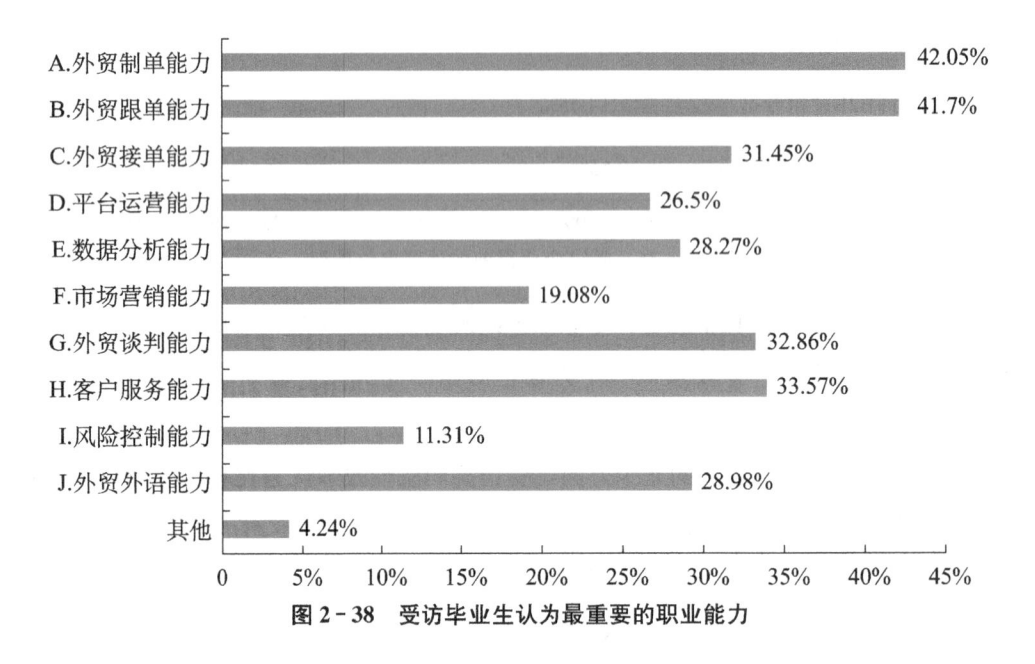

选项	比例
A.外贸制单能力	42.05%
B.外贸跟单能力	41.7%
C.外贸接单能力	31.45%
D.平台运营能力	26.5%
E.数据分析能力	28.27%
F.市场营销能力	19.08%
G.外贸谈判能力	32.86%
H.客户服务能力	33.57%
I.风险控制能力	11.31%
J.外贸外语能力	28.98%
其他	4.24%

图 2-38 受访毕业生认为最重要的职业能力

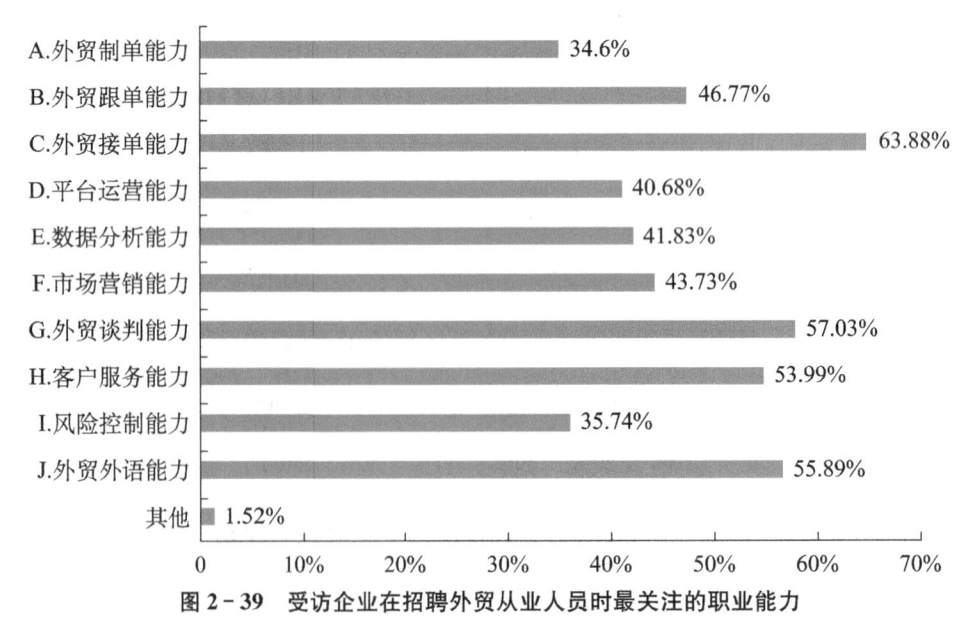

选项	比例
A.外贸制单能力	34.6%
B.外贸跟单能力	46.77%
C.外贸接单能力	63.88%
D.平台运营能力	40.68%
E.数据分析能力	41.83%
F.市场营销能力	43.73%
G.外贸谈判能力	57.03%
H.客户服务能力	53.99%
I.风险控制能力	35.74%
J.外贸外语能力	55.89%
其他	1.52%

图 2-39 受访企业在招聘外贸从业人员时最关注的职业能力

（2）职业素质。调研数据显示，受访毕业生认为最重要的三项职业素质分别为团队精神（54.42%）、诚实守信（51.94%）、爱岗敬业（49.82%），而受访企业在招聘外贸从业人员时最关注的前五项职业素质分别为沟通能力（78.33%）、学习能力（75.29%）、团队精神（74.52%）、爱岗敬业（73.38%）、诚实守信（73.38%）（见图2-40、图2-41）。可见，爱岗敬业、诚实守信、团队精神是受访毕业生与企业共同看重的三项职业能力。在中高职一体化培养中，还须进一步强化对学生沟通能力和学习能力的培养。在职业素质上，国际经济与贸易专业培养质量匹配度为较为匹配。

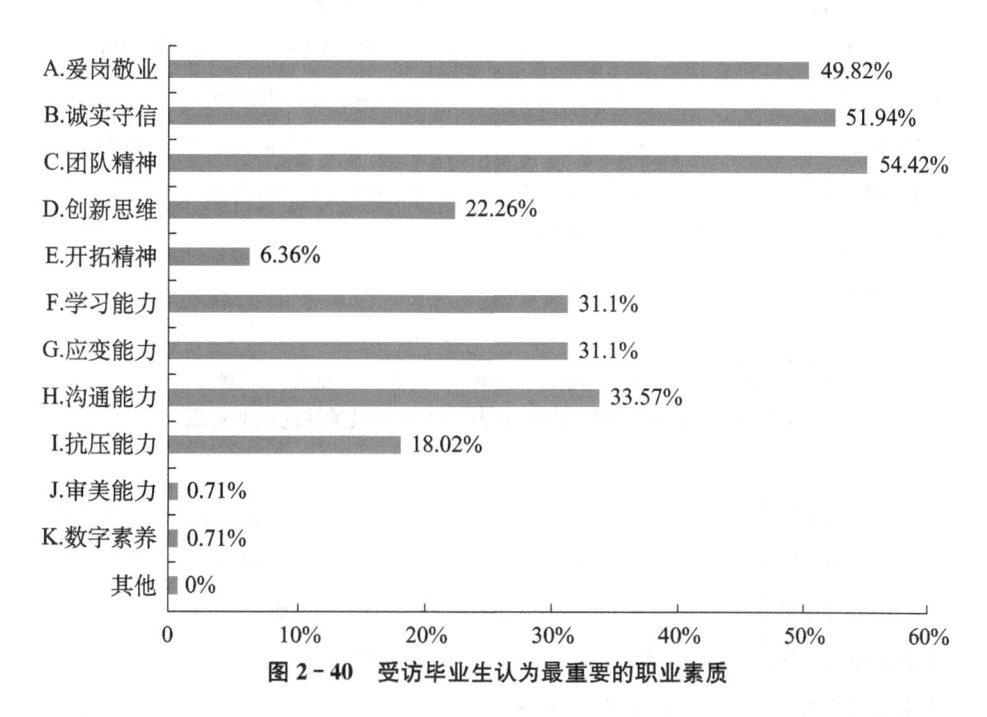

选项	比例
A.爱岗敬业	49.82%
B.诚实守信	51.94%
C.团队精神	54.42%
D.创新思维	22.26%
E.开拓精神	6.36%
F.学习能力	31.1%
G.应变能力	31.1%
H.沟通能力	33.57%
I.抗压能力	18.02%
J.审美能力	0.71%
K.数字素养	0.71%
其他	0%

图2-40 受访毕业生认为最重要的职业素质

（3）专业知识。调研数据显示，受访毕业生认为最重要的三项专业知识分别为进出口业务（61.48%）、外贸单证（48.41%）、外贸跟单（42.05%），而受访企业认为从事外贸工作需要掌握的前三项专业知识分别为进出口业务（88.21%）、外贸单证（68.06%）、外贸跟单（56.65%）（见图2-42、图2-43）。可以看出，受访毕业与企业在最重要的专业知识上达成了高度一致，表明中高职院校在人才培养中做到了"所教即所用"，在未来中高职一体化培养的过程中应继续保持。在专业知识上，国际经济与贸易专业培养质量匹配度为高度匹配。

三、调研结论

（一）专业培养目标定位

1. 人才培养所面向的职业范围

根据对调研结果的全面分析，建议浙江省国际经济与贸易专业中高职一体化人才培养所面向的职业范围为外贸业务员、外贸跟单员、外贸单证员、跨境电商B2B运营专员、跨

图 2-41 受访企业在招聘外贸从业人员时最关注的职业素质

- A.爱岗敬业 73.38%
- B.诚实守信 73.38%
- C.团队精神 74.52%
- D.创新思维 58.17%
- E.开拓精神 53.99%
- F.学习能力 75.29%
- G.应变能力 63.5%
- H.沟通能力 78.33%
- I.抗压能力 61.98%
- J.审美能力 23.95%
- K.数字素养 20.53%
- 其他 0%

图 2-42 受访毕业生认为最重要的专业知识

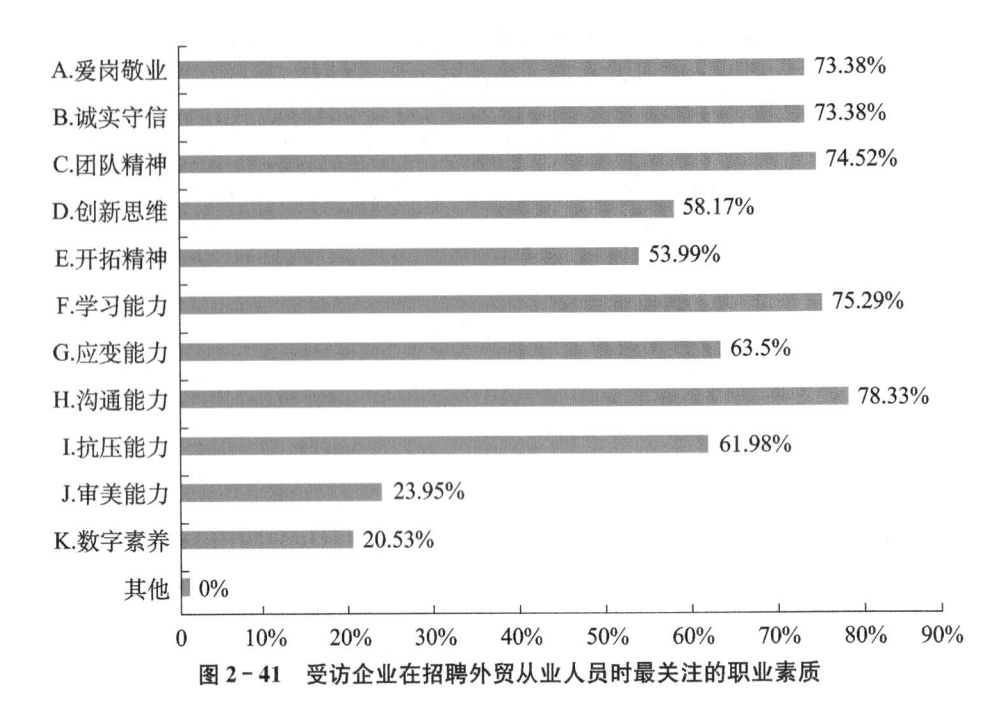

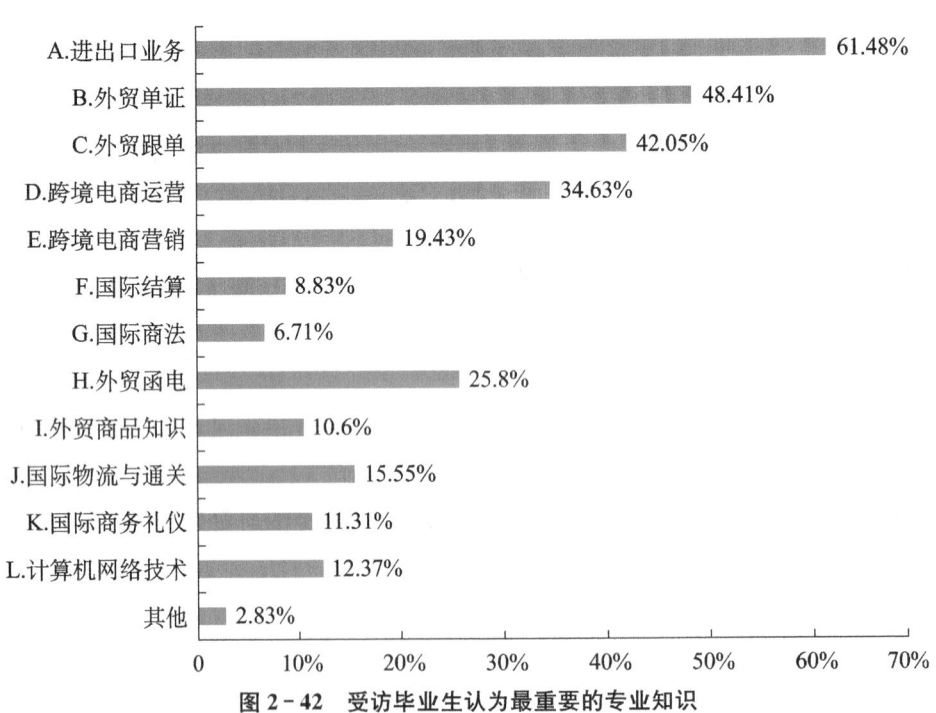

- A.进出口业务 61.48%
- B.外贸单证 48.41%
- C.外贸跟单 42.05%
- D.跨境电商运营 34.63%
- E.跨境电商营销 19.43%
- F.国际结算 8.83%
- G.国际商法 6.71%
- H.外贸函电 25.8%
- I.外贸商品知识 10.6%
- J.国际物流与通关 15.55%
- K.国际商务礼仪 11.31%
- L.计算机网络技术 12.37%
- 其他 2.83%

境电商 B2B 销售专员和跨境电商 B2B 营销专员等岗位的商务专业人员。

2. 人才培养目标

浙江省国际经济与贸易专业培养面向批发业和商务服务业，面向外贸业务员、外贸跟单员、外贸单证员、跨境电商 B2B 运营专员、跨境电商 B2B 销售专员和跨境电商 B2B 营

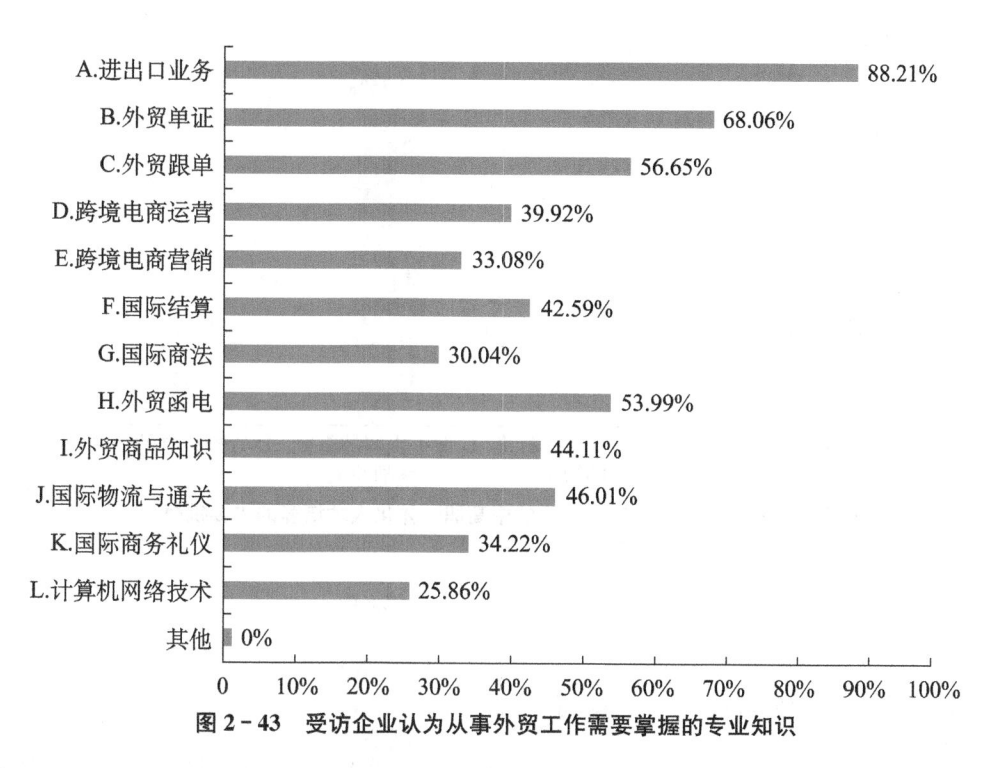

```
A.进出口业务          88.21%
B.外贸单证            68.06%
C.外贸跟单            56.65%
D.跨境电商运营         39.92%
E.跨境电商营销         33.08%
F.国际结算            42.59%
G.国际商法            30.04%
H.外贸函电            53.99%
I.外贸商品知识         44.11%
J.国际物流与通关       46.01%
K.国际商务礼仪        34.22%
L.计算机网络技术       25.86%
其他                 0%
```

图2-43 受访企业认为从事外贸工作需要掌握的专业知识

销专员等岗位，德智体美劳全面发展，掌握进出口业务、外贸单证、外贸跟单等传统外贸专业知识和跨境电商B2B运营、销售、营销、数据分析等新兴外贸专业知识，能开展外贸制单、外贸接单、客户服务、跨境电商B2B运营、销售、营销等业务操作，具备全球视野、数字素养、创新能力、工匠精神、沟通能力、学习能力的高素质外贸技术技能人才。

（二）专业人才培养建议

课题组充分倾听行业企业人员、中高职院校教师、在校生和毕业生等不同利益相关者对国际经济与贸易专业中高职一体化人才培养各方面提出的问题及建议，并进行系统梳理与总结归纳，能够保证专业人才培养建议的科学性、客观性与全面性。

调研数据显示，受访高职院校和中职学校教师均认为，课程内容的重复或割裂以及专业教学标准的缺乏是中高职一体化人才培养的最大问题（见图2-44、图2-45）。针对中高职一体化人才培养工作的核心任务，受访高职院校教师和中职学校教师也达成了一致，他们共同认为人才培养目标的衔接、课程体系的衔接、专业的衔接是三大核心任务（见图2-46、图2-47）。

调研数据显示，受访高职院校和中职学校的在校生对现有课程开设的建议高度一致，加强专业技能操作课最为必要，其次是加强专业理论知识和公共文化基础课（见图2-48、图2-49）。

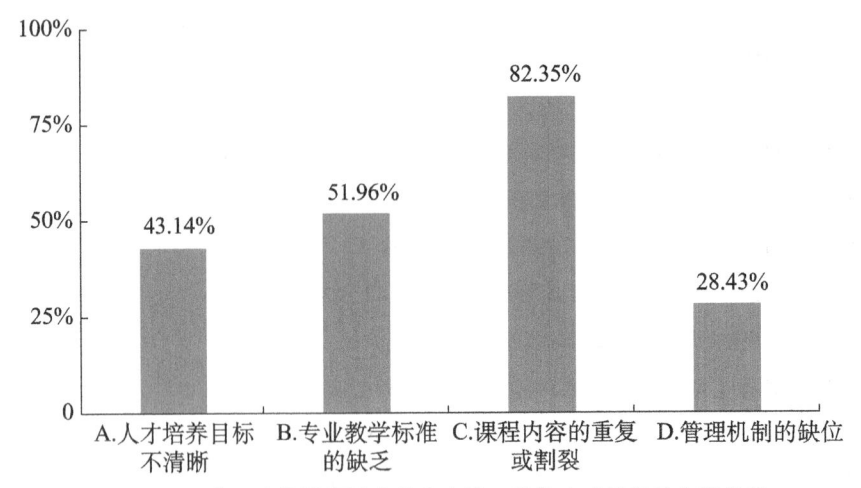

图 2-44　高职院校教师认为的中高职一体化人才培养的主要挑战

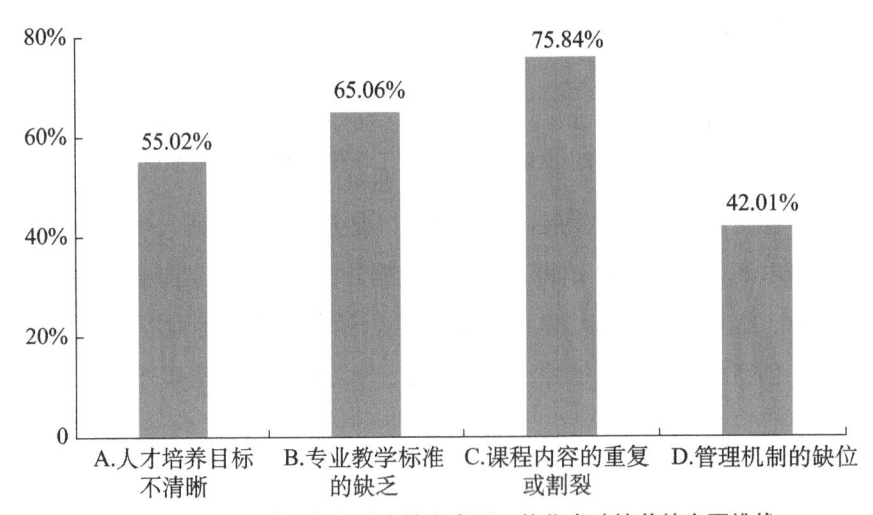

图 2-45　中职学校教师认为的中高职一体化人才培养的主要挑战

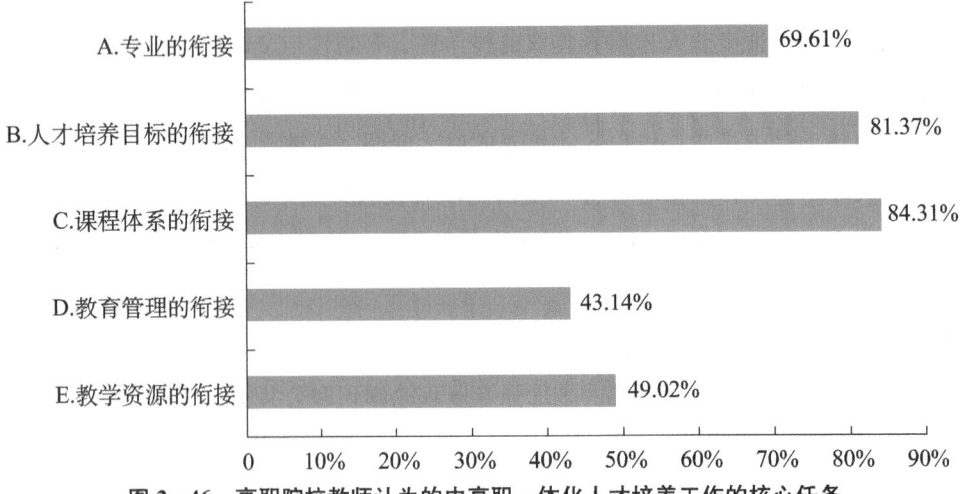

图 2-46　高职院校教师认为的中高职一体化人才培养工作的核心任务

图2-47 中职学校教师认为的中高职一体化人才培养工作的核心任务

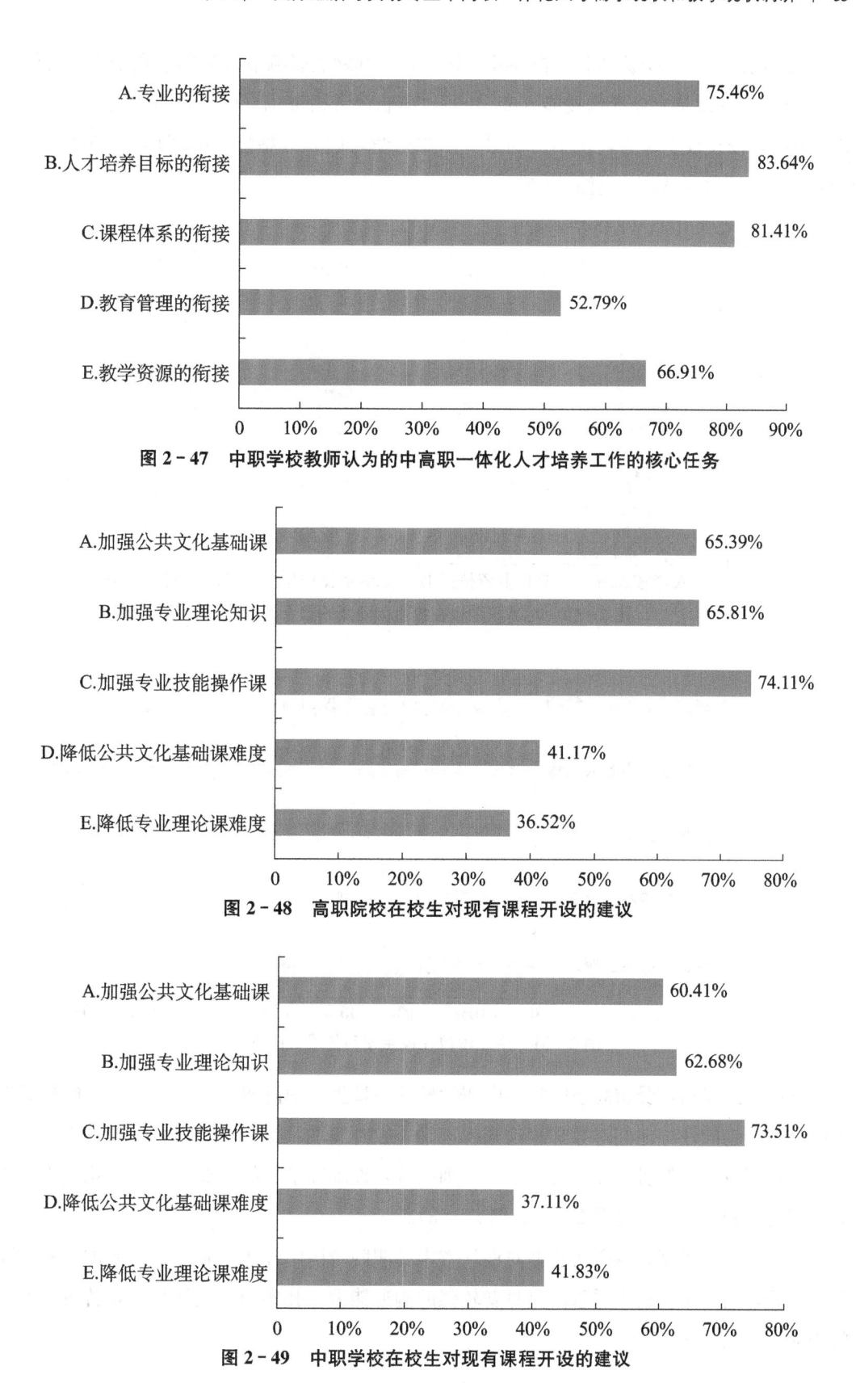

- A.专业的衔接 75.46%
- B.人才培养目标的衔接 83.64%
- C.课程体系的衔接 81.41%
- D.教育管理的衔接 52.79%
- E.教学资源的衔接 66.91%

图2-48 高职院校在校生对现有课程开设的建议

- A.加强公共文化基础课 65.39%
- B.加强专业理论知识 65.81%
- C.加强专业技能操作课 74.11%
- D.降低公共文化基础课难度 41.17%
- E.降低专业理论课难度 36.52%

图2-49 中职学校在校生对现有课程开设的建议

- A.加强公共文化基础课 60.41%
- B.加强专业理论知识 62.68%
- C.加强专业技能操作课 73.51%
- D.降低公共文化基础课难度 37.11%
- E.降低专业理论课难度 41.83%

调研数据显示，受访高职院校在校生认为，对其就业影响最大的因素是个人综合能力（72.43%），其次是专业操作技能（69.39%）和职业资格证书（66.71%）（见图2-50）。受访中职学校在校生认为，其学习的最大困难是学习内容太枯燥（66.21%）和缺少合适的学习方法（63.63%）（见图2-51）。

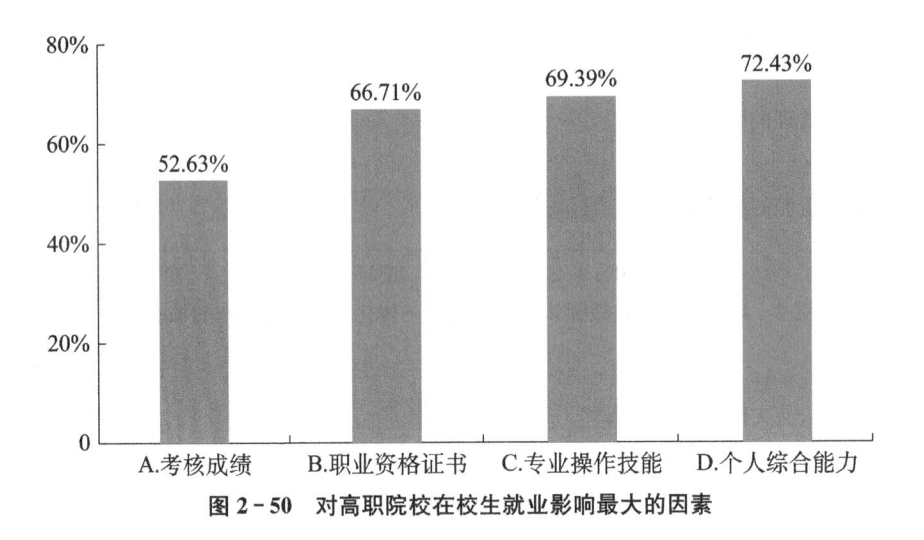

图2-50 对高职院校在校生就业影响最大的因素

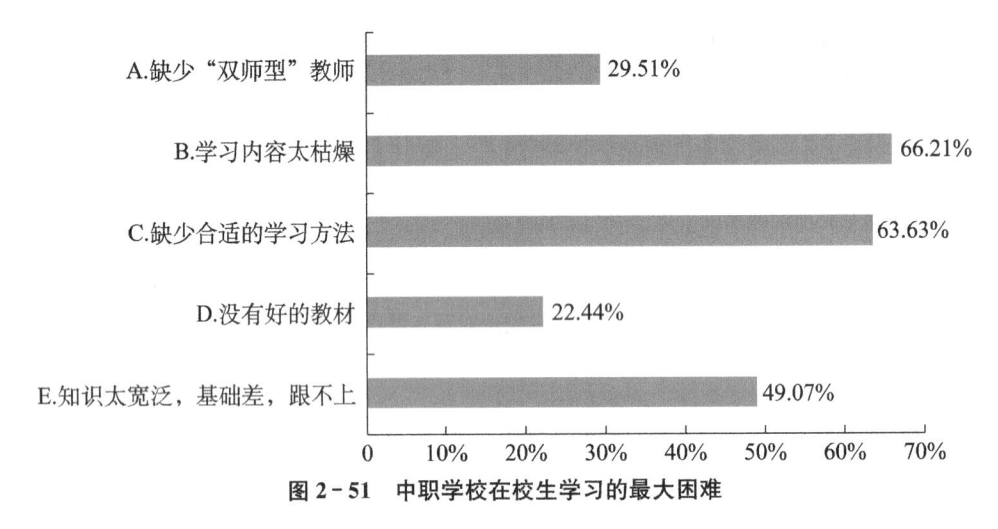

- A.考核成绩：52.63%
- B.职业资格证书：66.71%
- C.专业操作技能：69.39%
- D.个人综合能力：72.43%

图2-51 中职学校在校生学习的最大困难

- A.缺少"双师型"教师：29.51%
- B.学习内容太枯燥：66.21%
- C.缺少合适的学习方法：63.63%
- D.没有好的教材：22.44%
- E.知识太宽泛，基础差，跟不上：49.07%

调研数据显示，受访高职院校和中职学校的在校生在中高职一体化人才培养的满意度方面呈现出趋同性，他们对教师理论知识水平、教师实践及操作技能和教师教学方法三个方面满意度较高，但对企业实习、学校实训内容及设施和学校的职业环境及文化氛围等方面的满意度相对较低（见图2-52、图2-53）。

从用人单位角度，从受访企业对浙江省中高职院校国际经济与贸易专业人才培养的建议汇总看，用人单位最为看重的是具备较强的沟通能力、扎实的专业知识和吃苦耐劳精神的毕业生（见图2-54）。

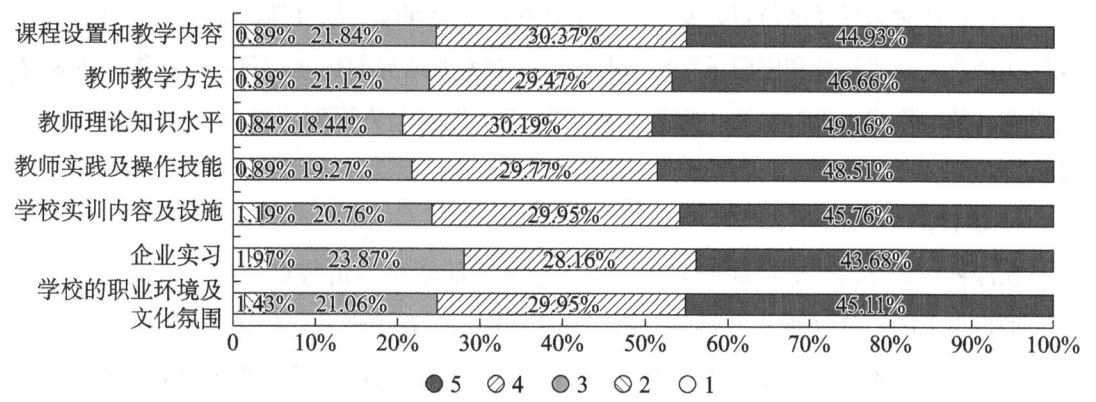

图 2-52 高职院校在校生对中高职一体化人才培养的满意度

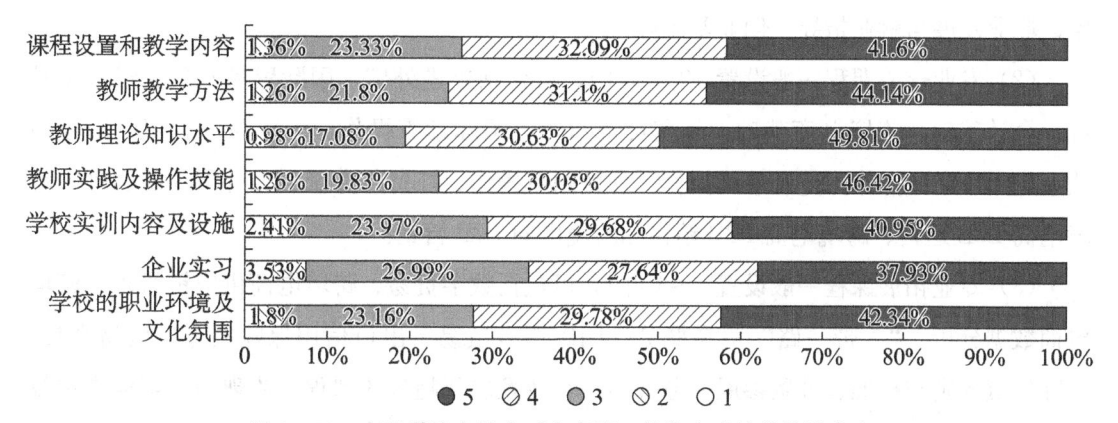

项目	1	2	3	4	5
课程设置和教学内容	0.89%	21.84%	30.37%	44.93%	
教师教学方法	0.89%	21.12%	29.47%	46.66%	
教师理论知识水平	0.84%	18.44%	30.19%	49.16%	
教师实践及操作技能	0.89%	19.27%	29.77%	48.51%	
学校实训内容及设施	1.19%	20.76%	29.95%	45.76%	
企业实习	1.97%	23.87%	28.16%	43.68%	
学校的职业环境及文化氛围	1.43%	21.06%	29.95%	45.11%	

图 2-53 中职学校在校生对中高职一体化人才培养的满意度

项目	1	2	3	4	5
课程设置和教学内容	1.36%	23.33%	32.09%	41.6%	
教师教学方法	1.26%	21.8%	31.1%	44.14%	
教师理论知识水平	0.98%	17.08%	30.63%	49.81%	
教师实践及操作技能	1.26%	19.83%	30.05%	46.42%	
学校实训内容及设施	2.41%	23.97%	29.68%	40.95%	
企业实习	3.53%	26.99%	27.64%	37.93%	
学校的职业环境及文化氛围	1.8%	23.16%	29.78%	42.34%	

图 2-54 受访企业对浙江省中高职院校国际经济与贸易专业人才培养的建议

因此，针对国际经济与贸易专业培养中存在的主要问题，结合新的专业培养目标定位及行业企业、高职院校和中职学校的教师、学生对专业培养的优化建议，课题组分别从课程设置、教学模式、教材使用、实训条件、师资条件五个方面对专业人才培养提出如下建议。

1. 课程设置

在课程设置方面，应以高职院校为主，兼顾中职学生学情特点，开展课程体系的重构，加强学生的跨境电商 B2B 运营、销售和营销能力。建议专业课程设置如下：

（1）公共基础课一般设置 8~10 门，可包括毛泽东思想和中国特色社会主义理论体系概论、思想道德与法治、形势与政策、军事理论、劳动教育、心理健康教育、体育与健康、职业发展与就业指导、创业基础等。

（2）专业核心课程一般设置 12~16 门，可包括走进外贸、国际贸易基础、经济学基础、会计基础、跨境电商基础、外贸英语口语、国际结算操作、国际商务礼仪、国际商法、进出口业务操作、外贸单证操作、外贸跟单操作、外贸英文函电、外贸风险管理、跨境电商 B2B 运营、跨境电商 B2B 销售和跨境电商 B2B 营销。

（3）专业拓展课程一般设置 8~10 门，可包括数字贸易、跨境电商供应链管理、跨境电商数据分析、"一带一路"贸易概览、国际服务贸易、出口信用保险实务、贸易合规、国际经贸规则与标准、外贸参展实务等体现行业发展新趋势的课程、体现拓展就业岗位技能要求的课程、体现本校优势特色的课程。

2. 教学模式

在教学模式方面，建议高职院校和中职学校根据企业的需求和宏观环境的变化，适度调整教程和教学方法，加大项目教学、案例教学和情境教学的覆盖面；注重同类课程的内容、标准、资源、教法、评价等方面的衔接与递进，并呈现技能与应用的提升，通过构建中高职教学共同体推进教学模式一体化；进一步梳理教学目标、重构教学体系、共享教学资源，从而实现人才培养的梯度目标；建立管理层面的统筹调度机制，明确教学目标、优化教学资源，实现教学框架和内容的重构，实现教学管理的一体化。

3. 教材使用

在教材使用方面，建议充分调动行业、企业、职业院校专家等多方力量，共同研发和编写国际经济与贸易专业中高职一体化教材，及时将新技术、新工艺、新规范纳入教学内容。在高职院校和中职学校之间建立常态化教材研讨与交流机制，共同开发教材、共同备课、共同评价，教材选择注重理论和实际相结合，难度适中，符合中高职学生的特点和接受能力，促进学生学习的连贯性与一致性。进一步提高规划教材的使用比例，加强数字教学资源建设，注重提升无线网络覆盖率，为智慧教学提供条件保障。

4. 实训条件

在实训条件方面，建议进一步加大校企共建校内实践基地和校外实习实训基地的力度，构建沉浸式、真实化实训场景，加强综合实践能力培养，将实践教学作为中高职一体化的特色重点。适当增加在校生实习与实训时间，加速其从学校到企业的身份转变，注重理实一体，强化技能训练，加强跨境电商平台和独立站的操作实训，这有助于学生更有效地捕捉市场信息、掌握客户心理。

5. 师资条件

在师资条件方面，建议进一步增加师资队伍数量，提升师资队伍整体水平，优化双师结构，特别要加强对教师信息化教学和实操技能等关键核心能力的培养。中、高职教师互有专业和教育理实特长，作为国际经济与贸易专业中高职一体化设计的主导者，高职院校教师每学期应至少组织开展两次与中职教师的教学交流和联合教研活动，也可通过高职教师送课进中职以及中高职教师的交换学习等方式，在相互学习的过程中取长补短，进一步提升浙江省国际经济与贸易专业中高职一体化人才培养质量。

第三章

国际经济与贸易专业中高职一体化职业能力标准开发

浙江省国际经济与贸易专业中高职一体化课改工作课题组运用 PGSD 能力分析模型，通过充分的理论研究和研讨，基于国际经济与贸易专业自身内在逻辑，结合浙江省国际贸易行业发展特点及典型工作岗位对从业人员职业能力的需求，以中高职一体化复合型技术技能人才培养为目标导向，研制开发了浙江省国际经济与贸易专业职业能力标准。职业能力标准开发是中高职一体课改研究的关键环节，是实现从工作领域到教育领域转换的核心工作。

第一节　职业能力标准开发的思路

浙江省国际经济与贸易专业中高职一体化职业能力标准研制的基本思路如下：对外贸人才的需求端和供给端做充分的调研，明确浙江省国际经济与贸易专业中高职一体化人才培养的目标定位，据此确定职业能力标准研制的框架和方向，进而开展职业能力分析。运用 PGSD 能力分析模型，按照教育规律、中高职一体化人才培养逻辑研制国际经济与贸易专业职业能力标准。

课题组以外贸行业企业实际岗位设置、胜任相应岗位须具备的职业能力要求为依据，按照中职学生、高职学生不同年龄段、不同的知识水平、认知水平和学习能力水平的差异来分析和制定职业能力标准。对此，课题组研制职业能力标准时，首先需要开展广泛的调研，包括对外贸行业企业的人才需求调研和对中职学校、高职院校的人才培养调研。通过面向外贸行业企业开展的人才需求调研，课题组充分掌握了外贸行业的人才结构现状、技术技能人才最新需求状况，厘清了外贸企业职业岗位设置情况、岗位人员结构、岗位招聘途径与要求、岗位待遇与发展，把握了行业企业对国际经济与贸易专业技术技能人才在知识结构、职业能力和综合素质等方面的最新要求。通过面向浙江省内中职学校、高职院校开展国际经济贸易专业人才培养现状的调研，课题组充分了解了国际经济与贸易专业中高职一体化人才培养教学情况、专业招生录取及就业情况、专业人才供需匹配情况、学校专业人才培养方案及执行情况等。

对比分析两份调研报告，课题组确定了浙江省国际经济与贸易专业中高职一体化人才培养的目标定位，包括职业范围和人才培养目标，给出了人才培养的指导性建议，从而为职业能力分析定下基调和方向，明确了接下来国际经济与贸易专业中高职一体化职业能力标准开发的工作步骤。

从工作领域转化到教育领域需要教育学理论的指导，转化工作需要遵循教育规律、人才发展和培养的内在逻辑。因而，课题组邀请了长期从事职业教育研究的浙江工业大学职业技术教育研究所所长刘辉副教授和浙江机电职业技术学院任聪敏副研究员作为教育领域专家，由两位专家运用 PGSD 能力分析模型指导职业能力分析和标准的研制工作。

第二节　职业能力标准开发的过程

在确定研制思路后，浙江省国际经济与贸易专业中高职一体化课题组按照下列工作安排开展了职业标准的研制工作。

一、确定职业能力标准开发的两类专家团队

课题组邀请的外贸企业以浙江省内的企业为主，涵盖了不同规模、不同贸易方式的外贸企业。在传统外贸继续居于主体地位，数字贸易快速兴起并将在未来引领外贸发展的行业发展背景下，课题组邀请的外贸行业专家有一半从事传统国际贸易，另一半从事数字国际贸易，所有专家都是所在企业的负责人。邀请的教育专家在职业教育研究领域有着很高的造诣和丰硕的学术成果。

二、起草职业能力标准初稿

在确定专家团队人员之后，课题组给行业专家分配了相应工作任务。教育专家负责理论指导，提供职业能力标准开发的理论分析框架。根据教育专家提供的理论框架，从事传统国际贸易的专家负责罗列传统外贸典型职业活动、工作任务和工作内容；从事数字国际贸易的专家负责罗列数字国际贸易典型职业活动、工作任务和工作内容。

三、召开分析会，现场讨论、论证和研制职业能力标准

课题组于2022年9月4日邀请外贸行业专家和教育专家共聚一堂，在行业专家前期罗列的国际贸易行业主要职业类别、典型职业活动、工作任务的基础上，现场共同讨论、修改、补充和完善浙江省国际经济与贸易专业中高职一体化职业能力标准。在分析会现场，行业专家根据外贸企业实际的职业类别，通过头脑风暴、热烈的讨论和反复的论证，整理确定了外贸岗位类别、典型职业活动、工作任务和工作内容，教育专家根据教育学的理论和学习规律，运用PGSD能力分析模型，根据行业专家的建议拟定了外贸企业各岗位典型工作任务、工作内容以及胜任工作需具备的职业能力（P）、通用能力（G）、社会能力（S）和发展能力（D），完成了浙江省国际经济与贸易中高职一体化职业能力标准首稿。在第一次分析会最后阶段，课题组要求行业专家和教育专家在会后进一步思考和完善职业能力分析表。

四、完善与优化

9月12日，课题组召集行业专家及教育专家开展了第二次职业能力分析会。与会的行业专家汇报了对第一稿职业能力分析表的修改和补充意见，教育专家据此负责细化PGSD能力分析表，最终完成了浙江省国际经济与贸易专业中高职一体化职业能力标准的研制工作。

第三节 职业能力标准的主要内容

浙江省国际经济与贸易专业中高职一体化职业能力标准的研制基于课题组深入开展的浙江省国际贸易行业企业人才需求及人才培养现状调研，具体包括7个职业岗位（群）、34个典型职业活动、125项工作任务和相应的岗位能力等内容（见图3-1）。

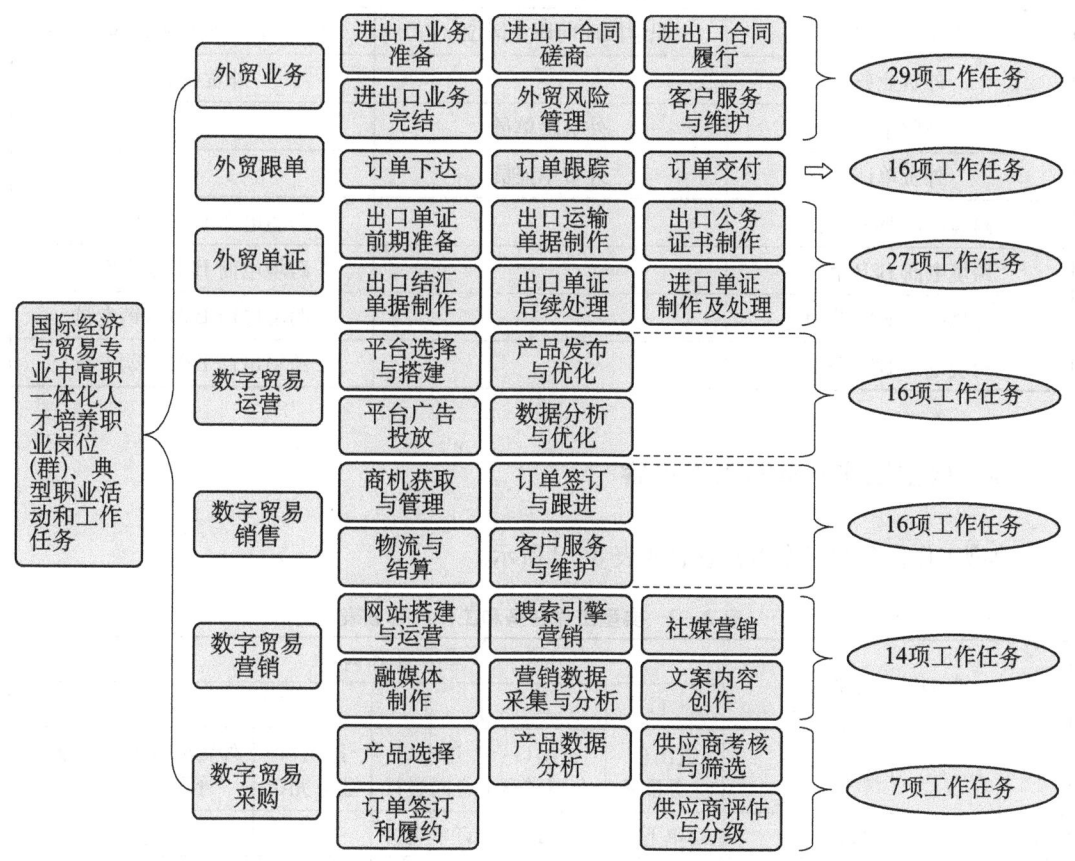

图3-1 国际经济与贸易专业中高职一体化人才培养职业岗位（群）、典型职业活动和工作任务

一、标准适用范围

本标准包括浙江省国际经济与贸易专业中高职一体化人才培养面向的岗位、典型工作

任务、工作内容及职业技能要求等内容，适用于浙江省国际经济与贸易专业中高职一体化专业教学标准制定、课程体系构建、人才培养方案制定等工作，浙江省国际经济与贸易专业中高职一体化人才培养质量考核与评价可参考使用。

二、面向专业

中职：国际商务专业（730501）。

高职：国际经济与贸易专业（530501）。

三、面向职业岗位（群）

中高职学段面向职业岗位（群）如表 3-1 所示。

表 3-1　中高职学段面向职业岗位（群）

主要职业类别	中职学段面向职业岗位（群）	高职学段面向职业岗位（群）
外贸业务		外贸业务员
外贸跟单	外贸跟单员	
外贸单证	外贸单证员	
跨境电商 B2B 运营		跨境电商 B2B 运营专员
跨境电商 B2B 销售		跨境电商 B2B 销售专员
跨境电商 B2B 营销		跨境电商 B2B 营销专员
跨境电商 B2B 采购		跨境电商 B2B 采购专员

四、典型工作任务和工作内容

典型工作任务和工作内容总表如表 3-2 所示。

表 3-2　典型工作任务和工作内容总表

	典型工作任务	工作内容 1	2	3	4	5	6
A	外贸业务	进出口业务准备	进出口合同磋商	进出口合同履行	进出口业务完结	外贸风险管理	客户服务与维护
B	外贸跟单	订单下达	订单跟踪	订单交付			
C	外贸单证	出口单证前期准备	出口运输单据制作	出口公务证书制作	出口结汇单据制作	出口单证后续处理	进口单证制作及处理
D	跨境电商 B2B 运营	平台选择与搭建	产品发布与优化	平台广告投放	数据分析与优化		

续表

	典型工作任务	工作内容					
		1	2	3	4	5	6
E	跨境电商 B2B 销售	商机获取与管理	订单签订与跟进	物流与结算	客户服务与维护		
F	跨境电商 B2B 营销	网站搭建与运营	搜索引擎营销	社媒营销	融媒体制作	营销数据采集与分析	文案内容创作
G	跨境电商 B2B 采购	产品选择	产品数据分析	供应商考核与筛选	订单签订和履约	供应商评估与分级	

五、职业能力要求

具体职业能力要求如表 3-3 至表 3-9 所示。

表 3-3 "外贸业务" PGSD 能力分析表

典型工作任务及编号	A. 外贸业务	工作任务及编号	A1 进出口业务准备 A2 进出口合同磋商 A3 进出口合同履行 A4 进出口业务完结 A5 外贸风险管理 A6 客户服务与维护	
典型工作任务描述		1. 这项工作在外贸业务岗位进行，设置在企业业务部。 2. 负责进出口业务准备、合同磋商、合同履行、业务完结、风险管理和客户服务与维护等工作。 3. 在良好、舒适的办公环境，营造一定的竞争氛围，配备计算机等办公设备，安装 Excel、Word、PPT 等办公软件。 4. 独立完成工作或与其他部门如财务部、贸易管理部等协作完成。		
能力类别	编号	内容		学段要求
职业能力	P-A1.1	能通过网络获取与产品相关的原材料知识、性能和价格		中高职
	P-A1.2	能掌握产品的特性用途、加工工艺、生产流程和主要产地		中高职
	P-A1.3	能熟悉国内外市场的法律法规、市场需求，对市场趋势有基本的分析和判断		中高职
	P-A1.4	能通过国内外展会、实地拜访、第三方平台、搜索引擎等途径开发国外客户，能对供应商展开评估并选择合适的供应商		中高职
	P-A2.1	能针对询盘内容分析客户真实意向并撰写回复邮件		中高职
	P-A2.2	能根据客户要求提供样品并对样品进行管理		中高职
	P-A2.3	能认知国际贸易术语的买卖双方责任、义务、费用和风险，并能根据业务实际进行选择		中高职
	P-A2.4	能掌握常用国际贸易支付方式的流程和风险，并能根据业务实际进行选择		中高职
	P-A2.5	能根据产品成本、费用、汇率、出口退税率等核算产品报价		中高职

续表

能力类别	编号	内容	学段要求
职业能力	P-A2.6	能运用商业谈判技巧与客户进行品质、数量、价格、包装、运输、支付等条款的磋商	中高职
	P-A2.7	能依据规范文本和法律要求缮制进出口合同并签字归档	中高职
	P-A2.8	能撰写询盘函和还盘函，能根据客户报价、税率、费用核算国内销售价格	中高职
	P-A3.1	能根据贸易合同约定催收预付款或审核信用证	中高职
	P-A3.2	能规范撰写并签订国内采购合同	中高职
	P-A3.3	能根据运输要求选择合适的货代并完成出口订舱工作	中高职
	P-A3.4	能根据业务实际完成出口报检、报关和投保工作	中高职
	P-A3.5	能按照规定流程办理进口批文	中高职
	P-A3.6	能根据贸易合同及 UCP 规定申请开立信用证	中高职
	P-A3.7	能根据业务实际完成进行订舱、进口报检、报关、投保和提货工作	中高职
	P-A4.1	能根据合同约定催收货款	中高职
	P-A4.2	能根据合同约定与国内供应商结算货款并获取增值税发票	中高职
	P-A4.3	能根据相关政策规定获取出口退税所需单据并及时办理出口退税手续	中高职
	P-A4.4	能根据客户与供应商等信息妥善处理进出口业务争议	中高职
	P-A5.1	能够了解进出口业务中的常见风险	高职
	P-A5.2	能够识别进出口业务中的常见风险	高职
	P-A5.3	能够防范进出口业务中的常见风险	高职
	P-A6.1	能针对不同客户进行建档并按照不同优先级进行分类和跟进	高职
	P-A6.2	能应用常用客户跟进技巧增强客户黏性	高职
	P-A6.3	能识别优质客户并重点跟进和维护	高职
通用能力	G-A1	具备良好的外语听说读写能力	中高职
	G-A2	具备较强的艺术审美能力，尤其是文字、图片、音视频的审美能力	中高职
	G-A3	具备较强的逻辑性与数据敏感度	中高职
	G-A4	具备敏锐的热点捕捉能力	中高职
	G-A5	具备 Excel、Word、PPT 等办公软件综合应用能力	中高职
社会能力	S-A1	具备国际视野和跨文化交际能力	中高职
	S-A2	具备良好的诚信意识、团队意识，与财务、贸易管理部门紧密协作	中高职
	S-A3	具备较强的自驱力，务实肯干、吃苦耐劳、精益求精、忠诚岗位	中高职
	S-A4	具备较强的保密意识，对涉及公司机密、客户信息的内容保密	中高职
	S-A5	具备一定的法律意识，遵守《中华人民共和国对外贸易法》等相关法律法规和国际贸易惯例	中高职
发展能力	D-A1	树立爱国主义和家国情怀，具备"贸易强国、品牌立国"的强烈意识	中高职
	D-A2	具备较强的开拓创新能力	中高职
	D-A3	具备较强的抗压能力、抗挫能力与情绪管理能力	中高职

表 3-4 "外贸跟单" PGSD 能力分析表

典型工作任务及编号	B. 外贸跟单	工作任务及编号	B1 订单下达 B2 订单跟踪 B3 订单交付	
典型职业活动描述		1. 这项工作在外贸跟单岗位进行，设置在业务（支持）部。 2. 负责外贸样品及大货订单下达、跟踪及交付等工作。 3. 在外贸公司及供应商，配备计算机等办公设备，安装 Excel、Word、PPT 等办公软件及 ERP 等管理软件。 4. 独立完成工作或与其他部门如公司业务部、单证部及供应商等协作完成。			

能力类别	编号	内容	学段要求
职业能力	P-B1.1	能通过各种途径寻找潜在供应商	中职
	P-B1.2	能采取有效手段核实企业信息，赴实地核查供应商的生产经营条件	中职
	P-B1.3	能根据走访调研的结果制作验厂报告	中职
	P-B1.4	能根据验厂报告综合分析并选择合适的供应商	中职
	P-B1.5	能按照业务员要求下达大货生产通知单/样品布置单	中职
	P-B2.1	能根据大货生产通知单/样品布置单制定订单跟踪进度表	中职
	P-B2.2	能跟踪产品相关原辅料的到位进度和品质把关	中职
	P-B2.3	能根据产品生产计划跟踪生产进度	中职
	P-B2.4	能根据产品质量要求跟踪产品的初期、中期和尾期的品控	中职
	P-B2.5	能根据包装要求监督供应商落实	中职
	P-B2.6	能应对各类生产异常情况	中职
	P-B3.1	能协助业务员按客户要求确定合理的船期	中职
	P-B3.2	能根据客户要求和船期安排产品出厂计划	中职
	P-B3.3	能协助单证办理订舱	中职
	P-B3.4	能根据进仓单等要求监装	中职
	P-B3.5	能协助业务员做好供应商和客户管理	中职
通用能力	G-B1	具备良好的外语听说读写能力	中高职
	G-B2	具备 Excel、Word、PPT 等办公软件综合应用能力	中高职
社会能力	S-B1	具备国际视野和跨文化交际能力	中高职
	S-B2	具备良好的团队意识，与业务、单证、供应商等紧密协作	中高职
	S-B3	具备较强的自驱力，务实肯干、吃苦耐劳、精益求精	中高职
	S-B4	具备较强的保密意识，对涉及公司机密、客户信息的内容保密	中高职
	S-B5	具备一定的法律意识，遵守《中华人民共和国电子商务法》、国际商法等相关法律法规和国际贸易惯例	中高职
发展能力	D-B1	具备独立思考能力	中高职
	D-B2	树立爱国主义和家国情怀，具备"贸易强国、品牌立国"的强烈意识	中高职
	D-B3	具备较强的抗压能力、抗挫能力与情绪管理能力	中高职
	D-B4	具备职业发展和规划意识，能激发自身职业发展动力	中高职
	D-B5	具备组织协调能力	中高职

表 3-5 "外贸单证" PGSD 能力分析表

典型工作任务及编号	C. 外贸单证	工作任务及编号	C1 出口单证前期准备 C2 出口运输单据制作 C3 出口公务证书制作 C4 出口结汇单据制作 C5 出口单证后续处理 C6 进口单证制作及处理	
典型职业活动描述		1. 这项工作在外贸单证岗位进行，设置在单证部。 2. 负责外贸单据制作、办理、审核等工作。 3. 在外贸公司，配备计算机等办公设备，安装 Excel、Word 等办公软件及 ERP 等管理软件。 4. 能与业务部门、财务部门进行有效协调。			
能力类别	编号		内容		学段要求
职业能力	P-C1.1		能正确解释合同条款		中职
	P-C1.2		能根据合同对信用证进行审核		中职
	P-C1.3		能正确修改信用证，能正确处理信用证修改通知书		中职
	P-C2.1		能制作订舱单，根据货代公司的规模、业内资信、服务态度、航线优势、价格筛选货代公司并办理订舱		中职
	P-C2.2		能制作商业发票		中职
	P-C2.3		能制作装箱单		中职
	P-C2.4		能制作报关委托书和出口报关单		中职
	P-C3.1		能根据商品海关编码识别法定检验，根据需要进行报检		中职
	P-C3.2		能根据合同或信用证要求办理商检证书		中职
	P-C3.3		能根据商品 HS 编码确定监管证件类型，能按照主管部门要求办理监管证件		中职
	P-C3.4		能根据消费国识别适用的原产地证书类型，能正确制作适用的原产地证书		中职
	P-C3.5		能根据客户需要办理商事证明书和使领馆认证等业务		中职
	P-C4.1		能制作投保单，能审核保险单据		中职
	P-C4.2		能确认和审核海运提单		中职
	P-C4.3		能制作受益人证明		中职
	P-C4.4		能制作汇票		中职
	P-C4.5		能汇总全套结汇单据并进行综合审核		中职
	P-C5.1		能按照公司、海关、外管、税务等机构的要求对单证进行归档和备案		中职
	P-C5.2		能按公司要求正确申请支付运费、保费		中职
	P-C5.3		能正确处理信用证和托收项下银行函电		中职
	P-C5.4		能跟踪收汇进展状况并合理安排后续出运业务		中职
	P-C6.1		能根据合同正确填写开证申请书		中职
	P-C6.2		能根据客户或实际业务需要填写信用证修改申请书		中职
	P-C6.3		能跟踪进口货物到港情况，准备全套清关单据		中职
	P-C6.4		能正确支付海关税费和运保费		中职
	P-C6.5		能将进口单据正确归档		中职

续表

能力类别	编号	内容	学段要求
通用能力	G-C1	具备良好的外语听说读写能力	中高职
	G-C2	具备 Excel、Word 等办公软件综合应用能力	中高职
社会能力	S-C1	具备国际视野和跨文化交际能力	中高职
	S-C2	具备良好的团队意识,与业务、跟单、财务等紧密协作	中高职
	S-C3	具备较强的自驱力,务实肯干、吃苦耐劳、精益求精	中高职
	S-C4	具备较强的保密意识,对涉及公司机密、客户信息的内容保密	中高职
	S-C5	具备一定的法律意识,遵守《中华人民共和国海关法》《跟单信用证统一惯例》等相关法律法规和国际贸易惯例	中高职
发展能力	D-C1	具备独立思考能力	中高职
	D-C2	树立爱国主义和家国情怀,具备"贸易强国、品牌立国"的强烈意识	中高职
	D-C3	具备较强的抗压能力、抗挫能力与情绪管理能力	中高职
	D-C4	具备职业发展和规划意识,能激发自身职业发展动力	中高职
	D-C5	具备组织协调能力	中高职

表 3-6　"跨境电商 B2B 运营" PGSD 能力分析表

典型工作任务及编号	D. 跨境电商 B2B 运营	工作任务及编号	D1 平台选择与搭建 D2 产品发布与优化 D3 平台广告投放 D4 数据分析与优化	
典型职业活动描述		1. 这项工作在跨境电商 B2B 运营岗位进行,设置在企业运营部。 2. 负责运营方案策划、产品发布、营销推广、数据分析与方案优化等工作。 3. 在良好、舒适的办公环境,营造一定的竞争氛围,熟练操作 Excel、Word、PPT 等常用办公软件及自动化办公设备。 4. 独立完成所分配任务,并与产品部、视觉部、客服等部门良好协作。		
能力类别	编号	内容		学段要求
职业能力	P-D1.1	能通过市场调研对跨境电商 B2B 平台的优劣势进行分析,选择更适合自身产品的平台,并根据客户经理谈判确定平台店铺方案		高职
	P-D1.2	能根据目标市场客户的喜好和品牌视觉识别系统确定装修店铺风格,并通过对店铺图片色彩、图片排版、文案和视频的设计吸引客户		高职
	P-D2.1	能通过搜索引擎整理出相同产品不同叫法以提升关键词覆盖率		高职
	P-D2.2	能通过不同渠道整理并筛选出符合自身产品目标市场的关键词并运用 Excel 制作关键词表		高职
	P-D2.3	能识别关键词中的品牌词和违禁词		高职
	P-D2.4	能通过对产品学习熟知产品数据,并通过对目标市场的了解获取产品趋势		高职
	P-D2.5	能通过文案撰写和提取卖点吸引客户并提高转化率		高职
	P-D2.6	能通过熟悉平台的规则以及相关国家知识产权和法律知识发布符合平台规则产品		高职
	P-D2.7	能通过对产品数据分析优化该产品		高职

续表

能力类别	编号	内容	学段要求
职业能力	P-D3.1	能通过市场分析拟定广告营销活动方案	高职
	P-D3.2	能通过了解平台规则完成大促活动的统筹，并能通过参加平台活动提升平台访客数	高职
	P-D3.3	能通过对竞争对手产品排名分析调整关键词出价，提升产品排名	高职
	P-D3.4	能通过社交媒体进行产品营销，提高产品访客数	高职
	P-D4.1	能通过对店铺、产品等数据的收集整理出产品数据表，并对筛选出的数据进行分析，做出产品趋势图	高职
	P-D4.2	能通过产品趋势图对产品关键词、详情页等内容进行优化，从而提升产品和店铺排名	高职
	P-D4.3	能根据目标市场的分析预判产品销售趋势并做出运营调整	高职
通用能力	G-D1	具备良好的外语听说读写能力	高职
	G-D2	具备较强的艺术审美能力，尤其是文字、图片、音视频的审美能力	高职
	G-D3	具备较强的逻辑性与数据敏感度	高职
	G-D4	具备敏锐的热点捕捉能力	高职
	G-D5	具备 Excel、Word、PPT 等办公软件综合应用能力	高职
社会能力	S-D1	具备国际视野和跨文化交际能力	高职
	S-D2	具备良好的团队意识，与营销、销售部门紧密协作	高职
	S-D3	具备较强的自驱力，务实肯干、吃苦耐劳、精益求精	高职
	S-D4	具备较强的保密意识，对涉及公司机密、客户信息的内容保密	高职
	S-D5	具备一定的法律意识，遵守知识产权法、国际商法、《中华人民共和国对外贸易法》等相关法律法规和国际贸易惯例	高职
发展能力	D-D1	具备爱国主义和家国情怀，树立"贸易强国、品牌立国"的意识	高职
	D-D2	具备不断进取的开拓创新能力	高职
	D-D3	具备职业发展和规划意识，能激发自身职业发展动力	高职

表 3-7 "跨境电商 B2B 销售" PGSD 能力分析表

典型工作任务及编号	E. 跨境电商 B2B 销售	工作任务及编号	E1 商机获取与管理 E2 订单签订与跟进 E3 物流与结算 E4 客户服务与维护
典型职业活动描述	1. 这项工作在跨境电商 B2B 销售岗位进行，设置在企业销售部。 2. 负责商机获取与管理、订单签订与跟进、物流与结算、客户服务与维护等工作。 3. 在良好、舒适的办公环境，营造一定的竞争氛围，熟练操作 Excel、Word、PPT 等常用办公软件及自动化办公设备。 4. 独立完成工作或与其他部门如营销部、运营部等协作完成。			

续表

能力类别	编号	内容	学段要求
职业能力	P-E1.1	能运用跨境电商B2B平台对询盘及RFQ进行获取和管理	高职
	P-E1.2	能根据询盘内容对询盘进行分类及优先级分析	高职
	P-E1.3	能遵循询盘回复的三大原则，按照优先级顺序对询盘和RFQ进行有效回复及跟进	高职
	P-E1.4	能独立核算产品成本、独立计算外销价格，并根据客户及业务情况进行有针对性的报价	高职
	P-E1.5	能掌握不同国家外商的商务谈判风格，独立完成在线商务谈判并运用谈判技巧应对主要的谈判场景	高职
	P-E1.6	能按照磋商结果独立制作形式发票、外销合同，并完成签订	高职
	P-E2.1	能独立制作国内生产采购合同并完成签订	高职
	P-E2.2	能对生产进度、生产包装、生产品质进行有效跟进，掌握跟单的流程及技巧	高职
	P-E3.1	能根据业务情况起草信保订单，选择合适的跨境物流方式并完成产品交付	高职
	P-E3.2	能熟练操作一达通，跟进国际结算、结汇业务	高职
	P-E4.1	能用多种工具和渠道对客户背景进行调查	高职
	P-E4.2	能识别客户的重要程度并进行分类管理	高职
	P-E4.3	能建立并更新买家数据库	高职
	P-E4.4	能与潜在客户进行售前、售中的沟通洽谈，能及时对客户的咨询和诉求进行反馈	高职
	P-E4.5	能根据国外客户的投诉并做出合理的回应和处理	高职
	P-E4.6	能对客户流失的原因进行分析并进行有针对性的处理	高职
通用能力	G-E1	具备良好的外语听说读写能力	高职
	G-E2	具备较强的艺术审美能力，尤其是文字、图片、音视频的审美能力	高职
	G-E3	具备较强的逻辑性与数据敏感度	高职
	G-E4	具备敏锐的热点捕捉能力	高职
	G-E5	具备Excel、Word、PPT等办公软件综合应用能力	高职
社会能力	S-E1	具备国际视野和跨文化交际能力	高职
	S-E2	具备良好的团队意识，与运营、营销部门紧密协作	高职
	S-E3	具备大局意识，平衡企业、客户及供应商三方的利益需求，合理处理相关事务	高职
	S-E4	具备较强的保密意识，对涉及公司机密、客户信息的内容保密	高职
	S-E5	具备一定的法律意识，遵守《中华人民共和国电子商务法》、《中华人民共和国对外贸易法》、国际商法等相关法律法规和国际贸易惯例	高职
发展能力	D-E1	能积极思考工作流程或方法的优化方案，提高工作效率	高职
	D-E2	能进行职业生涯规划，并积极争取晋升发展机会，积极争取学习机会，提高职业能力和素养	高职
	D-E3	能主动关注跨境电商B2B行业发展情况，并了解行业、企业对销售岗位要求的变化	高职

表 3-8 "跨境电商 B2B 营销" PGSD 能力分析表

典型工作任务及编号	F. 跨境电商 B2B 营销	工作任务及编号	F1 网站搭建与运营 F2 搜索引擎营销 F3 社媒营销 F4 融媒体营销 F5 营销数据采集与分析 F6 文案内容创作	
典型职业活动描述	\multicolumn{4}{l	}{1. 这项工作在跨境电商 B2B 营销岗进行，设置在企业营销部。 2. 负责营销方案策划、独立站建设、营销推广、数据分析与方案优化等工作。 3. 主要承担公司产品营销推广，引流获客的工作。 4. 需要与公司市场部、销售部协同工作，并对营销结果进行评估和优化。}
能力类别	编号	\multicolumn{2}{c	}{内容}	学段要求
职业能力	P-F1.1	\multicolumn{2}{l	}{能根据海外推广需求选择独立站建站系统 能协调公司内部资源完成独立站建设 能完成域名购买和管理、绑定 能完成独立站数据跟踪代码安装}	高职
	P-F1.2	\multicolumn{2}{l	}{能收集和上传公司信息、产品详情等独立站相关内容}	高职
	P-F1.3	\multicolumn{2}{l	}{能根据公司业务部门需求制定独立站活动策划方案 能独立执行活动方案并对活动结果进行数据分析}	高职
	P-F1.4	\multicolumn{2}{l	}{能根据公司业务部门需求制定独立站活动策划方案 能独立执行活动方案并对活动结果进行数据分析}	高职
	P-F1.5	\multicolumn{2}{l	}{能寻找海外专业外链资源并建立外链合作表 能通过与海外专业外链资源洽谈完成外链合作}	高职
	P-F1.6	\multicolumn{2}{l	}{能熟悉主流搜索引擎广告投放流程}	高职
	P-F1.7	\multicolumn{2}{l	}{能根据投放数据和效果进行广告账户优化}	高职
	P-F1.8	\multicolumn{2}{l	}{能建立产品词、品牌词、竞品词等公司常用关键词表}	高职
	P-F1.9	\multicolumn{2}{l	}{能根据搜索引擎广告投放要求协调公司相关部门共同准备文字、图片、视频等广告素材}	高职
	P-F1.10	\multicolumn{2}{l	}{能熟悉海外常用社媒平台并根据公司推广需求选择合适的社媒平台，并完成社媒频道/专区的定位并完成社媒频道/专区的开通和装修及社媒频道/专区数据跟踪平台开通和设置}	高职
	P-F1.11	\multicolumn{2}{l	}{能收集和上传社媒频道/专区公司信息、产品详情、活动信息等相关内容并定期更新维护}	高职
	P-F1.12	\multicolumn{2}{l	}{能根据工作目标制订拍摄计划并协调相关资源和人员 能承担公司宣传类及品牌活动的拍摄执行工作 能根据视频创意撰写视频脚本 能充分掌握产品信息和核心卖点并完成直播脚本的准备 能使用各种方式引导客户实现直播目标 能协同直播运营一起策划直播内容和活动 能配合视频拍摄、音频录制和其他形式的海外自媒体传播 能在直播前完成相关货品的准备和陈列 能完成直播间日常设备准备及维护}	高职

续表

能力类别	编号	内容	学段要求
职业能力	P-F2.1	熟悉海外常用直播平台并能根据公司推广需求做出选择 能负责维护直播间及直播现场秩序、日常直播跟播及直播间管理，确保每场直播正常运行 能熟练掌握直播平台运营规则、流量玩法、营销方式 能解决直播过程中的突发问题以共同实现直播目标	高职
职业能力	P-F2.2	能对跨境电商 B2B 营销各环节中涉及的基础数据进行采集和管理 能确保数据采集的规范性、合理性、准确性 能对跨境电商 B2B 营销各环节中涉及的基础数据进行多维度分析 能出具数据分析报告并对营销和业务提出建设性意见辅助公司高层决策	高职
通用能力	G-F1	具备良好的外语听说读写能力	高职
通用能力	G-F2	具备较强的艺术审美能力，尤其是文字、图片、音视频的审美能力	高职
通用能力	G-F3	具备较强的逻辑性与数据敏感度	高职
通用能力	G-F4	具备敏锐的热点捕捉能力	高职
通用能力	G-F5	具备 Excel、Word、PPT 等办公软件综合应用能力	高职
社会能力	S-F1	具备国际视野和跨文化交际能力	高职
社会能力	S-F2	具备良好的团队意识、跨部门沟通协作能力	高职
社会能力	S-F3	具备较强的创新意识、快速学习的能力	高职
社会能力	S-F4	具备较强的保密意识，对涉及公司机密客户信息的内容保密	高职
社会能力	S-F5	具备一定的法律意识，遵守《中华人民共和国电子商务法》、国际商法等相关法律法规和国际贸易惯例	高职
发展能力	D-F1	具备坚定的职业素养、公司内部及外部沟通协作能力 具备强烈的国家品牌意识，做好对外展示窗口工作	高职
发展能力	D-F2	具备较强的抗压能力、抗挫能力与情绪管理能力	高职
发展能力	D-F3	具备职业发展和规划意识，能激发自身职业发展动力	高职

表 3-9 "跨境电商 B2B 采购" PGSD 能力分析表

典型工作任务及编号	G. 跨境电商 B2B 采购	工作任务及编号	G1 产品选择 G2 产品数据分析 G3 供应商考核与筛选 G4 订单签订和履约 G5 供应商评估与分级
典型职业活动描述			1. 这项工作在跨境电商 B2B 采购岗位进行，设置在企业采购部。 2. 负责新品培养、爆品打造、数据分析、产品采购、供应商对接等工作内容。 3. 主要承担项目产品采购、供应商对接、采购金额审核、供应商分层管理等工作。 4. 需要与业务部、跟单部、品控部协同合作，并对供应商进行分层管理。

续表

能力类别	编号	内容	学段要求
职业能力	P-G1.1	能跟进市场趋势调研并获取蓝海、红海市场热品	高职
	P-G1.2	能培养新品、打造爆品，突出产品市场差异化，打破常规竞价品劣势，提前开发并及时推广季节性产品	高职
	P-G1.3	能从不同渠道搜索，分析产品市场数据，熟练运用各种搜索引擎	高职
	P-G1.4	能针对不同国别进行专业产品推荐，了解贸易国风土人情、市场喜好	高职
	P-G1.5	能够根据供应商管理水平、价格服务、品质做出最优选择	高职
	P-G1.6	能及时签订采购合同，规避合同风险，确保保质保量按时交付	高职
	P-G1.7	能根据供应商的交付、及时性、品质、服务对其进行打分并分层管理	高职
通用能力	G-G1	具备良好的沟通、谈判能力	高职
	G-G2	具备数字选品能力	高职
	G-G3	具备较强的逻辑性与数据敏感度	高职
	G-G4	具备敏锐的热点捕捉能力	高职
	G-G5	具备Excel、Word、PPT等办公软件综合应用能力	高职
社会能力	S-G1	具备国际视野和跨文化交际能力	高职
	S-G2	具备良好的团队意识，与运营、策划部门紧密协作	高职
	S-G3	具备较强的自驱力，务实、吃苦耐劳、精益求精，诚信对待合作对象	高职
	S-G4	具备较强的保密意识，对涉及公司机密、客户信息的内容保密	高职
	S-G5	具备一定的法律意识，遵守《中华人民共和国电子商务法》《中华人民共和国民法典》、国际商法等相关法律法规和国际贸易惯例	高职
发展能力	D-G1	树立爱国主义和家国情怀，具备"贸易强国、品牌立国"的强烈意识	高职
	D-G2	具备较强的抗压能力、抗挫能力与情绪管理能力	高职
	D-G3	具备职业发展和规划意识，能激发自身职业发展动力	高职

第四节　职业能力标准开发的特色

一、强调能力的全面培养

相比高职专科国际经济与贸易专业职业能力标准（国家标准），本项目开发的浙江省国际经济与贸易专业中高职一体化职业能力标准以PGSD能力分析模型为理论框架，在能力培养类别上不仅强调职业能力（P）的提升，更强调通用能力（G：个人基本素质，包括数学、艺术、人文与社会、体育与健康等）、社会能力（S：个人与他人、外部环境产生联系时的基本素质,包括职业道德、法律法规、沟通交流、与人合作、公民责任等)、发展能力(D:人才应对职业不断变化的技能表现出来的适用性和改造性)。这些能力的培养有利于外贸从业人员的全面发展和未来的可持续发展。

二、紧紧围绕中高职一体化这一主旨

本标准对中高职两个学段的学习做了合理的区分和有效的衔接。对于简单的工作任务和工作内容,学生可在中职阶段完成学习;对于更复杂的工作任务和工作内容,学生可在高职阶段完成学习。高职阶段注重培养学生的综合职业能力,国际贸易工作任务和工作内容按照职业能力发展逻辑排列,从简单到复杂,职业能力培养遵循从新手到熟手再到能手的路径,符合职业教育发展规律。标准设计和开发紧紧围绕中高职一体化这一课题的主旨而推进。

三、完善了典型工作岗位和职业活动

相比国家标准确定的"外贸业务、外贸跟单、外贸单证、跨境电商 B2B 运营、跨境电商 B2B 销售、跨境电商 B2B 营销"这 6 项主要岗位类别和典型职业活动,应标准研制行业专家的建议,本标准增加了"跨境电商 B2B 采购"这一岗位类别,完善了国际经济与贸易专业职业能力标准所涵盖的外贸岗位典型职业活动。以上是本标准在国家标准的基础上针对中高职一体化人才培养这一特定人才培养方式,根据职业教育的内在规律、技术技能人才成长的规律,以及国际贸易行业发展的最新变化和未来趋势所做出的有益修改和补充。

第四章

国际经济与贸易专业中高职一体化专业教学标准开发

第一节　专业教学标准开发的相关要求

专业教学标准是开展专业教学的基础性文件，规定了专业的入学要求、基本学制、培养目标、职业面向、人才规格、课程设置及学时要求、实训实习环境、教学资源、专业师资、质量保障等，是指导学校组织实施教学、加强专业建设、开展质量评价的基本依据。专业教学标准的研制是基于前期完成的职业能力分析成果，确定人才培养目标及培养规格，梳理专业核心课程，构建课程体系，并根据教学实施的需要，提出师资队伍、教学设置、教学资源等教学基本条件的配置要求，并提出相关质量保障措施。

一、确定人才培养目标及培养规格

根据职业能力标准（分析表），从素质、知识和能力维度明确人才培养定位以及职业面向。根据职业能力标准，对学生应掌握的素质、知识和能力进行人才培养规格的确定，并细化相应的人才培养规格要求。

二、明确专业核心课程，构建课程体系

基于本专业素质、知识、能力要求确定课程设置、课程结构，构建满足培养规格要求的课程体系。采用课程目标承载某部分专业素质、知识、能力要求的方法，按照从简单到复杂、从基础到专业、从核心到拓展的建构逻辑，参照国家职业教育专业教学标准体例要求，分类设置公共基础课程、专业核心课程和专业拓展课程，完成课程体系构建。公共基础课程及标准由国家统一规定，要求落实培养学生科学文化素养和为学生终身发展奠定基础的双重功能。专业核心课程主要分为两类：一类是基于提供少量需集中学习的知识与技能设置的课程，一类是某专业基于工作岗位各专业（技能）方向之间共同的典型工作任务设置的课程。专业拓展课程是体现培养规格要求、进行专业横向拓展和纵向深化的课程，包括专业方向课程。专业拓展课程要体现专业发展的前瞻性、拓展方向和复合内涵。从产业和职业发展的角度，学校既可以根据不同典型工作任务需具备的能力要求，设计相应的技术技能拓展类课程，也可以将学校的特色课程纳入专业拓展课程。

三、提出教学基本条件的配置要求及质量保障措施

从师资队伍、教学设施、教学资源等满足教学实施的基本条件方面提出相关的配置要求。把握好专业教学标准与相关标准的统一，特别是近两年教育部颁布了专业的顶岗实习标准、专业仪器设备装备标准等，在制定相关配置要求过程中，注意专业教学标准与单项

标准的统一协调，相关内容中注意一体化的设计与处理，以提高和保障教学质量为目标，对学校各部门、各环节的教学质量管理活动提出具体的措施要求。

在制定专业教学标准的过程中，主要由课程专家、专任教师、教学管理人员完成，行业专家可参与，并提供建议。依据职业能力标准（分析表），结合学校教学实际，对课程体系做系统分析，以确保课程体系的完整性。注重中、高职层次知识点的体系化设计，要求从不同层次培养定位出发整体设计中高职一体化课程体系，课程的难度随层次提高而逐步增大，理论由浅入深、技能由单一到复合。

第二节　国际经济与贸易专业中高职一体化专业教学标准

一、概述

2020 年，浙江省教育厅办公室印发《浙江省中高职一体化课程改革方案》（以下简称《方案》），提出以人才成长规律为遵循，以培养高素质技术技能人才为核心，立足产业转型升级和区域经济社会高质量发展需要，聚焦长学制技术技能人才培养需求，明确目标定位，构建特色鲜明、充满活力的中高职一体化课程体系，规范技术技能人才贯通培养过程，全面提升高素质技术技能人才培养质量。为适应国际贸易产业优化升级需要，对接国际贸易产业数字化、网络化、智能化发展新趋势，对接新产业、新业态、新模式下外贸业务员、外贸跟单员、外贸单证员、跨境电商 B2B 运营专员、跨境电商 B2B 销售专员、跨境电商 B2B 营销专员、跨境电商 B2B 采购专员等岗位（群）的新要求，不断满足国际贸易行业高质量发展对高素质技术技能人才的需求，提高人才培养质量，浙江省职业院校国际经济与贸易专业聚焦长学制技术技能人才培养，深入贯彻落实《方案》有关精神，坚持省域统筹、调研先行、一体设计、科研引领等课程改革原则，在职业能力标准分析基础上，遵循专业教学标准研制技术路线，参照国家相关标准编制要求，制定本标准。

二、适用专业

中职学段（1~3 年级）：国际商务专业（730501）。

高职学段（4~5 年级）：国际经济与贸易专业（530501）。

三、培养目标

本专业培养能够践行社会主义核心价值观，德、智、体、美、劳全面发展，具有一定的科学文化水平，良好的人文素养、职业道德和创新意识，精益求精的工匠精神，较强的就业创业能力和可持续发展的能力，掌握本专业知识和技术技能，面向批发业中从事进出口贸易的外贸业务员、外贸单证员、外贸跟单员和跨境电商 B2B 运营专员、跨境电商 B2B 销售专员、跨境电商 B2B 营销专员、跨境电商 B2B 采购专员等职业群，能够从事外贸业务、单证、跟单和跨境电商 B2B 运营、销售、营销、采购等工作的高素质技术技能人才。

四、入学基本要求

中职学段：初中毕业生及同等学力者。
高职学段：转段考核合格的中职学校国际商务专业正式学籍学生。

五、基本修业年限

五年制职业教育：中职 3 年，高职 2 年。

六、职业面向

国际经济与贸易专业职业面向一览表如表 4-1 所示。

表 4-1　国际经济与贸易专业职业面向一览表

所属专业大类（代码）A	财经商贸大类（53）
所属专业类（代码）B	经济贸易类（5305）
对应行业（代码）C	批发业（F51）
主要职业类别（代码）D	商务专业人员（20607）
主要岗位（群）或技术领域举例 E	外贸业务员、外贸单证员、外贸跟单员、跨境电商 B2B 运营专员、跨境电商 B2B 销售专员、跨境电商 B2B 营销专员、跨境电商 B2B 采购专员
职业类证书举例 F	职业技能等级证书：跨境电商 B2B 数据运营、跨境电商 B2C 数据运营等

七、培养规格

本专业学生应在系统学习本专业知识、技能，并完成有关实习实训基础上，全面提升素质、知识、能力，掌握并实际运用岗位（群）需要的专业核心技术技能，总体上须达到以下要求：

（1）坚定拥护中国共产党领导和中国特色社会主义制度，以习近平新时代中国特色社会主义思想为指导，践行社会主义核心价值观，具有坚定的理想信念、深厚的爱国情感和中华民族自豪感。

（2）能够熟练掌握与本专业从事职业活动相关的国家法律、行业规定，掌握绿色生产、环境保护、安全防护、质量管理等相关知识与技能，了解相关产业文化，遵守职业道德准则和行为规范，具备社会责任感和担当精神。

（3）掌握支撑本专业学习和可持续发展必备的思想政治、语文、历史、数学、外语、信息技术等文化基础知识，具有良好的科学素养与人文素养，具备职业生涯规划能力。

（4）具有良好的语言表达能力、文字表达能力、沟通合作能力，具有较强的集体意识和团队合作意识，学习一门外语并结合专业加以运用。

（5）掌握外贸单证、外贸跟单、国际结算、国际商法、市场营销、通关物流、外贸风险管理、国际商务礼仪等方面的专业基础理论知识。

（6）能开展进出口贸易的磋商、签约、履约、善后工作。

（7）能制作、办理和审核各种外贸单证。

（8）能合理选择供应商，开展原材料跟单、样品跟单、生产进度跟单、产品质量跟单、包装跟单和运输跟单。

（9）能开展外贸企业自建站和跨境电商 B2B 平台选择与搭建、产品发布与优化、平台广告投放、数据分析与优化。

（10）能开展跨境电商 B2B 平台商机获取与管理、订单签订与跟进、物流与结算、客户服务与维护。

（11）能开展跨境电商 B2B 网站搭建与运营、搜索引擎营销、社媒营销、融媒体制作、营销数据采集与分析、文案内容创作。

（12）能开展跨境电商 B2B 采购产品选择、产品数据分析、供应商考核与筛选、订单签订履约、供应商评级分类。

（13）具有适应产业数字化发展需求的基本数字技能，掌握信息技术基础知识、专业信息技术能力，基本掌握国际贸易领域数字化技能。

（14）具有探究学习、终身学习能力，具有整合知识和综合运用知识分析问题和解决问题的能力。

（15）掌握基本身体运动知识和至少 1 项体育运动技能，达到国家大学生体质测试合格标准，养成良好的运动习惯、卫生习惯和行为习惯；具备一定的心理调适能力。

（16）掌握必备的美育知识，具有一定的文化修养、审美能力，形成至少 1 项艺术特长或爱好。

（17）弘扬劳动光荣、技能宝贵、创造伟大的时代精神，热爱劳动人民、珍惜劳动成果、树立劳动观念、积极投身劳动，具备与本专业职业发展相适应的劳动素养、劳动技能。

八、课程设置及学时安排

（一）课程设置

课程主要包括公共基础课程和专业课程。

1. 公共基础课程

按照国家有关规定开齐开足公共基础课程。

中职学校应将思想政治、语文、历史、数学、外语、信息技术、体育与健康、艺术、心理健康等列为公共基础必修课程，将党史、新中国史、中华优秀传统文化、应用文写作、艺术、劳动教育、职业发展与就业指导、创新创业教育等列为必修课程或选修课程。

高职院校应将思想政治理论、体育、军事理论与军训、心理健康教育、劳动教育课程列为公共基础必修课程，将党史、新中国史、改革开放史、社会主义发展史、中华优秀传统文化、语文、数学、外语、应用文写作、国家安全教育、信息技术、艺术、职业发展与就业指导、创新创业教育、经济学基础、现代金融基础等列为必修课程或选修课程。

学校根据实际情况可开设具有地方特色的校本课程。

2. 专业课程

专业课程一般包括专业核心课程（含专业基础课程）、专业拓展课程，并涵盖实训等有关实践性教学环节。

（1）专业核心课程。

中职学段一般设置8门，包括国际贸易基础、国际商务礼仪、进出口业务操作、外贸商函、国际汇兑与结算、外贸跟单操作、国际商法、外贸单证操作，其中国际贸易基础、国际商务礼仪是支撑其他专业核心课程学习的专业基础课程。

高职学段一般设置7门，包括外贸客户服务、商务数据分析、跨境电商B2B运营、跨境电商B2B销售、跨境电商B2B营销、跨境电商B2B采购、外贸风险管理，其中外贸客户服务、商务数据分析是支撑其他专业核心课程学习的专业基础课程。

专业核心课程包括以下主要教学内容与要求（见表4-2）。

表4-2 专业核心课程的主要教学内容与要求

序号	专业核心课程	主要教学内容与要求
1	国际贸易基础	具备法律意识、职业道德意识、责任意识和团队精神。掌握国际贸易动因、跨境电商平台规则、国际贸易法律与惯例和相关国际贸易组织等专业知识。掌握国际贸易理论课程的实践、掌握必要的国际贸易实务基本技能，具备较高的外贸知识素养和能力。
2	国际商务礼仪	具备较高的商务礼仪素养，展现良好的职业形象。掌握国际商务会议、商务谈判、商务会见、商务拜访、商务宴请、个人职业形象、商务出行等场合和活动中所需要遵循的礼仪规范、流程和动作。了解国际商务礼仪的基本原则，熟悉国际商务礼仪的基本规范，掌握国际商务礼仪的动作、流程和技巧，了解国际企业员工的职业形象要素。
3	进出口业务操作	具备较强的开拓创新能力、抗压能力、抗挫能力与情绪管理能力。掌握进出口准备、磋商签约、进出口履约和进出口善后等操作知识。能准确计算进出口报价和还价；能处理各种进出口往来函电；能合理拟订进出口合同、国内购货合同、进口代理协议和国内销售合同；能组织进出口履约操作；能进行出口收汇、进口付汇和出口退税操作。

续表

序号	专业核心课程	主要教学内容与要求
4	外贸商函	具备国际视野、良好的外语听说读写能力和跨文化交际能力。掌握外贸英文函电的常见格式、专用词、惯用句型，能书写建交函、询盘函、发盘函、还盘函、受盘函、催证函、改证函、装船指示、装船通知、投保函、投诉函、索赔函和理赔函等外贸英文函电。能理解国际贸易各环节所涉及函电所需要的专业词汇、典型句式以及行文方式，能运用所学基本词汇及相关理论完成各种国际贸易函电的写作，能在外贸业务活动中正确地使用英语信函处理业务。
5	国际汇兑与结算	具备法律意识、责任意识和团队精神。掌握国际结算业务的工作流程和方法，具备处理国际票据业务、国际汇款业务、国际托收业务、信用证业务、银行保函和备用信用证业务、出口贸易融资业务、进口贸易融资业务和跨境贸易人民币结算业务的能力，能适应国际结算的工作要求。
6	外贸跟单操作	具备法律意识、环保意识、安全意识和团队精神。掌握商品基础知识和产品工艺基础知识，掌握选择供应商、样品跟单、原材料跟单、生产进度跟单、质量跟单、包装跟单和运输跟单的操作要领。能准确进行选择供应商、样品跟单、原材料跟单、生产进度跟单、质量跟单、包装跟单和运输跟单的操作。
7	国际商法	具备运用法律思维和法治方式解决国际商事争议的意识、能力和职业责任感。掌握国际商务法律规则和原理，能初步分析并处理专业岗位中关于国际商事组织、商事合同、运输与保险、产品责任和知识产权等基本法律问题。
8	外贸单证操作	具备敬业精神、工匠精神和团队精神。掌握托运单证、报检单证和报关单证和结汇单证的制作要领，熟悉进口单证和官方单证的办理，熟悉单证管理知识。能准确制作或办理商业发票、装箱单、订舱委托书、报检单、报关单、产地证、海运提单、投保单、保险单、汇票、受益人证明、装运通知等单据；能审核和修改信用证；能审核各种支付方式下的单据；能办理单证归档。
9	外贸客户服务	具备较强的保密意识、法律意识和服务意识。掌握通过互联网和展会等方式与国外客户洽谈业务获得订单的方法，并熟悉获得外贸订单后业务跟进重要时点和要点，以及管理维护外贸客户的方式。具备一定的洞察力、整合力、控制力、创新力以及英语应用能力。
10	商务数据分析	具备法律意识、互联网思维和数据思维。掌握跨境电商B2B平台和外贸企业自建站店铺数据搜集以及投入成效分析、客户来源和质量分析、平台产品优化分析、广告数据分析、专题促销活动数据分析。具有互联网思维和数据素养，熟悉跨境电商B2B数据分析方法，掌握跨境电商B2B数据分析操作，具备店铺数据搜集、搭建业务数据报表、投入成效分析、客户来源和质量分析、平台产品优化、广告数据分析、类目专题促销活动策划及数据跟进的能力。
11	跨境电商B2B运营	具备敏锐的热点捕捉能力、较强的自驱力和开拓创新能力。掌握跨境电商B2B平台选择与开通、产品发布、平台设计、数据分析与优化操作要领。能熟练开展跨境电商B2B平台选择与店铺开通以及产品定位和数据选品操作、店铺装修操作、产品管理和发布操作、产品数据分析和优化操作。熟悉外贸企业自建站店铺的信息化建设和运营操作。

续表

序号	专业核心课程	主要教学内容与要求
12	跨境电商B2B销售	具备团队精神、国际视野和跨文化交际能力。掌握商机获取与跟进、客户谈判、合同签订、订单交付与结算、客户管理与服务等操作要领。能熟练开展跨境电商B2B平台和外贸企业自建站访客营销、客户数据分析及客户开发、询盘处理与回复、磋商谈判、签订合同、出口履约。熟悉国外客户信息管理、供应商信息管理、信保管理和风险防控。
13	跨境电商B2B营销	具备较强的开拓创新能力、抗压能力、抗挫能力与情绪管理能力。掌握跨境电商B2B市场分析、内容营销、引流推广和品牌营销等操作要领。能熟练开展跨境电商市场分析，外贸企业自建站和跨境电商B2B平台店铺视觉营销和内容营销，跨境电商B2B平台直播和操作，国际搜索引擎优化，海外社交媒体营销，品牌规划和推广。熟悉跨境电商平台各类营销方案拟订。
14	跨境电商B2B采购	具备法律意识、责任意识和团队精神。掌握跨境电商B2B采购与采购管理认知；采购组织设计；供应市场与需求分析；采购计划与成本管理；典型采购方式的认知；供应商选择和采购洽商；采购合同管理；供应商与风险管理；进口采购管理；采购绩效管理。能够基于全球市场认知，熟悉全球采购市场规则，掌握采购流程。
15	外贸风险管理	具备法律意识、风险意识和责任意识。掌握外贸风险管理概述、宏观环境风险防范、交易方信用风险防范、合同条款风险防范、合同履约风险防范、跨境电商风险防范等内容。具有互联网思维，掌握互联网技术支持下的宏观环境风险、交易方信用风险、合同条款风险、合同履约风险、跨境电商风险的防控重点，具备风险防范能力。

（2）专业拓展课程。专业拓展课程包括体现行业发展新趋势的课程，如跨境电商供应链管理、国际经贸地理、国际市场营销、商务英语视听说、外贸英语口语、数字贸易、"一带一路"贸易概览等；体现拓展就业岗位技能要求的课程，如国际货运代理、报关实务、出口信用保险实务、外贸参展实务等。

3. 实践性教学环节

实践性教学环节主要包括实训、实习、实验、毕业设计、社会实践等。在校内外进行包括外贸单证操作、外贸跟单操作、外贸业务操作、跨境电商B2B运营、销售、营销、采购综合实训。在外贸企业和跨境电商B2B企业进行认知实习、顶岗实习、跟岗实习。实训实习既是实践性教学，也是专业课教学的重要内容。学校应注重理论与实践一体化教学，严格执行《职业学校学生实习管理规定》要求。

4. 相关要求

学校应结合实际，落实课程思政，推进全员、全过程、全方位育人，实现思想政治教育与技术技能培养的有机统一。学校应开设社会责任、绿色环保、新一代信息技术、数字经济、现代管理等方面的拓展课程或专题讲座（活动），并将有关内容融入专业课程教学中；将创新创业教育融入专业课程教学和有关实践性教学环节中；自主开设其他特色课程；组织开展德育活动、志愿服务活动和其他实践活动。

（二）学时安排

总学时不少于 4 700 学时。中职总学时不少于 3 000 学时，两年制高职总学时不少于 1 700 学时。每 16～18 学时折算 1 学分（原则上中职每学期按 18 周计算，高职每学期按 16 周计算）。军训、社会实践、入学教育、毕业教育等活动按 1 周 1 学分折算。

中职公共基础课程学时一般占总学时的 20%，高职公共基础课总学时一般不少于总学时的 10%。实践性教学学时原则上不少于总学时的 50%，其中，高职岗位实习累计时间一般为 6 个月，可根据实际集中或分阶段安排实习时间，各类选修课程的学时累计不少于总学时的 10%。

九、师资队伍

（一）队伍结构

原则上，中职、高职学生数与本专业专任教师数比例分别不高于 20∶1、18∶1，"双师型"教师占专业课教师数比例不低于 85%、80%，高级职称专任教师比例不低于 20%。学校应考虑专任教师队伍的职称、年龄，形成合理的梯队结构。学校应整合校内外优质人才资源，选聘企业高级技术人员担任产业导师，组建校企合作、专兼结合、中高职结合的教师团队，建立定期开展专业（学科）教研机制。

（二）专业带头人

专业带头人原则上应具有本专业及相关专业副高及以上职称和较强的实践能力，能够较好地把握国内外国际贸易行业、专业发展趋势，了解行业企业对本专业人才的需求实际，掌握先进的教育理念、教学方法；具有较为丰富的企业相关工作经历或者实践经验；能广泛联系行业企业，了解产业发展、行业需求和职业岗位变化，能及时将新技术、新工艺、新规范融入教学；具有较强的指导与开展教育教学研究、实习实训教学研究、专业建设、技术革新的能力，在国际经济与贸易专业中高职一体化专业改革发展中起引领作用。

（三）专任教师

专任教师应具有教师资格证书；原则上具有国际经济与贸易、国际商务等相关专业本科学历，具有研究生学位教师占专任教师的比例不低于 15%；具有本专业理论和实践能力；能够落实课程思政要求，挖掘专业课程中的思政教育元素和资源；能够运用信息技术开展混合式教学等教法改革；能够跟踪新经济、新技术发展前沿，开展技术研发与社会服务；每年至少 1 个月在企业或实训基地实训，每 5 年累计不少于 6 个月的企业实践经历。

(四) 兼职教师

兼职教师主要从本专业相关行业企业的高技术技能人才中聘任，应具有扎实的专业知识和丰富的实际工作经验，原则上应具有中级及以上相关专业技术职称，了解教育教学规律，能承担专业课程教学、实习实训指导和学生职业发展规划指导等教学任务。学校应建立专门针对兼职教师聘任与管理的具体实施办法。

十、教学条件

(一) 教学设施

教学设施主要包括能够满足正常的课程教学、实习实训所需的专业教室、校内外实训场所和实习基地。

1. 专业教室基本要求

专业教室应具备利用信息化手段开展混合式教学的条件，一般配备黑（白）板、多媒体计算机、投影设备、音响设备，具备互联网接入或无线网络环境，并具有网络安全防护措施。专业教室应安装应急照明装置并保持良好状态，并符合紧急疏散要求、标志明显，保持逃生通道畅通无阻。

2. 校内外实训场所基本要求

校内外实训场所应符合面积、安全、环境等方面的条件要求，实训设施（含虚拟仿真实训场景等）先进，能够满足实训教学需求，实训指导教师确定，能够满足开展外贸单证操作、外贸跟单操作、外贸业务操作、跨境电商 B2B 运营、跨境电商 B2B 销售、跨境电商 B2B 营销和跨境电商 B2B 采购等实训活动的要求，实训管理及实施规章制度齐全。若有条件，学校可开发虚拟仿真实训项目，建设虚拟仿真实训基地。

(1) 外贸业务综合实训室：配备计算机、投影仪、办公软件、网络、信息化教学平台、外贸实训软件等设备（设施），具备外贸单证、外贸跟单、外贸业务操作相关课程的实训项目和配套相应实训软件，用于进出口准备、磋商签约、进出口履约、进出口善后、外贸单证制作、外贸单证办理、单证管理、样品跟单、原材料跟单、生产进度跟单、质量跟单、包装跟单和运输跟单等项目的实践教学。

(2) 互联网＋国际贸易创新创业实训室：配备计算机、投影仪、办公软件、网络、信息化教学平台、跨境电商虚拟仿真实训软件等设备（设施），具备跨境电商 B2B 运营、销售和采购相关课程的实训项目和配套相应实训软件，用于跨境电商平台选择与开通、产品发布、平台设计、数据分析与优化、商机获取与跟进、客户谈判、合同签订、订单交付与结算、客户管理与服务等项目的实践教学。

（3）跨境电商 B2B 营销实训室：配备照相设备、摄影设备、照明设备、直播场景、短视频制作场景、短视频后期制作软件等设备（设施），具备跨境电商 B2B 营销相关课程的实训项目和配套相应实训软件，用于外贸企业自建站和跨境电商 B2B 平台的内容营销、直播营销、短视频营销、国际搜索引擎优化、海外社交媒体营销、品牌规划和推广等项目的实践教学。

3. 实习基地基本要求

实习基地应符合《职业学校学生实习管理规定》《职业学校校企合作促进办法》等对实习单位的有关要求。学校经实地考察后，确定合法经营、管理规范，实习条件完备且符合产业发展实际、符合安全生产法律法规要求，与学校建立稳定合作关系的单位成为实习基地，并与之签署三方协议（学校、实习单位、学生）。

根据本专业人才培养的需要和未来就业需求，实习基地应能提供外贸业务员、外贸跟单员、外贸单证员、跨境电商 B2B 运营专员、跨境电商 B2B 销售专员、跨境电商 B2B 营销专员、跨境电商 B2B 采购专员等与专业对口的相关实习岗位，能涵盖当前相关产业发展的主流技术，可接纳一定规模的学生实习。学校和实习单位双方共同制订实习计划，学校应配备相应数量的指导教师对学生实习进行指导和管理，实习单位安排有经验的技术或管理人员担任实习指导教师，开展专业教学和职业技能训练，完成实习质量评价，做好学生实习服务和管理工作，制定保证实习学生日常工作、学习、生活的规章制度，有安全、保险保障，依法依规保障学生的基本权益。

（二）教学资源

教学资源主要包括能够满足学生专业学习、教师专业教学研究和教学实施需要的教材、图书文献及数字资源等。

1. 教材选用基本要求

按照国家规定，学校应经过规范程序选用教材，优先选用国家规划教材、国家优秀教材、浙江省中高职一体化课改配套教材和近三年出版的教材。专业课程教材应体现新时代国际贸易发展趋势，并通过活页式等多种方式进行动态更新。

2. 图书文献配备基本要求

图书文献配备能满足人才培养、专业建设、教科研等工作的需要。专业类图书文献主要包括有关国际贸易实务操作类图书，经济、管理和文化类文献等。学校应及时配置与新经济、新技术、新管理方式、新服务方式等相关的图书文献。

3. 数字资源配置基本要求

核心课程数字资源应做到系统、完整，不仅应涵盖课程介绍、课程标准、教学设计、教学课件、教学视频、习题库、实训项目、参考资料等，而且应包括国内外经贸类文献、音视频资料、电子教材、教辅材料、案例库等，内容丰富、动态更新。

十一、质量保障和毕业要求

（一）质量保障

（1）学校应建立中高职一体化专业人才培养质量保障机制，建立健全中高职一体化人才培养全过程教学质量监控管理和学生学业评价制度，改进结果评价，强化过程评价，探索增值评价，健全综合评价。同时，学校应完善人才培养方案、课程标准、课堂评价、实验教学、实习实训、毕业设计以及资源建设等质量标准建设，通过教学实施、过程监控、质量评价和持续改进，达到人才培养规格要求。

（2）学校应完善中高职一体化教学管理机制，实施中高职教学及管理人员互兼互聘、教育教学定期检查等机制，加强日常教学组织运行与管理，定期开展课程建设、日常教学、人才培养质量的诊断与改进，建立健全一体化巡课、听课、评教、评学等制度，建立与企业联动的实践教学环节督导制度，严明教学纪律，强化教学组织功能，定期开展公开课、示范课等教研活动。

（3）学校应建立高职院校、中职学校和合作企业共同参与的中高职一体化教研科研工作机制，建立中高职一体化教学创新团队，建立集中备课制度，定期召开教学研讨会议，形成定期交流、专题研讨的常态化教研活动模式，利用评价分析结果有效改进专业教学，持续提高人才培养质量。

（4）学校应建立升段考核机制和毕业生跟踪反馈机制及社会评价机制，全面科学评价中职阶段人才培养质量，并对高职阶段生源情况、在校生学业水平、毕业生就业情况等进行分析，定期评价人才培养质量和培养目标达成情况。

（二）毕业要求

根据专业人才培养方案确定的目标和培养规格，学生全部课程考核合格或修满学分，准予毕业。学校可结合办学实际，细化、明确学生课程修习、学业成绩、实践经历、职业综合素质等方面的学习要求和考核要求等。学校要严把毕业出口关，确保学生毕业时完成规定的学时学分和各教学环节，保证毕业要求的达成度。

学校应鼓励学生取得职业类证书或资格，或者获得实习企业关于职业技能水平的写实性证明，并通过职业教育学分银行实现多种学习成果的认证、积累和转换。

第五章

国际经济与贸易专业中高职一体化课程标准开发

第一节　课程标准开发的相关要求

课程标准是体现课程内容与要求的重要课程文件，与人才需求调研、职业能力分析、课程体系一脉相承，是规定课程性质、课程目标、内容与要求、实施建议等的指导性文件，是教材编写、教学实践和考试评价的依据。课程标准研制重点在于课程内容的分析，是确定每门课程内容与要求的过程。课程内容分析要求依据职业能力及对应的学习水平，分析确定课程目标及内容，分析职业能力在此课程中的映射点，将职业岗位向课程内涵过渡，将职业对能力的要求映射至课程内容及要求。一是课程目标。各门专业核心课程的目标是基于整个专业人才培养规格分解下的系列目标之一，主要从职业能力角度概要地描述学生学习该课程后应达到的结果。因此，课程目标的确立应首先基于职业能力标准（分析表），通过对职业能力要求进行系统的分析，从而转化为具体的课程目标，实现从职业能力到课程目标的转换。二是课程内容。基于工作任务、项目及工作流程、过程，为课程目标的实现寻找到合适的教学内容，对教学内容进行内在逻辑梳理后基于任务或项目开发课程模块，实现从工作任务到课程内容的转换。三是实施建议。在专业教学标准规定的总体课时数范围内，确定课程的学时及进程安排。对于各模块的教学内容，提供合适的教学方法参考。四是考核评价。制定评价指标，提供评价建议，明确考核标准。

在制定课程标准的过程中，课标开发主要由课程专家、专任教师组建开发团队合力完成，并取得行业专家的支持，在沿用人才需求调研、职业能力分析、专业教学标准研制的各阶段成果基础上，集体研讨而成。课程标准编制充分考虑中高职不同学段的定位，注重一体化培养。课程标准应该清晰，明确描述课程中核心的、重要的、有价值的内容与要求。课程标准应涵盖相应职业标准的内容，但不能用职业标准代替课程标准。所有课程落实课程思政和专业升级新要求。课程标准在体现素质、知识与能力的基本标准和评价要求的同时，应关注大多数学生的学习水平和接受能力，是使绝大部分学生通过努力都能达到的标准。

第二节　专业核心课程标准

2022年11—12月，课题组召开"浙江省国际经济与贸易专业中高职一体化专业核心课程标准开发会"，基于前期完成的职业能力标准和专业教学标准，分析并确定了每门专业核心课程的课程性质与设计思路、课程目标、课程结构、课程内容与学习要求、课程实施等。经过职教专家论证和课题组修改后，最终形成15门专业核心课程的课程标准。其中，面向中职阶段的核心课程有8门，分别是"国际汇兑与结算""国际贸易基础""外贸商函""国际商法""国际商务礼仪""进出口业务操作""外贸单证操作""外贸跟单操作";面向高职阶段的核心课程有 7 门,分别是"跨境电商 B2B 运营""跨境电商 B2B 营销""跨境电商 B2B 销售""跨境电商 B2B 采购""商务数据分析""外贸风险管理""外贸客户服务"。

"国际汇兑与结算"课程标准

一、课程名称与适用专业

课程名称：国际汇兑与结算
适用专业：国际经济与贸易专业
适用学段：中职学段

二、课程性质与设计思路

(一) 课程性质

"国际汇兑与结算"是国际经济与贸易专业的一门专业核心课程。本课程主要培养具有较强职业能力、专业知识和良好职业素质的外经贸从业人员。通过本课程的学习,学生能掌握外汇汇率的基本知识,能核算产品报价,能防范和规避外汇风险,能分析和处理国际结算与进出口贸易融资等业务。本课程的铺垫课程是"国际贸易基础",后续课程是"外贸单证操作""外贸风险管理"。

(二) 设计思路

本课程标准依据浙江省国际经济与贸易专业中高职一体化课改指导手册和专业教学标准进行制定。课程的设计思路是以国际经济与贸易专业外经贸从业人员岗位的工作任务及职业能力分析为依据,紧紧围绕中职阶段的职业能力要求确定课程目标;紧紧围绕完成工作任务的需要,考虑学生在知识、技能和素养的要求和可持续发展选取课程内容。再根据学生的认知特点、能力发展的规律与知识技能结构特点,以典型工作任务为载体将教学内容整合成若干个大单元,以贸易活动为主线将每个大单元再设计成若干个递进式与并列式相结合的模块。通过大概念或大任务的引领整合包括外汇与外汇汇率、汇率折算和进出口贸易报价、防范和规避外汇风险、对外贸易信贷与融资、国际贸易结算票据和结算方式、跨境贸易人民币结算等理论与实践,实现教学做一体,使学生能深刻理解知识、能综合运用技术技能，具备外经贸从业人员岗位的相关要求。

建议本课程课时为108课时。

三、课程目标

通过在国际结算实训室的仿真操作和外贸企业的全真操作，国际经济与贸易专业的学生能熟练掌握外汇的标价方法、不同情况下外汇的折算方法和进出口贸易的报价技巧，具备防范和规避外汇风险、处理国际结算业务与进出口贸易融资业务等操作能力，养成贸易强国的责任担当和使命意识、精益求精的工匠精神和善于团队合作的工作品质，为今后从事外经贸从业人员岗位工作和其他外贸岗位工作奠定扎实基础。

具体职业能力目标包括：

- 能识别外汇市场的外汇汇率标价，并对汇率进行折算。
- 能合理运用买入价和卖出价。
- 能根据产品成本、费用、汇率、出口退税率等核算产品报价，并能根据客户报价、税率、费用核算国内销售价格。
- 能掌握常用国际贸易支付方式的流程和风险，能根据业务实际选择合适的国际结算方式，并能正确处理相关结算业务。
- 能掌握对外贸易中长期信贷的种类和流程，并能根据业务实际处理进出口贸易融资业务。
- 能掌握国际结算票据的种类和流程，并能根据业务实际正确处理国际结算票据业务。
- 能识别外汇风险并能根据业务实际选择合理的方法防范和规避外汇风险。
- 能掌握跨境贸易人民币结算特点和流程，并能根据业务实际选择合适的跨境贸易人民币结算方式，并能正确处理相关结算业务。

四、课程结构

（一）课程模块

"国际汇兑与结算"课程由8个大单元构成，包括外汇与外汇汇率、汇率折算、进出口贸易报价、防范和规避外汇风险、对外贸易信贷与融资、国际贸易结算票据、国际贸易结算方式、跨境贸易人民币结算。每个大单元下又设置了若干个模块。

（二）课时安排

"国际汇兑与结算"课程共计108课时、6学分。建议课时安排如下：

序号	学习任务		建议课时数
	单元	模块	
1	外汇与外汇汇率	认识外汇	6
		认识外汇汇率	
2	汇率折算	掌握两种货币之间的折算	14
		掌握套算汇率的换算	
		掌握远期汇率的计算	
3	进出口贸易报价	选择报价货币	16
		更换报价货币	
		掌握即期支付方式下的报价技巧	
		掌握远期支付方式下的报价技巧	
4	防范和规避外汇风险	认识外汇风险	10
		防范外汇风险	
		规避外汇风险	
5	对外贸易信贷与融资	认识对外贸易短期信贷与融资	12
		认识对外贸易中长期信贷与融资	
6	国际贸易结算票据	认识汇票	10
		认识本票	
		认识支票	
7	国际贸易结算方式	处理国际汇款业务	20
		处理国际托收业务	
		处理信用证业务	
		认识银行保函业务	
		认识备用信用证业务	
8	跨境贸易人民币结算	认识跨境贸易人民币结算	14
		处理跨境贸易人民币结算业务	
		认识人民币跨境支付系统	
	机动课时		6
	合计		108

五、课程内容与学习要求

序号	学习任务（单元）	知识、技能点	学习要求
1	外汇与外汇汇率	【知识点】 • 外汇的含义 • 外汇具备的要素 • 外汇的分类方法 • 外汇汇率的含义 • 外汇汇率的标价方法 • 外汇汇率的分类方法 【技能点】 • 读懂外汇的含义 • 读懂外汇汇率的含义 • 区分外汇的种类	• 能区分外币与外汇 • 能对外汇进行分类 • 能识别外汇市场的外汇汇率标价 • 能对外汇汇率进行分类

续表

序号	学习任务（单元）	知识、技能点	学习要求
1	外汇与外汇汇率	• 区分外汇汇率的种类 • 区分外汇汇率的标价方法	
2	汇率折算	【知识点】 • 两种货币之间的折算方法 • 套算汇率的计算方法 • 远期汇率的计算方法 【技能点】 • 折算不同货币 • 换算套算汇率 • 计算远期汇率	• 能根据业务实际，正确折算货币 • 能根据业务实际，正确换算套算汇率 • 能根据业务实际，正确计算远期汇率
3	进出口贸易报价	【知识点】 • 进出口报价的原则 • 进出口贸易中买入价和卖出价的应用方法 • 即期支付方式下的报价技巧 • 远期支付方式下的报价技巧 【技能点】 • 读懂进出口报价的原则 • 选用买入价和卖出价 • 核算即期支付方式下的价格 • 核算远期支付方式下的价格	• 能在进出口贸易中，合理地运用买入价和卖出价 • 能根据业务实际情况，合理地运用报价技巧核算即期支付方式下的价格 • 能根据业务实际情况，合理地运用报价技巧核算远期支付方式下的价格
4	防范和规避外汇风险	【知识点】 • 外汇风险的构成因素 • 外汇风险的类型 • 外汇风险的防范方法 • 外汇风险的规避方法 【技能点】 • 区分外汇风险不同构成要素 • 判断外汇风险的类型 • 防范外汇风险 • 规避外汇风险	• 能根据实际情况区分不同的外汇风险 • 能根据实际情况判断外汇风险种类 • 能通过不同方法防范外汇风险 • 能通过不同方法规避外汇风险
5	对外贸易信贷与融资	【知识点】 • 出口押汇 • 票据贴现 • 打包放款 • 国际保付代理 • 出口信贷 【技能点】 • 读懂各种对外贸易信贷方式 • 区分出口押汇与打包放款 • 绘制保付代理业务流程 • 绘制出口信贷业务流程 • 处理出口信贷业务	• 能根据实际情况，选择合适的对外贸易短期信贷方法 • 能通过不同方法进行对外贸易短期信贷 • 能根据不同方法处理出口信贷业务

续表

序号	学习任务（单元）	知识、技能点	学习要求
6	国际贸易结算票据	【知识点】 • 汇票的含义与内容 • 汇票的种类 • 汇票的票据行为 • 本票的含义与内容 • 本票的种类 • 支票的含义与内容 • 支票的种类 【技能点】 • 区分汇票、本票、支票种类 • 区分汇票、本票、支票 • 应用汇票、本票、支票	• 能正确区分汇票、本票、支票的种类 • 能根据业务实际选用合适的票据 • 能正确应用汇票、本票、支票收支货款
7	国际贸易结算方式	【知识点】 • 国际汇款 • 国际托收 • 信用证 • 银行保函 • 备用信用证 【技能点】 • 运用国际汇款方式收付货款 • 运用国际托收方式收付货款 • 运用信用证方式收付货款 • 运用银行保函方式收付货款 • 运用备用信用证方式收付货款	• 能根据业务情况合理选用国际结算方式 • 能正确运用国际汇款方式进行国际结算 • 能正确运用国际托收方式进行国际结算 • 能根据贸易合同，催开信用证，审核信用证，正确运用信用证进行国际结算 • 能正确运用银行保函方式进行国际结算 • 能正确运用备用信用证方式进行国际结算
8	跨境贸易人民币结算	【知识点】 • 人民币汇率制度演变历程、原因及特征 • 跨境人民币结算的含义、进程和意义 • 跨境人民币信用证、托收、汇款和保理的含义和特点 • 人民币跨境支付系统的含义、进程和意义 【技能点】 • 读懂人民币汇率制度演变历程、原因及特征 • 读懂跨境人民币结算的含义、进程和意义 • 区分不同跨境人民币结算方式的特点和流程 • 选择合适的跨境人民币结算方式 • 处理跨境人民币结算业务 • 熟悉人民币跨境支付系统	• 能陈述人民币汇率制度的演变历程与演变原因 • 能分析人民币汇率制度各个时期的特征 • 能陈述跨境人民币结算的进程与重大意义 • 能陈述跨境人民币信用证、托收、汇款和保理的含义和特点 • 能根据业务实际选用合适的人民币跨境结算方式，并能正确处理跨境人民币结算业务 • 能熟悉人民币跨境支付系统

六、课程实施

（一）教学方法

（1）在教学过程中，多采取以学习者为中心的教学模式，创新大单元教学、模块化教学、任务驱动教学、案例教学等，运用国际结算等软件完成任务，在注重培养学生职业能力的同时，培养学生贸易强国的责任担当和使命意识、精益求精的工匠精神和善于团队合作的工作品质。

（2）在教学过程中，可根据不同单元与模块的教学需要合理安排师资，组建国际汇兑与结算教学团队，分工协作实施模块化教学。

（3）在教学过程中，要注意技能习得规律性与技能训练连续性，充分利用数字化资源与线上学习平台，做好课堂教学与课后练习的衔接、线上与线下的混合式学习，帮助学生熟能生巧，从新生进阶到熟手。

（二）教学评价

合理设计评价目标，开展多元评价，采用线上与线下考核相结合、阶段性与终结性评价相结合方式，探索增值评价。

（1）评价目标合理。评价目标包括学生的职业能力、通用能力、社会能力与发展能力。在评价学生汇兑与结算能力的同时，评价学生的沟通与合作意识，法律、社会及人文素养以及诚信、风险意识和创新思维。

（2）坚持多元评价。教学评价方式多元化，任课教师、教学团队、学生同伴、企业专家、网络平台等都可以参与教学评价，以多元评价方式引导学生形成个性化学习方式与视觉表现形式。

（3）突出阶段性评价。教学效果的评价要突出阶段性，阶段性评价要与阶段性学习成果与目标设计相吻合，体现技能习得规律与职业能力成长逻辑，促进学生逐步达成课程学习目标。

（三）教材编写与使用

（1）依据本课程标准编写教材。

（2）编写教材时，应打破以知识体系为线索的传统编写模式，以实际工作岗位为中心，以贸易活动为主线，体现工学结合、任务驱动、项目导向的新形态一体化项目教材编写模式。

（3）教材内容应凸显实践性、应用性，以国际汇兑与结算工作任务的工作过程为逻辑，强调教学内容与外经贸从业人员岗位的吻合；要体现基础性、层次性，以能力形成规律和学习的认知规律为线索，确保教学内容中高职衔接。

（4）教材体例设计为单元＋模块的形式。首先以典型工作任务为载体将教学内容整合成若干个大单元；其次以贸易活动为导向在每个大单元中设置若干个递进式与并列式相结合的模块，将岗位学习任务贯穿起来；最后以"以学习者为中心"设计模块中的学习情境、学习活动、学习成果、学习评价等内容，确保活动具体、可操作。

（5）教材的文字表述既要体现专业标准与规范，又要简明通顺、浅显易懂、生动有趣，使学生易学、易懂、易接受。内容展示应图文并茂，多采用与真实工作过程一致的图片，引人入胜。

（6）编写教材时，可根据中高职一体化课程衔接与外经贸从业人员岗位能力发展，延伸和拓展学习内容，增设课程内容的选学模块，提高学生的国际汇兑与结算专项技能水平。

（四）资源利用

（1）为活页式教材的使用配套数字化资源及其他教学资料，共同构建本课程的教学资源池。数字化资源主要包括多媒体课件、微课视频、测试题等，其他教学资料主要包括电子书籍、电子期刊、电子图书馆等网络资料。

（2）以纸质教材为核心，通过二维码、微视频、网页链接等移动互联网技术，将在线资源与纸质教材相融合，使教材内容更加丰富生动、灵活动态，为学生提供增值服务。

（3）借助学校自身的教学资源平台和校企合作，及时分析并掌握学生的学习情况，关注学生职业能力发展，充分利用配套资源对教学过程、活页式教材进行调整。

（五）其他说明

对以上不能涵盖的内容做必要的说明。

"国际贸易基础"课程标准

一、课程名称与适用专业

课程名称： 国际贸易基础

适用专业： 国际经济与贸易专业

适用学段： 中职学段

二、课程性质与设计思路

（一）课程性质

"国际贸易基础"是国际经济与贸易专业的一门专业核心课程。本课程主要培养具有较强职业能力、专业知识和良好职业素质的外经贸从业人员。通过本课程的学习，学生能运用描述指标对国际贸易进行分析，能根据国际经济形势合理解释国际贸易政策变动及各种措施调整，能根据对世界贸易组织规则的认知分析世界贸易发展趋势，能计算进出口关税，能开展对国际市场的调查，能合理组合运用营销策略，能选择跨境电商 B2B 平台并进行注册，能根据交易需求选择贸易术语，能选择进出口货物运输方式与保险险别，能对进出口货物进行正确归类，能为进出口商品检验检疫和报关做好准备工作。本课程是国际经济与贸易专业学生学习的第一门专业核心课程，将为后续的课程学习奠定基础，后续课程是"进出口业务操作""外贸单证制作""国际商法""跨境电商 B2B 运营"等。

（二）设计思路

本课程标准依据浙江省国际经济与贸易专业中高职一体化课改指导手册和专业教学标准进行制定。课程的设计思路是以国际经济与贸易专业外经贸从业人员岗位的工作任务及职业能力分析为依据，紧紧围绕中职阶段的职业能力要求确定课程目标；紧紧围绕完成工作任务的需要，考虑学生在知识、技能和素养的要求和可持续发展选取课程内容。再根据学生的认知特点、能力发展的规律与知识技能结构特点，以典型工作任务为载体将教学内容整合成若干个大单元，以工作过程为导向将每个大单元再设计成若干个递进式与并列式相结合的模块。通过大概念或大任务的引领整合包括国际贸易政策和措施分析、国际市场环境调研与营销策略选择、跨境电商 B2B 平台注册、贸易术语选择、选择进出口货物运输方式和保险险别、准备检验和报关等理论与实践，实现教学做一体，使学生能深刻理解知识、能综合运用技术技能，具备外经贸从业人员岗位的相关要求，为后续专业知识的衔接与递进学习打下良好的基础。

建议本课程课时为 216 课时。

三、课程目标

通过在校内理实一体化实训室的模拟操作，国际经济与贸易专业的学生能分析国际贸易动因，了解世界贸易组织及其规则，思辨国际经济现象，熟悉国际市场环境调研流程，选择国际贸易方式，了解跨境电商 B2B 平台规则并完成平台店铺注册，能完成关税、运费和保费计算，能正确选择贸易术语，能正确选择货物运输方式和保险险别，能为出入境货物检验检疫及报关工作做好准备，养成贸易强国的责任担当和使命意识、踏实肯干的工作作风、精益求精的工匠精神及善于沟通和团队合作的工作品质，为今后从事外经贸从业人员岗位工作和其他外贸岗位工作奠定扎实基础。

具体职业能力目标包括：

- 能根据描述指标和国际经贸形势分析国际贸易政策与措施的变化，思辨国际经济现象。
- 能根据关税政策核算应缴纳关税。
- 能根据国际市场环境进行国际市场调研，细分市场，选择目标市场，并合理选择国际营销策略。
- 能对比国际贸易方式并选择国际贸易方式。
- 能根据跨境电商 B2B 平台规则选择跨境电商 B2B 平台，并完成店铺注册。
- 能根据贸易实际情况选择贸易术语、运输方式、保险险别。
- 能根据进出口商品性质进行正确商品归类，为进出口商品的检验检疫和报关做好准备工作。

四、课程结构

（一）课程模块

"国际贸易基础"课程由 15 个大单元构成，包括认知国际贸易、分析国际分工、分析国际贸易政策、核算关税、分析非关税措施、认知世界贸易组织、分析世界贸易中的中国、调研国际市场环境、选择国际营销策略、选择国际贸易方式、注册跨境电商 B2B 平台店铺、选择国际贸易术语、选择国际贸易货物运输和保险、进出口商品归类、准备进出口商品检验检疫和报关。每个大单元下又设置了若干个模块。

（二）课时安排

"国际贸易基础"课程共计 216 课时、12 学分。建议课时安排如下：

序号	学习任务		建议课时数
	单元	模块	
1	认识国际贸易	认识国际贸易的产生与发展	15
		分析国际贸易的作用	
		认识国际贸易的统计分类	
		运用国际贸易描述指标	

续表

序号	学习任务 单元	学习任务 模块	建议课时数
2	分析国际分工	认识国际分工的产生和发展	12
		分析国际分工理论	
		分析当代国际分工	
3	分析国际贸易政策	分析国际贸易政策演变	15
		分析自由贸易政策	
		分析保护贸易政策	
		分析当代国际贸易政策	
4	核算关税	认知关税种类	15
		计算关税	
		计算关税保护程度	
		分析关税减让态势	
5	分析非关税措施	认知传统非关税措施	15
		分析新型非关税措施	
		分析非关税措施发展趋势	
6	认知世界贸易组织	认知世界贸易组织运行机制	12
		认知世界贸易组织基本原则和规则	
		分析世界贸易组织作用	
7	分析世界贸易中的中国	分析中国国际贸易政策演变	12
		分析中国与经贸组织的合作	
		分析中国与世界市场的融合	
8	调研国际市场环境	确立国际市场价格	15
		调研国际市场环境	
		调研目标国国内市场	
9	选择国际营销策略	细分国际市场	18
		选择目标市场	
		运用国际市场产品策略	
		运用国际市场价格策略	
		运用国际市场渠道策略	
		运用国际市场促销策略	
		选择网络营销方式	
10	选择国际贸易方式	选择经销与代理方式	10
		选择拍卖与寄售方式	
		选择商品期货贸易	
		选择对销贸易	
11	注册跨境电商B2B平台店铺	认知跨境电商 B2B 平台	12
		选择跨境电商 B2B 平台	
		注册跨境电商 B2B 平台店铺	
12	选择国际贸易术语	认识国际贸易术语	15
		选择国际贸易术语	

续表

序号	学习任务 单元	学习任务 模块	建议课时数
13	选择国际贸易货物运输和保险	选择国际贸易各种运输方式 识别国际贸易运输单据 核算运费 识别海上运输货物保障范围 选择海运货物保险条款及保险险别 识别国际贸易保险单据 核算保险费	20
14	进出口商品归类	认知进出口商品分类 对进出口商品进行归类	12
15	准备进出口商品检验检疫和报关	选择检验检疫的时间与地点 选择检验检疫机构和标准 准备检验检疫 认知海关电子通关系统 准备进出口货物报关	18
		合计	216

五、课程内容与学习要求

序号	学习任务（单元）	知识、技能点	学习要求
1	认识国际贸易	【知识点】 ● 国际贸易的产生基础和特点 ● 国际贸易的统计分类 ● 国际贸易的各项描述指标 ● 国际贸易的作用 【技能点】 ● 分析国际贸易对世界经济的作用 ● 计算国际贸易各项描述指标 ● 对比分析国际贸易的各项描述指标	● 能根据国际贸易的产生和发展情况分析国际贸易对世界经济的影响 ● 能根据不同分类标准对国际贸易进行正确分类 ● 能根据各项描述指标的含义，正确计算和分析描述指标
2	分析国际分工	【知识点】 ● 国际分工的产生、发展 ● 传统国际分工理论 【技能点】 ● 对比分析国际分工理论 ● 选择国际分工产品 ● 分析国际分工对国际经济的作用	● 能根据国际分工的产生和发展情况分析国际分工对世界经济的影响 ● 能对比分析国际分工理论，理解国际分工理论发展变化的原因 ● 能根据生产效率情况并通过计算选择分工产品 ● 能根据世界经济情况分析国际分工的发展趋势

续表

序号	学习任务（单元）	知识、技能点	学习要求
3	分析国际贸易政策	【知识点】 • 国际贸易政策演变历程 • 自由贸易政策及措施 • 保护贸易政策及措施 • 当代国际贸易政策及措施 【技能点】 • 选择国际贸易政策 • 对比分析自由贸易政策和保护贸易政策采取的措施 • 分析当代国际贸易政策发展趋势	• 能根据不同国情下国际贸易政策特点辨析相应的国际贸易政策 • 能根据国际贸易政策特点分析其对国际贸易的影响 • 能根据国际贸易政策对国际贸易的影响分析当代国际贸易政策发展的趋势
4	核算关税	【知识点】 • 关税种类 • 各种关税税额的计算 • 关税的名义保护率和有效保护率 • 关税减让 • 关税的作用 【技能点】 • 计算关税税额 • 计算关税保护程度 • 分析关税减让态势	• 能根据各国贸易政策，判定政策中使用的关税种类 • 能根据关税特点，分析不同关税措施对国际贸易的影响 • 能根据海关税则和进出口商品类别计算关税税额 • 能计算关税名义和有效保护率，并衡量关税保护程度 • 能根据国际贸易发展情况分析关税减让的发展趋势
5	分析非关税措施	【知识点】 • 非关税措施的特点 • 传统非关税措施 • 新型非关税措施 【技能点】 • 对比分析关税和非关税措施的特点 • 分析非关税措施的发展趋势	• 能根据非关税措施的特点，分析非关税壁垒使用范围不断扩大的原因 • 能根据非关税措施的使用情况分析其对国际贸易的影响 • 能根据非关税措施使用情况提出合理的规避措施
6	认知世界贸易组织	【知识点】 • 世界贸易组织的发展、机制和规则 • 世界贸易组织建立后的业绩 • 世界贸易组织面临的挑战 【技能点】 • 分析世界贸易组织产生的必然性 • 分析世界贸易组织对世界经济所起的作用 • 分析世界贸易组织面临的挑战	• 能根据世界经济发展历程分析世界贸易组织产生的必然性 • 能根据世界贸易组织的规则和机制分析世界贸易组织对国际贸易和世界经济产生的影响 • 能根据世界经济发展情况分析世界贸易组织面临的挑战及应对的措施

续表

序号	学习任务（单元）	知识、技能点	学习要求
7	分析世界贸易中的中国	【知识点】 • 中国对外贸易的建立和发展 • 中国对外贸易政策的演变历程 • 中国参与国际分工 • 中国与经贸组织的合作 • 中国的国际市场融合度 【技能点】 • 分析中国对外贸易发展的内外部环境 • 分析中国取得对外贸易巨大发展的原因 • 分析中国对外贸易面临的机遇、挑战和应对措施	• 能根据中国对外贸易的发展历程分析中国对外贸易政策的演变 • 能根据中国对外贸易内外部环境分析"一带一路"倡议等政策的实效性 • 能根据相关数据分析中国外贸政策对中国外贸发展的影响 • 能根据国内外经济形势发展分析中国对外贸易面临的机遇、挑战及应对基本措施
8	调研国际市场环境	【知识点】 • 国际市场的发展和构成 • 国际市场价格的形成和变动趋势 • 世界经济、区域经济、国际社会文化、国际政治法律等环境分析 • 目标国市场经济与人口、社会和文化、政治与法律等环境分析 【技能点】 • 调研国际市场环境并分析国际市场环境 • 调研目标国市场环境并分析目标国市场环境	• 能根据国际市场状况，分析国际市场价格变动趋势 • 能实施国际市场环境调研并分析国际市场环境 • 能实施目标国市场环境调研并分析目标国市场环境 • 能根据市场环境分析结果出具相关分析报告
9	选择国际营销策略	【知识点】 • 国际市场的细分 • 目标市场的评估和选择 • 产品差别化和定位 • 国际市场产品、价格、渠道、促销四大营销策略 • 网络营销方式 【技能点】 • 分析并判定产品生命周期 • 细分国际市场 • 选择目标市场 • 选择营销策略	• 能根据消费行为、消费模式分析对国际市场进行细分 • 能评估目标市场，选择回报率高、与企业专长一致的目标市场 • 能根据产品特性分析产品生命周期，并做出判定 • 能根据产品特性做出产品差别化和定位 • 能根据产品定位选择合适的营销组合策略
10	选择国际贸易方式	【知识点】 • 经销与代理方式 • 拍卖与寄售方式 • 商品期货贸易 • 对销贸易 【技能点】 • 对比分析各种国际贸易方式 • 选择国际贸易方式	• 能理解各种国际贸易方式的特点和适用范围 • 能根据各种国际贸易方式的特点选择合适的国际贸易方式

续表

序号	学习任务（单元）	知识、技能点	学习要求
11	注册跨境电商B2B平台店铺	【知识点】 • 跨境电商 B2B 平台分类 • 跨境电商 B2B 平台特点 • 跨境电商 B2B 平台店铺注册的规定和要求 • 跨境电商 B2B 平台店铺注册的流程 【技能点】 • 准备跨境电商 B2B 平台注册资料及信息 • 注册跨境电商 B2B 平台店铺	• 能理解跨境电商 B2B 平台店铺注册的规定和要求 • 能根据平台要求准备跨境电商 B2B 平台注册的相应材料和基本信息 • 能完成跨境电商 B2B 店铺注册并获得平台认可
12	选择国际贸易术语	【知识点】 • 与贸易术语有关的国际惯例 • Incoterms 2020 中的贸易术语 • 贸易术语的选用 【技能点】 • 理解各贸易术语对买卖双方风险、责任、费用的划分 • 选择贸易术语	• 能根据对贸易术语的学习理解各贸易术语对买卖双方风险、责任、费用的划分 • 能根据买卖双方的需求正确选择合适的贸易术语
13	选择国际贸易货物运输和保险	【知识点】 • 各种国际运输方式 • 各种国际运输单据 • 包含风险、损失和费用的海上运输货物保障范围 • ICC、CIC 等货物保险条款 • 各种国际贸易保险单据 • 运费和保险费核算 【技能点】 • 选择国际贸易各种运输方式 • 选择保险险别 • 核算运费和保险费	• 能根据国际贸易各种运输方式的特点和成交商品具体情况选择合适的国际贸易运输方式 • 能根据风险、损失、费用产生的情况正确辨析相关分类 • 根据合同、贸易术语、成交商品特性的要求选择合适的保险险别 • 能根据交易磋商情况核算运费和保险费
14	进出口商品归类	【知识点】 • 商品名称和编码协调制度 • 进出口商品归类依据 • HS 商品归类总规则 • 常见的商品归类技术 【技能点】 • 理解商品归类规则 • 归类进出口商品	• 能理解 HS 编码作为结构性编码其每一位编码代表的含义 • 能依据 HS 商品归类总规则和归类技术，根据进出口商品的具体情况对商品进行正确归类以满足海关申报要求

续表

序号	学习任务（单元）	知识、技能点	学习要求
15	准备进出口商品检验检疫和报关	【知识点】 • 报检单位的资质 • 检验检疫时间与地点的规定 • 法定检验、检疫机构、检疫标准、检疫证书 • 出入境货物检验检疫流程 • 海关电子通关系统概况 • 出入境货物的报关程序 【技能点】 • 选择检验检疫的时间和地点 • 做好出入境检验检疫准备 • 做好出入境报关准备	• 能理解出入境检验时间和地点的规定并做出正确的选择 • 能根据法定检验范围和合同规定判定检验标准、机构和应取得的检验证书 • 能根据出入境检验检疫流程，做好报检准备 • 能根据出入境货物报关流程，做好报关准备

六、课程实施

（一）教学方法

（1）在教学过程中，多采取以学习者为中心的教学模式，创新大单元教学、模块化教学、任务驱动教学、案例教学等，注重引导学生的商业思维、营销理念，在培养学生职业能力的同时，培养学生的营销思维和创新精神，拓展学生的发散性思维，强化学生贸易强国的责任担当和使命意识、精益求精的工匠精神和善于团队合作的工作品质。

（2）在教学过程中，可根据不同单元与模块的教学需要合理安排师资，组建国际贸易基础教学团队，分工协作实施模块化教学。

（3）在教学过程中，要注意技能习得规律性与技能训练连续性，充分利用数字化资源与线上学习平台，做好课堂教学与课后练习的衔接、线上与线下的混合式学习，帮助学生熟能生巧，从新生进阶到熟手。

（二）教学评价

合理设计评价目标，开展多元评价，采用线上与线下考核相结合、阶段性与终结性评价相结合方式，探索增值评价。

（1）评价目标合理。评价目标包括学生的职业能力、通用能力、社会能力与发展能力。在评价学生国际贸易相关执行能力的同时，评价学生的国际视野、沟通与合作意识、法律、社会及人文素养以及营销思维和创新思维。

（2）坚持多元评价。教学评价方式多元化，任课教师、教学团队、学生同伴、企业专家、网络平台等都可以参与教学评价，以多元评价方式引导学生形成个性化学习方式与国际经济与贸易专业观、职业观。

（3）突出阶段性评价。教学效果的评价要突出阶段性，阶段性评价要与阶段性学习成果与目标设计相吻合，体现技能习得规律与职业能力成长逻辑，促进学生逐步达成课程学习目标。

（三）教材编写与使用

（1）依据本课程标准编写教材。

（2）编写教材时，应打破以知识体系为线索的传统编写模式，应以行业专家对国际经济与贸易的工作任务和职业能力分析为依据，充分体现任务引领、实践导向课程设计思想，构建以任务引领、职业能力培养以及职业标准为依据的课程内容体系，并采用活页式的编写方式。

（3）教材内容应凸显实践性、应用性，以外经贸从业人员工作任务的工作过程为逻辑，强调教学内容与外经贸从业人员岗位的吻合；要体现基础性、层次性，以能力形成规律和学习的认知规律为线索，确保教学内容中高职衔接；要反映先进性、前瞻性，以场景化营造和新的设计理念为引领，拓展教学内容，触及新工具、打开新视界。

（4）教材体例设计为单元＋模块的形式。首先以典型工作任务为载体将教学内容整合成若干个大单元；其次以工作过程为导向在每个大单元中设置若干个递进式与并列式相结合的模块，将专业学习任务贯穿起来；最后以"以学习者为中心"设计模块中的学习情境、学习活动、学习成果、学习评价等内容，确保活动具体、可操作。

（5）教材的文字表述既要体现专业标准与规范，又要简明通顺、浅显易懂、生动有趣，使学生易学、易懂、易接受。内容展示应图文并茂，多采用与真实工作过程一致的图片，引人入胜，增加直观性，有利于学生理解内容。

（6）编写教材时，可根据中高职一体化课程衔接与外经贸从业人员岗位能力发展，延伸和拓展学习内容，增设课程内容的选学模块，提高学生的国际贸易基础专项技能水平。

（四）资源利用

（1）为活页式教材的使用配套数字化资源及其他教学资料，共同构建本课程的教学资源池。数字化资源主要包括多媒体课件、微课视频、测试题等，其他教学资料主要包括电子书籍、电子期刊、电子图书馆等网络资料。

（2）以纸质教材为核心，通过二维码、微视频、网页链接等移动互联网技术，将在线资源与纸质教材相融合，使教材内容更加丰富生动、灵活动态，为学生提供增值服务。

（3）借助学校自身的教学资源平台和校企合作，及时分析并掌握学生的学习情况，关注学生职业能力发展，充分利用配套资源对教学过程、活页式教材进行调整。

(五) 其他说明

对以上不能涵盖的内容做必要的说明。

"外贸商函"课程标准

一、课程名称与适用专业

课程名称：外贸商函
适用专业：国际经济与贸易专业
适用学段：中职学段

二、课程性质与设计思路

(一) 课程性质

"外贸商函"是国际经济与贸易专业的一门专业核心课程。本课程主要培养具有较强职业能力、专业知识和良好职业素质的外贸业务员。通过本课程的学习，学生能理解国际贸易各环节涉及的外贸商函所需要的专业词汇、典型句式以及行文方式，能运用所学基本词汇、惯用句型及相关理论完成各种国际贸易商函的写作，能在外贸业务活动中正确使用外贸商函处理业务。本课程的铺垫课程是"国际贸易基础""国际商务礼仪"，后续课程是"外贸跟单操作""外贸单证操作"。

(二) 设计思路

本课程标准依据浙江省国际经济与贸易专业中高职一体化课改指导手册和专业教学标准进行制定。课程的设计思路是以国际经济与贸易专业外贸业务员岗位的工作任务及职业能力分析为依据，紧紧围绕中职阶段的职业能力要求确定课程目标；紧紧围绕完成工作任务的需要，考虑学生在知识、技能和素养的要求和可持续发展选取课程内容。再根据学生的认知特点、能力发展的规律与知识技能结构特点，以典型工作任务为载体将教学内容整合成若干个大单元，以工作过程为导向将每个大单元再设计成若干个递进式与并列式相结合的模块。通过大概念或大任务的引领整合包括建立业务关系、询盘、报盘、还盘、商务合同与订单、包装、保险、装运、支付、索赔与理赔等信函写作的理论与实践，实现教学做一体，使学生能深刻理解知识、能综合运用技术技能，具备外贸业务员岗位的相关要求。

建议本课程课时为 180 课时。

三、课程目标

通过在外贸商函实训室的仿真操作和外贸企业的全真操作，国际经济与贸易专业的学生能熟练掌握外贸业务交易磋商环节和合同签订中所涉及的各类商函撰写，掌握通过往来商函与客户进行业务磋商等操作能力，养成认真严谨的品德和良好的服务意识、贸易强国的责任担当和使命意识、精益求精的工匠精神和善于团队合作的工作品质，为今后从事外贸业务员岗位工作和其他外贸岗位工作奠定扎实基础。

具体职业能力目标包括：

- 能掌握外贸业务交易磋商和合同签订相关的英语词汇、短语、套语和句型。
- 能阅读、理解、撰写外贸业务交易磋商和合同签订所涉及的商务英语信函。
- 能针对信函内容分析客户真实意愿并撰写回复信函。
- 能运用商务谈判技巧通过往来信函与客户就品质、数量、价格、包装、保险、运输、支付、索赔与理赔等条款进行磋商。
- 能拟定进出口贸易合同主要条款，并依据规范文本和法律要求缮制并签订进出口合同。

四、课程结构

（一）课程模块

"外贸商函"课程由 10 个大单元构成，包括建立业务关系、询盘、报盘、还盘、商务合同与订单、包装、保险、装运、支付、索赔与理赔。每个大单元下又设置了若干个模块。

（二）课时安排

"外贸商函"课程共计 180 课时、10 学分。建议课时安排如下：

序号	学习任务		建议课时数
	单元	模块	
1	建立业务关系	发送建立业务关系信函	22
		回复建立业务关系信函	
		调查客户资信	
2	询盘	整理询盘信息	16
		发送询盘信函	

续表

序号	学习任务 单元	学习任务 模块	建议课时数
3	报盘	整理报盘信息	16
		发送报盘信函	
4	还盘	整理还盘信息	16
		回复还盘信函	
5	商务合同与订单	接受订单	22
		签订合同	
		接受或拒绝续订单	
6	包装	发出包装要求	14
		回复包装要求	
7	保险	整理保险信息	16
		办理保险	
8	装运	催促装运	20
		修改装运条款	
		发送装运通知	
9	支付	探讨支付方式	22
		修改支付方式	
		信用证支付	
10	索赔与理赔	索赔	16
		理赔	
	合计		180

五、课程内容与学习要求

序号	学习任务（单元）	知识、技能点	学习要求
1	建立业务关系	【知识点】 • 建立业务关系信函的结构 • 建立业务关系的专业词汇和句型 • 常见获取客户信息渠道的陈述方式 • 常见介绍公司情况的陈述方式 【技能点】 • 能正确陈述获取信息的途径 • 能结合自身商务特点介绍本公司的情况 • 能主动致函要求建立业务关系 • 能回复要求建立业务关系的信函	• 能根据外贸业务实际情况，熟练陈述获取客户信息的途径 • 能结合自身商务特点，详细介绍本公司的情况 • 能撰写建立业务关系的信函 • 能回复建立业务关系的信函

续表

序号	学习任务（单元）	知识、技能点	学习要求
2	询盘	【知识点】 • 询盘信函的结构 • 询盘的专业词汇和句型 • 介绍公司主营业务常见的陈述方式 • 主要交易条件的陈述方式 【技能点】 • 能正确介绍公司的主营业务 • 能正确表述所涉及的主要交易条件 • 能正确解读询盘信函的内容 • 能撰写询盘信函	• 能正确介绍公司的主营业务 • 能合理询问价格并正确表述所涉及的主要交易条件 • 能正确解读询盘信函的内容 • 能撰写询盘信函
3	报盘	【知识点】 • 报盘信函的结构 • 报盘的专业词汇和句型 • 回复买方交易要求常用的陈述方式 【技能点】 • 能恰当回复买方的交易条件 • 能正确解读报盘信函的内容 • 能撰写报盘信函	• 能恰当回复买方的交易条件，进行正确报价 • 能正确解读报盘信函的内容 • 能应对客户询盘，撰写报盘信函
4	还盘	【知识点】 • 还盘信函的结构 • 还盘的专业词汇和句型 • 还盘的基本原则 【技能点】 • 能正确表述还盘信函中所涉及的主要交易条件 • 能正确解读还盘信函的内容 • 能根据还盘原则正确撰写还盘信函	• 能正确表述还盘信函中所涉及的主要交易条件 • 能正确解读还盘信函的内容并合理还盘 • 能根据还盘原则正确撰写还盘信函并应对客户还盘
5	商务合同与订单	【知识点】 • 下单订购信函的结构 • 下单订购的专业词汇和句型 • 下单订购所涉及的主要交易条件的陈述方式 【技能点】 • 能正确解读订单和合同 • 能正确表述下单订购信函中所涉及的主要交易条件 • 能撰写下单订购的信函	• 能正确解读订单和合同 • 能正确表述下单订购信函中所涉及的主要交易条件 • 能撰写下单订购的信函

续表

序号	学习任务（单元）	知识、技能点	学习要求
6	包装	【知识点】 • 包装信函的结构 • 包装信函的专业词汇和句型 • 常见的包装类型及写法 • 运输标志（唛头）的写法 【技能点】 • 能根据货物特点正确选择合适的包装 • 能正确书写运输标志（唛头） • 能正确书写包装要求的信函及回复函	• 能根据货物特点正确选择合适的包装 • 能正确书写运输标志（唛头） • 能正确书写包装要求的信函 • 能根据买方包装要求合理回复
7	保险	【知识点】 • 保险信函的结构 • 保险信函的专业词汇和句型 • 常见的保险种类和条款 • 常见的保险公司 • 客户对保险类别增加、变更的陈述方式 【技能点】 • 能正确认知各种常见保险的英文书写 • 能合理应对客户的保险要求并正确表述 • 能正确书写投保信函 • 能正确书写保险类别增加、变更等信函	• 根据实际情况选择适合的保险条款 • 能正确解读保险单和投保单 • 能从买卖双方两个角度出发应对客户对保险种类的变更及额外保险要求 • 能正确书写投保信函 • 能正确书写保险类别增加、变更等信函
8	装运	【知识点】 • 运输信函的结构 • 运输信函的专业词汇和句型 • 常见的运输方式 • 运输中催运、转运、延运的内容 【技能点】 • 能恰当处理客户对运输的要求并正确表述 • 能正确书写催运、转运、分批装运或延运等运输信函	• 能根据实际贸易流程催促运输 • 能应客户要求更改运输方式 • 能选择最恰当的运输工具 • 能撰写催运、转运、分批装运或延运的信函
9	支付	【知识点】 • 支付方式信函的结构 • 常见的三种支付方式、当事人及其相关英文表达 【技能点】 • 能选择最佳的支付方式 • 能回复客户要求更改支付方式的请求 • 能正确书写信用证的催证函 • 能正确书写信用证的修改函	• 能根据实际情况选择适合的支付方式 • 能正确应对方要求修改或变更支付方式 • 能正确书写信用证的催证函 • 能正确书写信用证的修改函

续表

序号	学习任务（单元）	知识、技能点	学习要求
10	索赔与理赔	【知识点】 • 索赔、理赔信函的结构 • 索赔、理赔过程中常见的专业词汇和句型 • 常见的索赔原因 • 拒赔的陈述方式 【技能点】 • 能恰当应对客户的索赔要求，正确书写索赔信函 • 能结合实际进行拒赔，并能书写相关的信函 • 能正确书写理赔信函	• 能合理索赔，撰写索赔信函 • 能合理拒赔，撰写拒赔信函 • 能正确书写理赔信函

六、课程实施

（一）教学方法

（1）在教学过程中，多采取以学习者为中心的教学模式，创新大单元教学、模块化教学、任务驱动教学、案例教学等，运用外贸商函等软件完成任务，在注重培养学生职业能力的同时，培养学生贸易强国的责任担当和使命意识、精益求精的工匠精神和善于团队合作的工作品质。

（2）在教学过程中，可根据不同单元与模块的教学需要合理安排师资，组建外贸商函教学团队，分工协作实施模块化教学。

（3）在教学过程中，要注意技能习得规律性与技能训练连续性，充分利用数字化资源与线上学习平台，做好课堂教学与课后练习的衔接、线上与线下的混合式学习，帮助学生熟能生巧，从新生进阶到熟手。

（二）教学评价

合理设计评价目标，开展多元评价，采用线上与线下考核相结合、阶段性与终结性评价相结合方式，探索增值评价。

（1）评价目标合理。评价目标包括学生的职业能力、通用能力、社会能力与发展能力。在评价学生外贸商函撰写能力的同时，评价学生的沟通与合作意识，法律、社会及人文素养以及跨文化思维和创新思维。

（2）坚持多元评价。教学评价方式多元化，任课教师、教学团队、学生同伴、企业专家、网络平台等都可以参与教学评价，以多元评价方式引导学生形成个性化学习方式。

（3）突出阶段性评价。教学效果的评价要突出阶段性，阶段性评价要与阶段性学习成果与目标设计相吻合，体现技能习得规律与职业能力成长逻辑，促进学生逐步达成课程学习目标。

（三）教材编写与使用

（1）依据本课程标准编写教材。

（2）编写教材时，应打破以知识体系为线索的传统编写模式，采用以外贸业务员工作过程为线索，体现工学结合、任务驱动、项目导向的新形态一体化项目教材编写模式。

（3）教材内容应凸显实践性、应用性，以外贸业务流程中进出口合同磋商典型工作任务的工作过程为逻辑，强调教学内容与外贸业务员岗位的吻合；要体现基础性、层次性，以能力形成规律和学习的认知规律为线索，确保教学内容中高职衔接。

（4）教材体例设计为单元＋模块的形式。首先以典型工作任务为载体将教学内容整合成若干个大单元；其次以工作过程为导向在每个大单元中设置若干个递进式与并列式相结合的模块，将岗位学习任务贯穿起来；最后以"以学习者为中心"设计模块中的学习情境、学习活动、学习成果、学习评价等内容，确保活动具体、可操作。

（5）教材的文字表述既要体现专业标准与规范，又要简明通顺、浅显易懂、生动有趣，使学生易学、易懂、易接受。内容展示应图文并茂，多采用与真实工作过程一致的图片，引人入胜。

（6）编写教材时，可根据中高职一体化课程衔接与外贸业务员岗位能力发展，延伸和拓展学习内容，增设课程内容的选学模块，提高学生外贸商函专项技能水平。

（四）资源利用

（1）为活页式教材的使用配套数字化资源及其他教学资料，共同构建本课程的教学资源池。数字化资源主要包括多媒体课件、微课视频、测试题等，其他教学资料主要包括电子书籍、电子期刊、电子图书馆等网络资料。

（2）以纸质教材为核心，通过二维码、微视频、网页链接等移动互联网技术，将在线资源与纸质教材相融合，使教材内容更加丰富生动、灵活动态，为学生提供增值服务。

（3）借助学校自身的教学资源平台和校企合作，及时分析并掌握学生的学习情况，关注学生职业能力发展，充分利用配套资源对教学过程、活页式教材进行调整。

（五）其他说明

对以上不能涵盖的内容做必要的说明。

"国际商法"课程标准

一、课程名称与适用专业

课程名称：国际商法

适用专业：国际经济与贸易专业

适用学段：中职学段

二、课程性质与设计思路

(一) 课程性质

"国际商法"是国际经济与贸易专业的一门专业核心课程。本课程主要培养具有较强职业能力、专业知识和良好职业素质的外经贸从业人员。通过本课程的学习，学生能掌握国际商务法律规则和原理，能初步分析并处理外经贸岗位中关于国际商事组织、商事合同、运输与保险、产品责任和知识产权等基本涉外法律问题。本课程的铺垫课程是"国际贸易基础""国际商务礼仪""进出口业务操作""国际汇兑与结算"，后续课程是"跨境电商 B2B 运营""跨境电商 B2B 销售"等。

(二) 设计思路

本课程标准依据浙江省国际经济与贸易专业中高职一体化课改指导手册和专业教学标准进行制定。课程的设计思路是以国际经济与贸易专业外经贸从业人员岗位的工作任务及职业能力分析为依据，紧紧围绕中职阶段的职业能力要求确定课程目标；紧紧围绕完成工作任务的需要，考虑学生在知识、技能和素养的要求和可持续发展选取课程内容。再根据学生的认知特点、能力发展的规律与知识技能结构特点，以典型工作任务为载体将教学内容整合成若干个大单元，以工作过程为导向将每个大单元再设计成若干个递进式与并列式相结合的模块。通过大概念或大任务的引领整合包括初识国际商法、认知国际商事组织法、解析合同法律制度、解读国际货物运输与保险法、解读知识产权法、熟悉产品责任法、解决国际商事争议等理论与实践，实现教学做一体，使学生能深刻理解知识、能综合运用技术技能，具备外经贸从业人员岗位的相关要求。

建议本课程课时为 108 课时。

三、课程目标

通过以任务为引领组织课程教学和在外贸企业的实际操作,国际经济与贸易专业的学生能熟练掌握有关国际商事法律基础知识,掌握能在工作实践中合理应用法律处理各类商务事项等操作能力,养成较强的法律思维、精益求精的工匠精神和善于团队合作的工作品质,为今后从事外贸岗位工作奠定扎实基础。

具体职业能力目标包括:

- 能对基本的外贸业务案例进行法律分析。
- 能规范签订经济合同并正确分析合同纠纷的起因及解决方法。
- 能通过明晰市场权责关系,应对国际贸易不同阶段各商事主体可能面临的主要问题。
- 能运用公约以及行业惯例解决常见的贸易纠纷。
- 能从国际商法的层面分析外贸业务进展的趋势走向,做出符合发展形势的准确判断。

四、课程结构

(一)课程模块

"国际商法"课程由 7 个大单元构成,包括初识国际商法、认知国际商事组织法、解析合同法律制度、解读国际货物运输与保险法、解读知识产权法、熟悉产品责任法、解决国际商事争议。每个大单元下又设置了若干个模块。

(二)课时安排

"国际商法"课程共计 108 课时、6 学分。建议课时安排如下:

序号	学习任务 单元	学习任务 模块	建议课时数
1	初识国际商法	初识国际商法内涵 初识世界两大主要法系 初识中国涉外商法	8
2	认知国际商事组织法	认知公司法 认知其他商事组织法	12
3	解析合同法律制度	解析合同法 解析国际货物买卖法	20
4	解读国际货物运输与保险法	解读国际货物运输法 解读国际货物保险法	20

续表

序号	学习任务 单元	学习任务 模块	建议课时数
5	解读知识产权法	解读商标法 解读专利法 解读著作权法	22
6	熟悉产品责任法	认识产品责任法 熟悉部分国家的产品责任立法 熟悉产品责任的国际立法 熟悉我国的产品责任法	14
7	解决国际商事争议	解析国际商事仲裁 解析国际商事诉讼	12
	合计		108

五、课程内容与学习要求

序号	学习任务（单元）	知识、技能点	学习要求
1	初识国际商法	【知识点】 ● 国际商法的基本内容 ● 世界两大主要法系的特点和区别 ● 中国涉外商法的主要内容 【技能点】 ● 分析大陆法系与英美法系的区别 ● 分析我国商法的特点	● 能识别不同法系国家法律的特点 ● 能根据不同情况选择适用的法律规则
2	认知国际商事组织法	【知识点】 ● 商事组织的法律形式 ● 公司的特征 ● 公司的设立、组织、经营 ● 个人企业与合伙企业的特征 ● 个人企业与合伙企业的设立、组织、经营 【技能点】 ● 区分各种商事组织 ● 识别各种商事组织的投资人、合伙人、股东的责任 ● 识别各种商事组织的内部管理机构	● 能根据公司、个人企业、合伙企业的特点选择适合自身发展的法律组织形式 ● 能清晰地区分各种商事组织的投资人、合伙人、股东的责任和内部管理机构

续表

序号	学习任务（单元）	知识、技能点	学习要求
3	解析合同法律制度	【知识点】 • 合同的法律特征和分类 • 合同的成立条件 • 合同的变更以及权利义务的转让 • 合同的权利义务的终止 • 《联合国国际货物销售合同公约》关于买卖双方义务的规定 • 《联合国国际货物销售合同公约》关于违约救济的规定 • 货物所有权和风险的转移 【技能点】 • 区分合同的种类 • 识别有效合同和无效合同 • 处置合同订立、履行、履行完毕出现的各种情况 • 应用违约救济、货物所有权和风险转移理论	• 能根据实际情况初步起草合同文本 • 能正确处置合同订立、履行、履行完毕出现的各种情况，保护本方的合理权益 • 能根据《联合国国际货物销售合同公约》规定正确处理国际货物买卖出现的合同履行及违约等问题
4	解读国际货物运输与保险法	【知识点】 • 国际海上货物运输的类型和有关提单的国际公约 • 国际海上货物运输过程中当事人的权利义务以及违约的处理 • 国际铁路货物运输、航空运输、多式联运过程中当事人的权利义务以及违约的处理 • 国际货物运输保险合同的种类 • 国际海上货物运输保险的险种和内容 【技能点】 • 签订运输合同和保险合同 • 处理国际货物运输的违约问题 • 运用保险合同进行风险索赔	• 能根据货物性质和贸易具体情况签订合适的运输合同和保险合同 • 能根据运输合同规定，处理相关违约问题 • 能根据保险合同和货物损失情况，区分风险责任并进行合理索赔
5	解读知识产权法	【知识点】 • 知识产权的概念和特征 • 商标权、专利权、著作权保护的对象 • 商标权、专利权、著作权取得的方式 • 知识产权的国际保护 【技能点】 • 区分商标权、专利权、著作权 • 判断商标权、专利权、著作权保护的对象 • 选择知识产权保护方式	• 能根据实际情况正确选择知识产权的保护方式 • 能正确应用知识产权法律知识选择知识产权保护策略

续表

序号	学习任务（单元）	知识、技能点	学习要求
6	熟悉产品责任法	【知识点】 • 产品缺陷以及产品责任成立的条件 • 主要国家对产品责任立法的规定 • 产品责任的国际立法的规定 • 我国产品责任立法的规定 【技能点】 • 判断产品缺陷和识别产品责任 • 处理产品缺陷的各项事宜	• 根据产品具体缺陷情况依据各国规定或者国际立法确定产品责任 • 根据产品责任相关法规的规定正确处理由于产品缺陷出现的各种事项
7	解决国际商事争议	【知识点】 • 商事仲裁机构、仲裁程序和特点 • 仲裁协议种类和特点 • 国际商事诉讼法 • 诉讼管辖权和国际司法协助 【技能点】 • 区分商事仲裁和商事诉讼 • 应用商事仲裁和商事诉讼	• 能根据不同的商事争议选择争议解决方式 • 能根据仲裁和诉讼法规规定正确处理各类争议事项

六、课程实施

（一）教学方法

（1）在教学过程中，多采取以学习者为中心的教学模式，创新大单元教学、模块化教学、任务驱动教学、案例教学等，运用模拟法庭等教学组织形式创设情境，在注重培养学生职业能力的同时，培养学生较强的法律思维、精益求精的工匠精神和善于团队合作的工作品质。

（2）在教学过程中，可根据不同单元与模块的教学需要合理安排师资，组建国际商法教学团队，分工协作实施模块化教学。

（3）在教学过程中，要注意技能习得规律性与技能训练连续性，充分利用数字化资源与线上学习平台，做好课堂教学与课后练习的衔接、线上与线下的混合式学习，帮助学生熟能生巧，从新生进阶到熟手。

（二）教学评价

合理设计评价目标，开展多元评价，采用线上与线下考核相结合、阶段性与终结性评价相结合方式，探索增值评价。

（1）评价目标合理。评价目标包括学生的职业能力、通用能力、社会能力与发展能力。在评价学生国际商务法律应用能力的同时，评价学生的审美、沟通与合作意识，法律、社会及人文素养以及营销思维和创新思维。

（2）坚持多元评价。教学评价方式多元化，任课教师、教学团队、学生同伴、企业专家、网络平台等都可以参与教学评价，以多元评价方式引导学生形成个性化学习方式。

（3）突出阶段性评价。教学效果的评价要突出阶段性，阶段性评价要与阶段性学习成果与目标设计相吻合，体现技能习得规律与职业能力成长逻辑，促进学生逐步达成课程学习目标。

（三）教材编写与使用

（1）依据本课程标准编写教材。

（2）编写教材时，应打破以知识体系为线索的传统编写模式，采用以合同签订、履行和纠纷处理的基本过程为主线，紧密结合业务操作环节展开，体现工学结合、任务驱动、项目导向的新形态一体化项目教材编写模式。

（3）教材内容应凸显实践性、应用性，以国际商务活动中典型工作任务的工作过程为逻辑，强调教学内容与工作实践的吻合；要体现基础性、层次性，以能力形成规律和学习的认知规律为线索，确保教学内容中高职衔接。

（4）教材体例设计为单元＋模块的形式。首先以典型工作任务为载体将教学内容整合成若干个大单元；其次以工作过程为导向在每个大单元中设置若干个递进式与并列式相结合的模块，将岗位学习任务贯穿起来；最后以"以学习者为中心"设计模块中的学习情境、学习活动、学习成果、学习评价等内容，确保活动具体、可操作。

（5）教材的文字表述既要体现专业标准与规范，又要简明通顺、浅显易懂、生动有趣，使学生易学、易懂、易接受。内容展示应图文并茂，多采用与真实工作过程一致的图片，引人入胜。

（6）编写教材时，可根据中高职一体化课程衔接与外贸业务员岗位能力发展，延伸和拓展学习内容，增设课程内容的选学模块，提高国际商务法律应用的专项技能水平。

（四）资源利用

（1）为活页式教材的使用配套数字化资源及其他教学资料，共同构建本课程的教学资源池。数字化资源主要包括多媒体课件、微课视频、测试题等，其他教学资料主要包括电子书籍、电子期刊、电子图书馆等网络资料。

（2）以纸质教材为核心，通过二维码、微视频、网页链接等移动互联网技术，将在线资源与纸质教材相融合，使教材内容更加丰富生动、灵活动态，为学生提供增值服务。

（3）借助学校自身的教学资源平台和校企合作，及时分析并掌握学生的学习情况，关注学生职业能力发展，充分利用配套资源对教学过程、活页式教材进行调整。

(五) 其他说明

对以上不能涵盖的内容做必要的说明。

"国际商务礼仪"课程标准

一、课程名称与适用专业

课程名称： 国际商务礼仪
适用专业： 国际经济与贸易专业
适用学段： 中职学段

二、课程性质与设计思路

(一) 课程性质

"国际商务礼仪"是国际经济与贸易专业的一门专业核心课程。本课程主要培养具有较强协调接待能力、良好职业素质和职业形象的外贸业务员。通过本课程的学习，学生能设计符合商务活动要求的个人商务形象，能举止规范地出席各种商务场合，能规范使用电话、传真、社交软件、信函、邮件等进行商务交往，能制订接待计划和迎接客户，能按照礼仪要求安排各种不同场合的位次，能组织商务会议和商务谈判，能符合礼仪标准地参加各种类型的商务展览会、商务会议和商务宴请，能拜访客户并根据需要选择和馈赠礼品。本课程是国际经济与贸易专业学生学习的一门专业核心课程，将为后续的课程学习奠定基础，后续课程是"进出口业务操作""外贸商函""跨境电商 B2B 销售"等。

(二) 设计思路

本课程标准依据浙江省国际经济与贸易专业中高职一体化课改指导手册和专业教学标准进行制定。课程的设计思路是以国际经济与贸易专业外贸业务员岗位的工作任务及职业能力分析为依据，紧紧围绕中职阶段的职业能力要求确定课程目标；紧紧围绕完成工作任务的需要，考虑学生在知识、技能和素养的要求和可持续发展选取课程内容。再根据学生的认知特点、能力发展的规律与知识技能结构特点，以典型工作任务为载体将教学内容整合成若干个大单元，以工作过程为导向将每个大单元再设计成若干个递进式与并列式相结合的模块。通过大概念或大任务的引领整合包括设计个人商务形象、规范行为举止、安排商务接待和宴请、拜访客户、举办商务谈判和会议、参加商务展览会等商务礼仪理论与实践，实现教学做一体，使学生能深刻理解知识、能综合运用技术技能，具备外贸业务员岗位的相关礼仪要求，为后续专业知识的衔接与递进学习打下良好的基础。

建议本课程课时为144课时。

三、课程目标

通过在校内商务礼仪实训室的实训，国际经济与贸易专业的学生能使个人形象符合商务工作要求，熟悉电话、传真、社交软件、信函、邮件等商务沟通手段，掌握与客户进行礼貌的商务沟通，制订接待计划和迎接客户，安排不同商务场合的位次、座次，组织商务会议和商务谈判，符合礼仪标准地参加各种类型的商务展览会、商务会议和商务宴请，拜访客户并根据需要选择和馈赠礼品等实际操作能力，养成优雅得体的行为举止、贸易强国的责任担当和使命意识、踏实肯干的工作作风、精益求精的工匠精神及善于沟通和团队合作的工作品质，为今后从事外贸业务员岗位工作和其他外贸岗位工作奠定扎实基础。

具体职业能力目标包括：

- 能根据不同商务场合选择适合的服饰及配件，设计个人商务形象，行为举止优雅、规范。
- 能熟练运用各种商务沟通手段，与客户进行礼貌、有效的沟通。
- 能礼貌称呼客户，与客户握手、拥抱，礼貌分发和接受名片。
- 能根据来访客户身份确定接待规格，制订接待计划，上报接待预算，落实接待方案。
- 能根据位次安排规则，安排不同商务场合的座次和位次。
- 能根据会议主题确定会议规模和规格，制定会议预算及会议方案，安排会议议程。
- 能准备好签字文本，完成签字场地布置，举办签字仪式。
- 能正确使用中西餐具，按礼仪规范食用中西餐中的各种食物，根据酒水选择不同的酒杯，并采用恰当的品酒方式。
- 能根据商务拜访对象选择合适的礼品，在合适的时间和地点完成礼品馈赠。

四、课程结构

（一）课程模块

"国际商务礼仪"课程由11个大单元构成，包括设计商务形象、规范商务举止、规范商务联通、参加商务展览会、安排商务接待、安排位次排列、举办商务会议、举行商务谈判、商务宴请、商务拜访、拓展国外礼仪习俗。每个大单元下又设置了若干个模块。

(二) 课时安排

"国际商务礼仪"课程共计144课时、8学分。建议课时安排如下：

序号	学习任务 单元	学习任务 模块	建议课时数
1	设计商务形象	设计男士商务形象	16
		设计女士商务形象	
		设计男士商务仪容	
		设计女士商务仪容	
2	规范商务举止	规范表情	24
		规范坐姿	
		规范站姿	
		规范走姿	
		规范蹲姿	
		规范手势	
3	规范商务联通	规范固定电话使用	12
		规范手机使用	
		规范商务传真使用	
		规范社交软件使用	
		规范商务邮件使用	
		规范商务信函书写	
4	参加商务展览会	准备商务展览会	14
		参加商务展览会	
5	安排商务接待	制订接待计划	12
		迎接客户	
6	安排位次排列	安排宴会的桌次与座次	12
		安排行进中的位次	
		安排乘车的座次	
7	举办商务会议	准备商务会议	12
		参加商务会议	
8	举行商务谈判	准备商务谈判	10
		参加商务谈判	
		签署合约	
9	商务宴请	中式商务宴请	16
		西式商务宴请	
		举办酒会	
10	商务拜访	准备商务拜访	10
		实施商务拜访和商务馈赠	
11	拓展国外礼仪习俗	拓展亚洲主要国家的礼仪习俗	6
		拓展欧洲主要国家的礼仪习俗	
		拓展美洲主要国家的礼仪习俗	
	合计		144

五、课程内容与学习要求

序号	学习任务（单元）	知识、技能点	学习要求
1	设计商务形象	【知识点】 • 商务男士西装、衬衫穿着规范 • 商务男士配件的搭配规范 • 商务男士仪容仪表要求 • 商务女士套装、衬衫穿着规范 • 商务女士配件的搭配规范 • 商务女士仪容仪表要求 【技能点】 • 选择商务服饰及配件 • 系打领带 • 盘发 • 选择并完成商务淡妆	• 能理解商务着装要求，根据不同的商务场合选择适当的服饰及配件搭配 • 能理解商务仪容要求，根据不同的商务场合进行适当的商务仪容设计 • 男生能根据西装选择搭配并系好领带 • 女生能根据商务场合选择并独立完成合适的职业淡妆 • 女生能按照商务要求进行盘发
2	规范商务举止	【知识点】 • 商务微笑规范 • 商务坐姿基本要求 • 商务站姿基本要求 • 商务走姿基本要求 • 商务蹲姿基本要求 • 商务手势动作规范 【技能点】 • 实施规范的商务微笑 • 实施规范的坐、站、走、蹲 • 实施规范的商务手势	• 能够真诚、自然地微笑 • 能根据工作需要采用合乎商务规范的坐姿、站姿、走姿及蹲姿 • 能根据不同商务场合采取恰当的商务手势
3	规范商务联通	【知识点】 • 商务电话使用规范 • 手机使用规范 • 商务传真使用规范 • 社交软件使用规范 • 商务邮件使用规范 • 商务信函使用规范 【技能点】 • 记录和整理通话内容 • 规范书写传真内容，并能正确登记和存档 • 书写邮件主题和内容 • 审核邮件、发送邮件和及时回复邮件 • 书写商务信函	• 能规范地与客户进行有效的商务沟通 • 能根据通话内容，及时记录和整理通话规范 • 能根据传真使用规范，书写传真内容，并正确登记和存档 • 能根据社交软件的使用规范与客户进行有效的商务沟通 • 能根据商务邮件书写要求书写邮件主题和内容，并审核邮件 • 能发送邮件、查收邮件、及时回复邮件 • 能按照商务信函书写要求书写商务信函

续表

序号	学习任务（单元）	知识、技能点	学习要求
4	参加商务展览会	【知识点】 • 商务展览会准备事项 • 商务展览会规范 • 称呼和问候规范 • 握手礼仪规范 • 名片使用规范 • 自我介绍规范 【技能点】 • 安排商务展览会前准备工作 • 礼貌称呼和问候 • 礼貌握手 • 设计名片 • 传递和接受名片 • 做自我介绍	• 能根据不同类型商务展览会做好准备工作 • 能根据商务礼仪称谓的要求礼貌地称呼客户，并进行问候 • 能根据握手顺序和握手礼仪的要求实施握手 • 能设计名片，并按礼仪要求分发和接受名片 • 能够根据自我介绍的规范进行合适的自我介绍
5	安排商务接待	【知识点】 • 接待规格原则 • 接待计划内容 • 迎接牌内容 • 介绍他人规范 • 拥抱礼规范 【技能点】 • 确定接待规格 • 制订接待计划 • 上报接待预算 • 落实接待方案 • 设计和准备迎接牌 • 介绍他人 • 实施拥抱礼	• 理解商务接待规格的具体要求 • 能根据来访客户身份确定接待规格，并制订接待计划具体要求 • 能根据接待计划落实接待方案，上报接待预算 • 能根据迎接牌内容要求，简单设计迎接牌 • 能根据礼仪顺序要求介绍他人 • 能根据拥抱礼的要求实施拥抱礼
6	安排位次排列	【知识点】 • 一般座次安排规则 • 陪同行进位次和礼仪规范 • 不同交通工具的座次安排规则 • 陪同乘坐交通工具礼仪规范 【技能点】 • 安排不同商务场所的座次 • 安排乘坐电梯位次 • 安排陪同平地行进位次 • 安排陪同上下楼梯位次 • 安排不同交通工具的座次	• 理解不同商务场所的座次安排规则，并能根据规则安排不同商务场合的适当的座次 • 理解陪同过程的礼仪要求，并能在乘坐电梯、陪同行进和上下楼梯时安排合适的位次 • 理解不同交通工具的位次安排规则，能根据规则，考虑不同的车型和主客人员情况安排恰当的座次

续表

序号	学习任务（单元）	知识、技能点	学习要求
7	举办商务会议	【知识点】 • 商务会议一般流程 • 商务会议准备要点 • 会议预算 • 会议方案 • 会议座次安排 • 商务会议的礼仪规范 【技能点】 • 确定会议规模、规格 • 制定会议预算及方案 • 安排会议议程 • 下发会议通知 • 安排会议座次	• 熟悉商务会议一般流程，能根据会议主题确定会议规模和规格 • 能根据会议规模和规格制定会议预算及会议方案 • 能根据会议主题安排会议议程 • 能正确下发会议通知到相关人员 • 理解位次安排原则，能安排正确的会议座次
8	举行商务谈判	【知识点】 • 商务谈判准备事项 • 商务谈判接待方案 • 谈判座次安排原则 • 签字文本要求 • 签字场地布置要求 • 签字仪式礼仪规范 【技能点】 • 落实谈判地点 • 准备谈判方案 • 安排谈判座次 • 准备签字文本 • 布置签字场地 • 实施签字仪式	• 理解商务谈判准备的内容，并能做好相关准备工作 • 能够收集谈判者的相关信息，并制定谈判的接待方案 • 能根据座次安排原则合理安排谈判双方座次 • 能根据签字文本要求，准备好签字文本 • 能安排好签字仪式场地 • 能根据场地布置要求完成场地布置 • 能根据位次安排原则，安排签字仪式位次
9	商务宴请	【知识点】 • 中西餐就餐礼仪基本原则和禁忌 • 中西餐点菜、上菜顺序 • 中西餐餐具使用规范 • 中餐敬酒礼仪规范 • 喝咖啡礼仪规范 • 饮酒礼仪规范 • 自助式餐食取用原则和禁忌 【技能点】 • 按需求点菜 • 正确使用各类中西餐具、酒杯 • 按位次顺序敬酒 • 正确食用中西餐各种食物	• 能根据商务宴请规格和预算为宴请点菜 • 能理解中西餐就餐礼仪基本原则和禁忌，并正确使用中西餐具 • 能理解中餐敬酒礼仪规范，敬酒符合礼仪要求 • 能用按礼仪规范食用中西餐中的各种食物 • 能根据不同酒水选择不同的酒杯，并采用恰当的品酒方式 • 能根据礼仪要求饮用咖啡 • 能根据自助式餐食取用原则合理取食

续表

序号	学习任务（单元）	知识、技能点	学习要求
10	商务拜访	【知识点】 • 商务拜访前准备事项 • 商务拜访中的礼仪规范 • 商务拜访结束时的礼仪规范 • 礼品选择基本原则 • 礼品包装要求和方式 • 馈赠礼品的时间与地点选择基本原则 • 礼品递接与禁忌 【技能点】 • 落实商务拜访细节 • 选择礼品 • 包装礼品	• 能理解商务拜访前的准备工作，落实好商务拜访细节 • 能根据商务礼仪规范实施商务拜访 • 能根据不同的商务拜访对象选择合适的礼品 • 能根据礼品的包装要求，对不同类型礼品选择合适的包装方式 • 能选择合适的时间和地点，符合礼仪规范要求地馈赠礼品
11	拓展国外礼仪习俗	【知识点】 • 亚洲主要国家的礼仪习俗 • 欧洲主要国家的礼仪习俗 • 美洲主要国家的礼仪习俗 【技能点】 • 掌握主要客源国的风俗与禁忌	• 能理解客源国的风俗与禁忌，为商务拜访、商务接待做好前期准备

六、课程实施

（一）教学方法

（1）在教学过程中，多采取以学习者为中心的教学模式，创新大单元教学、模块化教学、任务驱动教学、案例教学等，注重引导学生的商业思维、服务理念，在注重培养学生职业能力的同时，强化优雅得体的行为举止，培养学生的商业思维和服务精神，拓展学生的发散性思维，强化学生贸易强国的责任担当和使命意识、精益求精的工匠精神和善于团队合作的工作品质。

（2）在教学过程中，可根据不同单元与模块的教学需要合理安排师资，组建国际商务礼仪教学团队，分工协作实施模块化教学。

（3）在教学过程中，要注意技能习得规律性与技能训练连续性，充分利用数字化资源与线上学习平台，做好课堂教学与课后练习的衔接、线上与线下的混合式学习，帮助学生熟能生巧，从新生进阶到熟手。

（二）教学评价

合理设计评价目标，开展多元评价，采用线上与线下考核相结合、阶段性与终结性评价相结合方式，探索增值评价。

（1）评价目标合理。评价目标包括学生的职业能力、通用能力、社会能力与发展能力。在评价学生商务礼仪相关执行能力的同时，评价学生的国际视野、沟通与合作意识、法律、社会及人文素养以及营销思维和服务意识。

（2）坚持多元评价。教学评价方式多元化，任课教师、教学团队、学生同伴、企业专家、网络平台等都可以参与教学评价，以多元评价方式引导学生形成个性化学习方式与国际经济与贸易专业观、职业观。

（3）突出阶段性评价。教学效果的评价要突出阶段性，阶段性评价要与阶段性学习成果与目标设计相吻合，体现技能习得规律与职业能力成长逻辑，促进学生逐步达成课程学习目标。

（三）教材编写与使用

（1）依据本课程标准编写教材。

（2）编写教材时，应打破以知识体系为线索的传统编写模式，应以行业专家对国际经济与贸易的工作任务和职业能力分析为依据，充分体现任务引领、实践导向课程设计思想，构建以任务引领、职业能力培养以及职业标准为依据的课程内容体系，并采用活页式的编写方式。

（3）教材内容应凸显实践性、应用性，以外贸业务员工作任务的工作过程为逻辑，强调教学内容与外贸业务员岗位的吻合；要体现基础性、层次性，以能力形成规律和学习的认知规律为线索，确保教学内容中高职衔接；要反映先进性、前瞻性，以场景化营造和新的设计理念为引领，拓展教学内容，触及新工具、打开新视界。

（4）教材体例设计为单元＋模块的形式。首先以典型工作任务为载体将教学内容整合成若干个大单元；其次以工作过程为导向在每个大单元中设置若干个递进式与并列式相结合的模块，将专业学习任务贯穿起来；最后以"以学习者为中心"设计模块中的学习情境、学习活动、学习成果、学习评价等内容，确保活动具体、可操作。

（5）教材的文字表述既要体现专业标准与规范，又要简明通顺、浅显易懂、生动有趣，使学生易学、易懂、易接受。内容展示应图文并茂，多采用与真实工作过程一致的图片，引人入胜，增加直观性，有利于学生理解内容。

（6）编写教材时，可根据中高职一体化课程衔接与外贸业务员岗位能力发展，延伸和拓展学习内容，增设课程内容的选学模块，提高学生国际商务礼仪专项技能水平。

（四）资源利用

（1）为活页式教材的使用配套数字化资源及其他教学资料，共同构建本课程的教学资源池。数字化资源主要包括多媒体课件、微课视频、测试题等，其他教学资料主要包括电子书籍、电子期刊、电子图书馆等网络资料。

（2）以纸质教材为核心，通过二维码、微视频、网页链接等移动互联网技术，将在线资源与纸质教材相融合，使教材内容更加丰富生动、灵活动态，为学生提供增值服务。

（3）借助学校自身的教学资源平台和校企合作，及时分析并掌握学生的学习情况，关注学生职业能力发展，充分利用配套资源对教学过程、活页式教材进行调整。

（五）其他说明

对以上不能涵盖的内容做必要的说明。

"进出口业务操作"课程标准

一、课程名称与适用专业

课程名称： 进出口业务操作
适用专业： 国际经济与贸易专业
适用学段： 中职学段

二、课程性质与设计思路

（一）课程性质

"进出口业务操作"是国际经济与贸易专业的一门专业核心课程。本课程主要培养具有较强职业能力、专业知识和良好职业素质的外贸业务员。通过本课程的学习，学生能完成进出口业务准备工作，能进行进出口合同磋商，履行进出口合同，对进出口业务进行善后处理。本课程的铺垫课程是"国际贸易基础""国际商务礼仪"，后续课程是"外贸跟单操作""外贸单证操作""国际商法"等。

（二）设计思路

本课程标准依据浙江省国际经济与贸易专业中高职一体化课改指导手册和专业教学标准进行制定。课程的设计思路是以国际经济与贸易专业外贸业务员岗位的工作任务及职业能力分析为依据，紧紧围绕中职阶段的职业能力要求确定课程目标；紧紧围绕完成工作任务的需要，考虑学生在知识、技能和素养的要求和可持续发展选取课程内容。再根据学生的认知特点、能力发展的规律与知识技能结构特点,以典型工作任务为载体将教学内容整合成若干个大单元,以工作过程为导向将每个大单元再设计成若干个递进式与并列式相结合的模块。通过大概念或大任务的引领整合包括进出口业务准备、进出口合同磋商、进出口合同履行、进出口业务完结等理论与实践,实现教学做一体,使学生能深刻理解知识、能综合运用技术技能,具备外贸业务员岗位的相关要求。

建议本课程课时为216课时。

三、课程目标

通过在外贸业务实训室的仿真操作和外贸企业的全真操作,国际经济与贸易专业的学生能熟练掌握进出口业务准备、磋商、履行和善后的能力,养成贸易强国的责任担当和使命意识、精益求精的工匠精神和善于团队合作的工作品质,为今后从事外贸业务员岗位工作和其他外贸岗位工作奠定扎实基础。

具体职业能力目标包括:

- 能准确计算进出口报价和还价。
- 能合理拟订进出口合同、国内购货合同、进口代理协议和国内销售合同。
- 能组织办理进出口商检和报关、安排出运或接货、制单结汇或申请开证等进出口履约操作。
- 能进行出口收汇、进口付汇和出口退税操作。
- 能处理争议与索赔等进出口业务善后。

四、课程结构

(一)课程模块

"进出口业务操作"课程由8个大单元构成,包括出口业务准备、出口合同磋商、出口合同履行、出口业务善后、进口业务准备、进口合同磋商、进口合同履行、进口业务善后。每个大单元下又设置了若干个模块。

(二)课时安排

"进出口业务操作"课程共计216课时、12学分。建议课时安排如下:

序号	学习任务		建议课时数
	单元	模块	
1	出口业务准备	熟悉产品和出口市场	12
		寻找进口客户	

续表

序号	学习任务		建议课时数
	单元	模块	
2	出口合同磋商	交易磋商与合同签订	80
		品质、数量、包装条款磋商	
		价格条款磋商	
		运输条款磋商	
		保险条款磋商	
		支付条款磋商	
		出口报价和还价核算	
3	出口合同履行	生产备货	36
		落实信用证	
		安排出运	
		制作单证	
4	出口业务善后	出口收汇	12
		出口核销和退税	
5	进口业务准备	熟悉进口市场	12
		寻找客户	
6	进口合同磋商	进口价格核算	24
		进口合同的磋商和签订	
7	进口合同履行	签订进口代理协议	20
		办理进口批文和申请开证	
		进口检验与报关	
		进口付汇	
8	进口业务善后	争议处理	20
		索赔操作	
	合计		216

五、课程内容与学习要求

序号	学习任务（单元）	知识、技能点	学习要求
1	出口业务准备	【知识点】 • 熟悉产品的渠道 • 出口市场调研的内容与步骤 • 寻找国外客户的方法 【技能点】 • 熟悉和选择出口产品 • 调研出口市场 • 寻找国外客户	• 能通过网络获取与产品相关的原材料知识、性能和价格 • 熟悉国内外市场的法律法规、市场需求，对市场趋势有基本的分析和判断 • 能通过国内外展会、实地拜访、第三方平台、搜索引擎等途径开发国外客户

续表

序号	学习任务（单元）	知识、技能点	学习要求
2	出口合同磋商	【知识点】 • 交易磋商的各个环节 • 《中华人民共和国民法典》合同编的相关规定 • 品质、数量、价格、包装、价格、运输、包装、支付等条款的法规规定、磋商技巧和注意事项 • 出口价格的构成和计算方法 【技能点】 • 熟悉和选择出口产品 • 拟定品质、数量、价格、包装、价格、运输、包装、支付等合同条款 • 核算出口报价并还价	• 能通过往来邮件进行询盘、发盘、还盘、接受等操作，并判断相关交易条件 • 能与客户对品质、数量、价格、包装、运输、支付等条款进行磋商 • 能根据磋商内容，正确订立合同条款 • 能根据产品成本、费用、汇率、出口退税率等进行出口报价并还价
3	出口合同履行	【知识点】 • 内贸合同条款 • 备货和报检工作的具体内容和注意事项 • 信用证业务的基本特点 • 货物托运、保险和出口报关的基本环节 • 制作单据的方法和注意事项 • 结汇的方式 【技能点】 • 签订内贸合同 • 跟踪货物生产情况 • 处理商品检验 • 催证、审证和改证 • 办理托运、报关、投保 • 制作和处理外贸单证	• 能将外销合同正确转化为内贸合同 • 能根据外销合同和内贸合同的规定跟踪货物生产情况并处理商品检验和检疫 • 能根据贸易合同约定催开信用证、审核信用证和修改信用证 • 能根据运输要求选择合适的货代并完成出口订舱工作 • 能根据业务实际完成出口报关和投保工作 • 能根据合同和信用证等文件制作商业发票、汇票、海运提单、装箱单和保险单等单证
4	出口业务善后	【知识点】 • 信用证项下不符点单据处理技巧 • 不同支付方式下的收汇方式 • 出口核销方式和操作步骤 • 出口退税操作步骤和注意事项 【技能点】 • 处理信用证项下不符点单据 • 办理不同支付方式下的收汇 • 办理出口核销手续 • 办理出口退税手续	• 能在信用证项下正确处理不符点单证事宜 • 能根据合同或者信用证处理 T/T、托收或信用证项下的收汇 • 能办理出口核销和出口退税手续

续表

序号	学习任务（单元）	知识、技能点	学习要求
5	进口业务准备	【知识点】 • 进口市场调研的内容和方法 • 寻找国外供应商和国内供应商的渠道和方式 【技能点】 • 调研进口市场 • 寻找国外供应商和国内供应商 • 建立国内外业务关系	• 能通过网络、商业行业协会、咨询机构等渠道寻找国外供应商 • 能通过资格审查、实地考察等与国外供应商建立业务关系 • 能寻找国内销售商并建立国内业务关系
6	进口合同磋商	【知识点】 • 进口价格的构成和计算方法 • 进口合同签订注意事项 【技能点】 • 核算进口成本 • 签订进口合同	• 能准确核算进口成本 • 能根据磋商结果正确签订进口合同
7	进口合同履行	【知识点】 • 进口代理协议的内容 • 我国的进口管理政策 • 进口批文种类和办理程序 • 申请开证的程序和注意事项 • 进口报检和报关的程序 • 不同支付方式下的付汇程序 【技能点】 • 签订进口代理协议 • 办理进口许可证等进口批文 • 填写开证申请书，办理开证手续 • 办理进口报检和报关 • 办理进口付汇手续	• 能接受用户委托签订进口代理协议 • 能按照规定流程办理进口批文 • 能根据合同填写开证申请书，并办理开证手续 • 能办理进口报检和报关 • 能办理汇付、托收和信用证项下的付汇手续
8	进口业务善后	【知识点】 • 违约的条件 • 违约救济方式 • 索赔的法律规定 • 索赔的对象 【技能点】 • 识别违约责任 • 向有关责任人索赔	• 能根据客户与供应商等信息妥善处理进出口业务争议 • 能根据违约责任向当事人提出索赔

六、课程实施

（一）教学方法

（1）在教学过程中，多采取以学习者为中心的教学模式，创新大单元教学、模块化教学、任务驱动教学、案例教学等，运用外贸业务实训等软件完成任务，在注重培养学生职业能力的同时，培养学生贸易强国的责任担当和使命意识、精益求精的工匠精神和善于团队合作的工作品质。

（2）在教学过程中，可根据不同单元与模块的教学需要合理安排师资，组建外贸教学团队，分工协作实施模块化教学。

（3）在教学过程中，要注意技能习得规律性与技能训练连续性，充分利用数字化资源与线上学习平台，做好课堂教学与课后练习的衔接、线上与线下的混合式学习，帮助学生熟能生巧，从新生进阶到熟手。

（二）教学评价

合理设计评价目标，开展多元评价，采用线上与线下考核相结合、阶段性与终结性评价相结合方式，探索增值评价。

（1）评价目标合理。评价目标包括学生的职业能力、通用能力、社会能力与发展能力。在评价学生外贸业务操作能力的同时，评价学生沟通与合作、风险意识，法律、社会和人文素养以及营销思维和创新思维。

（2）坚持多元评价。教学评价方式多元化，任课教师、教学团队、学生同伴、企业专家、网络平台等都可以参与教学评价，以多元评价方式引导学生形成个性化学习方式与创新性思维。

（3）突出阶段性评价。教学效果的评价要突出阶段性，阶段性评价要与阶段性学习成果与目标设计相吻合，体现技能习得规律与职业能力成长逻辑，促进学生逐步达成课程学习目标。

（三）教材编写与使用

（1）依据本课程标准编写教材。

（2）编写教材时，应打破以知识体系为线索的传统编写模式，采用以外贸业务员工作过程为线索，体现工学结合、任务驱动、项目导向的新形态一体化项目教材编写模式。

（3）教材内容应凸显实践性、应用性，以外贸业务典型工作任务的工作过程为逻辑，强调教学内容与外贸业务员岗位的吻合；要体现基础性、层次性，以能力形成规律和学习的认知规律为线索，确保教学内容中高职衔接。

（4）教材体例设计为单元+模块的形式。首先以典型工作任务为载体将教学内容整合成若干个大单元；其次以工作过程为导向在每个大单元中设置若干个递进式与并列式相结合的模块，将岗位学习任务贯穿起来；最后以"以学习者为中心"设计模块中的学习情境、学习活动、学习成果、学习评价等内容，确保活动具体、可操作。

（5）教材的文字表述既要体现专业标准与规范，又要简明通顺、浅显易懂、生动有趣，使学生易学、易懂、易接受。内容展示应图文并茂，多采用与真实工作过程一致的图片，引人入胜。

（6）编写教材时，可根据中高职一体化课程衔接与外贸业务员岗位能力发展，延伸和拓展学习内容，增设课程内容的选学模块，提高学生外贸业务操作专项技能水平。

（四）资源利用

（1）为活页式教材的使用配套数字化资源及其他教学资料，共同构建本课程的教学资源池。数字化资源主要包括多媒体课件、微课视频、测试题等，其他教学资料主要包括电子书籍、电子期刊、电子图书馆等网络资料。

（2）以纸质教材为核心，通过二维码、微视频、网页链接等移动互联网技术，将在线资源与纸质教材相融合，使教材内容更加丰富生动、灵活动态，为学生提供增值服务。

（3）借助学校自身的教学资源平台和校企合作，及时分析并掌握学生的学习情况，关注学生职业能力发展，充分利用配套资源对教学过程、活页式教材进行调整。

（五）其他说明

对以上不能涵盖的内容做必要的说明。

"外贸单证操作"课程标准

一、课程名称与适用专业

课程名称：外贸单证操作

适用专业：国际经济与贸易专业

适用学段：中职学段

二、课程性质与设计思路

（一）课程性质

"外贸单证操作"是国际经济与贸易专业的一门专业核心课程。本课程主要培养具有较强职业能力、专业知识和良好职业素质的外贸单证员。通过本课程的学习，学生能制作和办理各种外贸单据，能审核信用证和各种外贸单据，能分析和处理各种外贸单证问题。

本课程的铺垫课程是"国际贸易基础""进出口业务操作""国际汇兑与结算",后续课程是"进出口业务综合实训"。

(二) 设计思路

本课程标准依据浙江省国际经济与贸易专业中高职一体化课改指导手册和专业教学标准进行制定。课程的设计思路是以国际经济与贸易专业外贸单证员岗位的工作任务及职业能力分析为依据,紧紧围绕中职阶段的职业能力要求确定课程目标;紧紧围绕完成工作任务的需要,考虑学生在知识、能力和素质的要求和可持续发展选取课程内容。再根据学生的认知特点、能力发展的规律与知识技能结构特点,以典型工作任务为载体将教学内容整合成若干个大单元,以工作过程为导向将每个大单元再设计成若干个递进式与并列式相结合的模块。通过大概念或大任务的引领整合包括审证和改证、单据制作和办理、单据审核、单证归档等理论与实践,实现教学做一体,使学生能深刻理解知识、综合运用技术技能,具备外贸单证员岗位的相关要求。

建议本课程课时为 180 课时。

三、课程目标

通过在外贸单证实训室的仿真操作和外贸企业的全真操作,国际经济与贸易专业的学生能熟练掌握不同结算方式下外贸单证的制作、办理和审核等操作能力,养成贸易强国的责任担当和使命意识、精益求精的工匠精神和善于团队合作的工作品质,为今后从事外贸单证员岗位工作和其他外贸岗位工作奠定扎实基础。

具体职业能力目标包括:
- 能根据外贸合同和 UCP 正确审核和修改信用证。
- 能根据外贸合同、信用证条款和 UCP 正确缮制和办理信用证项下常用外贸单证。
- 能根据外贸合同、信用证条款和 UCP 审核信用证项下常用外贸单证。
- 能根据外贸合同和货物装运信息正确缮制和办理汇款和托收项下常用外贸单证。
- 能根据外贸合同和信用证办理交单收汇和单证归档。

四、课程结构

(一) 课程模块

"外贸单证操作"课程由 6 个大单元构成,包括出口单证前期准备、出口运输单据制作、出口公务证书制作、出口结汇单据制作、出口单证后续处理、进口单证制作。每个大单元下又设置了若干个模块。

(二) 课时安排

"外贸单证操作"课程共计 180 课时、10 学分。建议课时安排如下：

序号	学习任务 单元	学习任务 模块	建议课时数
1	出口单证前期准备	解读合同 解读信用证 审核信用证 修改信用证	32
2	出口运输单据制作	制作信用证分析表 制作订舱单 制作出运商业发票 制作出运装箱单 制作出口报关委托书和出口报关单	36
3	出口公务证书制作	制作出境货物报检单 制作商检证书 制作普通产地证 制作 FORM E	24
4	出口结汇单据制作	制作商业单据——发票 制作商业单据——装箱单 制作运输单据——提单 制作运输单据——航空运单 制作保险单据 制作船公司证明 制作受益人证明 制作资金单据——汇票	38
5	出口单证后续处理	出口运输与保险办理 出口收汇跟踪与办理 出口单证的归档与备案	12
6	进口单证制作	制作开证申请书 进口运输与保险办理 制作进口报关单 审核进口单据 进口单据正确归档	38
合计			180

五、课程内容与学习要求

序号	学习任务（单元）	知识、技能点	学习要求
1	出口单证前期准备	【知识点】 • 外贸合同条款 • 信用证内容 • 审证依据和步骤 • 改证程序和原则 【技能点】 • 读懂外贸合同条款 • 读懂信用证条款 • 审出信用证中的问题条款 • 提出信用证修改意见 • 处理信用证修改问题	• 能正确解读外贸合同条款 • 能正确解读信用证条款 • 能根据外贸合同、UCP600、ISBP745和业务实际情况，熟练审出信用证中的问题条款 • 能根据改证原则，提出合理的信用证修改意见 • 能根据 UCP600 和业务实际情况，正确处理信用证修改问题
2	出口运输单据制作	【知识点】 • 信用证分析表的内容 • 订舱单的内容 • 出运商业发票的内容 • 出运装箱单的内容 • 出口报关委托书的内容 • 出口报关单的内容 • 出口报关的手续 【技能点】 • 能解决不同运输的订舱问题 • 能制作出运商业发票 • 能制作出运装箱单 • 能制作出口报关委托书 • 能制作出口报关单 • 能解决出口报关的问题	• 能正确分析信用证，完成信用证分析表的制作 • 能根据不同的运输需求，完成货运出口订舱 • 能根据信用证信息完成出运商业发票的填制 • 能根据信用证信息完成出运装箱单的填制 • 能根据信用证信息和货物信息完成出口报关委托书的填制 • 能根据信用证信息和货物信息完成出口报关单的填制 • 能根据海关总署的要求和业务实际情况，正确处理货物的出口报关问题
3	出口公务证书制作	【知识点】 • 出境货物报检单的作用和主要内容 • 商检证书的作用和主要内容 • 普通产地证书的作用和主要内容 • FORM E 的作用和主要内容 【技能点】 • 能办理监管证件 • 能根据需要进行报检 • 能制作出境货物报检单 • 能办理商检证书 • 能制作商检证书 • 能制作普通产地证 • 能制作 FORM E • 能办理商事证明书和使领馆认证业务	• 能根据商品 HS 编码确定监管证件类型，能按照主管部门要求办理监管证件 • 能根据商品海关编码识别法定检验，根据需要进行报检 • 能制作出境货物报检单 • 能根据合同或信用证要求办理商检证书 • 能制作商检证书 • 能制作普通产地证 • 能制作 FORM E • 能根据消费国识别适用的原产地证书类型，能正确制作适用的原产地证书 • 能根据客户需要办理商事证明书和使领馆认证等业务

第五章　国际经济与贸易专业中高职一体化课程标准开发 | 143

续表

序号	学习任务（单元）	知识、技能点	学习要求
4	出口结汇单据制作	【知识点】 • 发票的含义、作用、种类和主要内容 • 装箱单的作用和主要内容 • 提单的作用和主要内容 • 航空运单的作用和主要内容 • 保险单据的作用、种类和主要内容 • 船公司证明的作用和主要内容 • 受益人证明的作用和主要内容 • 汇票的含义、当事人及种类 • 汇票在结算中的作用 • 汇票的使用程序 【技能点】 • 能制作发票 • 能制作装箱单 • 能确认和审核海运提单 • 能制作提单 • 能制作航空运单 • 能制作投保单 • 能制作保险单据 • 能审出保险单据中的问题 • 能制作船公司证明 • 能制作受益人证明 • 能制作汇票 • 能汇总全套结汇单据并进行综合审核	• 能制作发票 • 能制作装箱单 • 能制作提单 • 能确认和审核海运提单 • 能制作航空运单 • 能制作投保单 • 能制作保险单据 • 能审核保险单据 • 能制作船公司证明 • 能制作受益人证明 • 能制作信用证项下的汇票、托收项下的汇票 • 能汇总全套结汇单据并进行综合审核
5	出口单证后续处理	【知识点】 • 出口运输的办理和费用计算 • 出口保险的办理和费用计算 • 出口收汇跟踪与出运安排 • 出运单据归档与备案的意义 • 出运单据归档与备案的流程及注意事项 • 结汇单据归档与备案的意义 • 结汇单据归档与备案的流程及注意事项 【技能点】 • 办理出口运输并支付费用 • 办理出口保险并支付费用 • 跟踪出口收汇进展 • 做好出运单据归档与备案 • 做好结汇单据归档与备案	• 能按照公司、海关、外管、税务等机构的要求对单证进行归档和备案 • 按公司要求正确申请支付运费、保费 • 能正确处理信用证和托收项下银行函电 • 能跟踪收汇进展状况并合理安排后续出运业务

续表

序号	学习任务（单元）	知识、技能点	学习要求
6	进口单证制作	【知识点】 • 信用证的开立流程与注意点 • 开证申请书的填制方法 • 进口订舱、租船手续 • 进口投保流程手续 • 进口货物报关的流程 • 进口货物报关单的填写 • 进口单据的审核 • 进口单据的归档 【技能点】 • 填写开证申请书 • 办理进口运输并支付运费 • 办理进口货物保险并支付保费 • 能制作进口报关单 • 办理进口货物申报、查验、检验等清关手续 • 能审核进口单据并正确归档	• 能根据合同正确填制开证申请书 • 能根据客户或实际业务需要填写信用证修改申请书 • 在FOB等需要进口商办理运输的情况下，办理运输手续并支付运费 • 在FOB等需要进口商办理保险的情况下，办理投保手续并支付保费 • 能跟踪货物的到达情况，及时接货 • 能完成进口货物清关手续 • 能按照公司、海关、税务等机构的要求对进口单证进行归档和备案

六、课程实施

（一）教学方法

（1）在教学过程中，多采取以学习者为中心的教学模式，创新大单元教学、模块化教学、任务驱动教学、案例教学等，运用外贸制单等软件完成任务，在注重培养学生职业能力的同时，培养学生贸易强国的责任担当和使命意识、精益求精的工匠精神和善于团队合作的工作品质。

（2）在教学过程中，可根据不同单元与模块的教学需要合理安排师资，组建外贸制单教学团队，分工协作实施模块化教学。

（3）在教学过程中，要注意技能习得规律性与技能训练连续性，充分利用数字化资源与线上学习平台，做好课堂教学与课后练习的衔接、线上与线下的混合式学习，帮助学生熟能生巧，从新生进阶到熟手。

（二）教学评价

合理设计评价目标，开展多元评价，采用线上与线下考核相结合、阶段性与终结性评价相结合方式，探索增值评价。

（1）评价目标合理。评价目标包括学生的职业能力、通用能力、社会能力与发展能力。在评价学生外贸制单各项操作能力的同时，评价学生的审美、沟通与合作意识，法律、社会及人文素养以及营销思维和创新思维。

（2）坚持多元评价。教学评价方式多元化，任课教师、教学团队、学生同伴、企业专家、网络平台等都可以参与教学评价，以多元评价方式引导学生形成个性化学习方式与创新性思维。

（3）突出阶段性评价。教学效果的评价要突出阶段性，阶段性评价要与阶段性学习成果与目标设计相吻合，体现技能习得规律与职业能力成长逻辑，促进学生逐步达成课程学习目标。

（三）教材编写与使用

（1）依据本课程标准编写教材。

（2）编写教材时，应打破以知识体系为线索的传统编写模式，采用以外贸单证员工作过程为线索，体现工学结合、任务驱动、项目导向的新形态一体化项目教材编写模式。

（3）教材内容应凸显实践性、应用性，以外贸制单典型工作任务的工作过程为逻辑，强调教学内容与外贸单证员岗位的吻合；要体现基础性、层次性，以能力形成规律和学习的认知规律为线索，确保教学内容中高职衔接。

（4）教材体例设计为单元＋模块的形式。首先以典型工作任务为载体将教学内容整合成若干个大单元；其次以工作过程为导向在每个大单元中设置若干个递进式与并列式相结合的模块，将岗位学习任务贯穿起来；最后以"以学习者为中心"设计模块中的学习情境、学习活动、学习成果、学习评价等内容，确保活动具体、可操作。

（5）教材的文字表述既要体现专业标准与规范，又要简明通顺、浅显易懂、生动有趣，使学生易学、易懂、易接受。内容展示应图文并茂，多采用与真实工作过程一致的图片，引人入胜。

（6）编写教材时，可根据中高职一体化课程衔接与外贸单证员岗位能力发展，延伸和拓展学习内容，增设课程内容的选学模块，提高学生外贸制单专项技能水平。

（四）资源利用

（1）为活页式教材的使用配套数字化资源及其他教学资料，共同构建本课程的教学资源池。数字化资源主要包括多媒体课件、微课视频、测试题等，其他教学资料主要包括电子书籍、电子期刊、电子图书馆等网络资料。

（2）以纸质教材为核心，通过二维码、微视频、网页链接等移动互联网技术，将在线资源与纸质教材相融合，使教材内容更加丰富生动、灵活动态，为学生提供增值服务。

（3）借助学校自身的教学资源平台和校企合作，及时分析并掌握学生的学习情况，关注学生职业能力发展，充分利用配套资源对教学过程、活页式教材进行调整。

（五）其他说明

对以上不能涵盖的内容做必要的说明。

"外贸跟单操作"课程标准

一、课程名称与适用专业

课程名称：外贸跟单操作

适用专业：国际经济与贸易专业

适用学段：中职学段

二、课程性质与设计思路

（一）课程性质

"外贸跟单操作"是国际经济与贸易专业的一门专业核心课程。本课程主要培养具有较强职业能力、扎实专业知识和良好职业素质的外贸跟单员。通过本课程的学习，学生能进行外贸样品及大货订单下达、跟踪及交付等工作，能同客户、工厂（或生产部门）以及公司内部各相关职能部门进行沟通与协调。本课程的铺垫课程是"国际贸易基础""进出口业务操作""国际汇兑与结算"。

（二）设计思路

本课程标准依据浙江省国际经济与贸易专业中高职一体化课改指导手册和专业教学标准进行制定。课程的设计思路是以国际经济与贸易专业外贸跟单员岗位的工作任务及职业能力分析为依据，紧紧围绕中职阶段的职业能力要求确定课程目标；紧紧围绕完成工作任务的需要，考虑学生在知识、技能和素养等方面的要求和可持续发展选取课程内容。再根据学生的认知特点、能力发展规律与知识技能结构特点，以典型工作任务为载体将教学内容整合成若干个大单元，以工作过程为导向将每个大单元再设计成若干个递进式与并列式相结合的模块。通过大概念或大任务的引领整合外贸样品及大货订单下达、跟踪及交付等理论与实践，实现教学做一体，使学生能深刻理解知识、能综合运用技术技能，具备外贸跟单员岗位的相关要求。

建议本课程课时为 180 课时。

三、课程目标

通过在外贸跟单实训室的仿真操作和外贸企业的全真操作，国际经济与贸易专业的学生能熟练掌握外贸样品及大货订单下达、跟踪及交付等操作能力，养成贸易强国的责任担当和使命意识、精益求精的工匠精神和善于团队合作的工作品质，为今后从事外贸跟单员岗位工作和其他外贸岗位工作奠定扎实基础。

具体职业能力目标包括：

- 能通过各种途径寻找潜在供应商并有效核实、综合分析，选择合适的供应商。
- 能按照外贸业务员的要求进行外贸样品及大货订单下达。
- 能根据订单要求进行原辅料跟踪、生产进度跟踪、产品质量及包装跟踪，并能处理各类生产异常情况。
- 能按客户要求进行运输跟单各项操作，完成订单交付。
- 能协助外贸业务员做好供应商和客户管理。

四、课程结构

（一）课程模块

"外贸跟单操作"课程由 10 个大单元构成，包括订单解读、合同商品知识、供应商选择、外贸样品跟单、原材料跟单、生产进度跟单、产品质量跟单、包装跟单、运输跟单、客户服务与管理跟单。每个大单元下又设置了若干个模块。

（二）课时安排

"外贸跟单操作"课程共计 180 课时、10 学分。建议课时安排如下：

序号	学习任务 单元	学习任务 模块	建议课时数
1	订单解读	解读客户订单	16
		订立外销合同	
2	合同商品知识	原材料基础知识	20
		辅料基础知识	
		包装材料基础知识	
		产品工艺基础知识	
3	供应商选择	寻找潜在供应商	14
		选择并核实供应商	

续表

序号	学习任务 单元	学习任务 模块	建议课时数
4	外贸样品跟单	制作并确认样品 寄送并跟踪样品	14
5	原材料跟单	填制原材料采购单 签订原材料采购合同 原材料检验入库	18
6	生产进度跟单	下达生产通知单 制订生产计划 控制生产进度 处理生产异常状况	28
7	产品质量跟单	产前质量跟单 生产过程中的质量跟单 出口产品质量跟单	20
8	包装跟单	确定包装方式和包装材料 设计运输标志	18
9	运输跟单	办理订舱 计算装箱量 确认进仓	18
10	客户服务与管理跟单	客户服务跟单 客户管理跟单	14
		合计	180

五、课程内容与学习要求

序号	学习任务（单元）	知识、技能点	学习要求
1	订单解读	【知识点】 • 订单审核内容 • 外销合同内容 • 合同条款的表达方式 【技能点】 • 读懂订单内容 • 读懂外销合同条款 • 熟悉外销合同条款的表达方式	• 能正确解读订单 • 能根据业务实际情况熟练审核订单，提出合理的修改意见 • 能正确解读外销合同 • 能根据订单及业务实际情况熟练订立外销合同
2	合同商品知识	【知识点】 • 原料基础知识 • 辅料基础知识 • 包装材料基础知识 • 产品工艺基础知识 【技能点】 • 熟悉合同商品原料 • 熟悉合同商品辅料 • 区分合同商品包装材料 • 熟悉合同商品工艺流程	• 能正确识别合同商品原料 • 能正确识别合同商品辅料 • 能熟练区分合同商品包装材料 • 能高度熟悉合同商品的工艺流程

续表

序号	学习任务（单元）	知识、技能点	学习要求
3	供应商选择	【知识点】 • 寻找潜在供应商的途径 • 企业法人登记注册主要核实事项 • 企业生产经营能力的各项指标 • 验厂报告 【技能点】 • 熟悉寻找潜在供应商的途径 • 了解企业法人登记注册主要核实事项 • 了解企业生产经营能力的各项指标 • 制作验厂报告 • 选择合适的供应商	• 能通过各种途径熟练寻找潜在供应商 • 能采取有效手段熟练核实企业信息并核查供应商的生产经营条件 • 能根据调研结果科学制作验厂报告 • 能根据验厂报告综合分析并选择合适的供应商
4	外贸样品跟单	【知识点】 • 样品的种类、作用 • 样品制作费用承担的处理方式 • 样品的寄送方式 【技能点】 • 区分样品的种类 • 处理样品制作费用的承担 • 选择样品的寄送方式	• 能协调各方合理承担样品的制作费用 • 能正确理解国外客户的打样要求，合理制作、确认各类样品 • 能根据实际情况合理选择样品寄送方式，并对样品进行跟踪
5	原材料跟单	【知识点】 • 原材料采购跟单的要求 • 原材料采购跟单的流程 • 原材料检验入库的工作内容 【技能点】 • 审核采购原材料申请单 • 填制原材料采购单 • 签订原材料采购合同 • 填写原材料检验报告单和入库单	• 能合理审核采购原材料申请单并根据采购原材料申请单熟练填制原材料采购单 • 能根据原材料采购单熟练拟定原材料采购合同 • 能熟练对原材料采购进行检验、入库确认
6	生产进度跟单	【知识点】 • 生产通知单的作用和内容 • 生产计划的内容和制订生产计划的要求 • 生产进度控制的程序 • 生产异常状况的产生原因 【技能点】 • 下达生产通知单 • 制订并审核生产计划 • 跟踪产品生产过程 • 处理生产异常情况	• 能根据合同要求正确制作生产通知单，及时、准确下达生产任务 • 能根据合同要求及企业生产实际合理制订并审核生产计划，分析生产能力 • 能根据生产实际跟进生产工序，合理控制生产进度 • 能在生产进度跟踪时及时发现并合理处理生产异常情况

续表

序号	学习任务（单元）	知识、技能点	学习要求
7	产品质量跟单	【知识点】 • 生产过程中的质量控制程序 • AQL抽样检查的操作方法和步骤 【技能点】 • 实施生产过程中的质量控制 • 利用AQL抽样检查方法进行产品质量检查	• 能根据生产过程中的质量控制程序对生产过程中的产品质量进行有效跟单 • 能熟练运用AQL标准对出口产品质量进行跟单
8	包装跟单	【知识点】 • 包装条款要求 • 运输标志的内容及设计原则 【技能点】 • 读懂包装条款要求 • 设计运输标志	• 能根据订单包装条款要求监督供应商落实正确包装 • 能根据合同要求及业务实际情况合理设计运输标志
9	运输跟单	【知识点】 • 订舱委托书 • 进仓单 【技能点】 • 填制订舱委托书 • 读懂进仓单 • 准备监装资料	• 能协助外贸业务员按客户要求确定合理的船期 • 能根据客户要求和船期要求安排产品出厂计划 • 能协助外贸单证员办理订舱 • 能根据进仓单等要求监装
10	客户服务与管理跟单	【知识点】 • 客户联络、跟踪的技巧 • 客户投诉的处理流程和方法 • 客户信息收集方法 • 客户分类方法 【技能点】 • 掌握客户联络、跟踪的技巧 • 处理客户投诉 • 熟悉客户信息收集方法 • 熟悉客户分类方法	• 能熟练进行客户联络与跟踪 • 能有效处理客户投诉 • 能运用不同方式快速搜集客户信息 • 能运用不同方法恰当地对客户进行分类管理，协助外贸业务员做好供应商和客户管理

六、课程实施

（一）教学方法

（1）在教学过程中，多采取以学习者为中心的教学模式，创新大单元教学、模块化教学、任务驱动教学、案例教学等，运用外贸跟单等软件完成任务，注重培养学生职业能力的同时，培养学生贸易强国的责任担当和使命意识、精益求精的工匠精神和善于团队合作的工作品质。

（2）在教学过程中，可根据不同单元与模块的教学需要合理安排师资，组建外贸跟单教学团队，分工协作实施模块化教学。

（3）在教学过程中，要注意技能习得规律性与技能训练连续性，充分利用数字化资源与线上学习平台，做好课堂教学与课后练习的衔接、线上与线下的混合式学习，帮助学生熟能生巧，从新手进阶到熟手。

（二）教学评价

合理设计评价目标，开展多元评价，采用线上与线下考核相结合、阶段性与终结性评价相结合方式，探索增值评价。

（1）评价目标合理。评价目标包括学生的职业能力、通用能力、社会能力与发展能力。在评价学生执行外贸跟单各项操作能力的同时，评价学生的自驱力、沟通与合作意识，法律、社会素养和家国情怀以及组织协调能力和创新思维。

（2）坚持多元评价。教学评价方式多元化，任课教师、教学团队、学生同伴、企业专家、网络平台等都可以参与教学评价，以多元评价方式引导学生形成个性化学习方式与创新性思维。

（3）突出阶段性评价。教学效果的评价要突出阶段性，阶段性评价要与阶段性学习成果与目标设计相吻合，体现技能习得规律与职业能力成长逻辑，促进学生逐步达成课程学习目标。

（三）教材编写与使用

（1）依据本课程标准编写教材。

（2）编写教材时，应打破以知识体系为线索的传统编写模式，采用以外贸跟单员工作过程为线索，体现工学结合、任务驱动、项目导向的新形态一体化项目教材编写模式。

（3）教材内容应凸显实践性、应用性，以外贸跟单典型工作任务的工作过程为逻辑，强调教学内容与外贸跟单员岗位的吻合；要体现基础性、层次性，以能力形成规律和学习认知规律为线索，确保教学内容中高职衔接。

（4）教材体例设计为单元＋模块的形式。首先以典型工作任务为载体将教学内容整合成若干个大单元；其次以工作过程为导向在每个大单元中设置若干个递进式与并列式相结合的模块，将岗位学习任务贯穿起来；最后以"以学习者为中心"设计模块中的学习情境、学习活动、学习成果、学习评价等内容，确保活动具体、可操作。

（5）教材的文字表述既要体现专业标准与规范，又要简明通顺、浅显易懂、生动有趣，使学生易学、易懂、易接受。内容展示应图文并茂，多采用与真实工作过程一致的图片，引人入胜。

（6）编写教材时，可根据中高职一体化课程衔接与外贸跟单员岗位能力发展，延伸和拓展学习内容，增设课程内容的选学模块，提高学生外贸跟单专项技能水平。

（四）资源利用

（1）为活页式教材的使用配套数字化资源及其他教学资料，共同构建本课程的教学资源池。数字化资源主要包括多媒体课件、微课视频、测试题等，其他教学资料主要包括电子书籍、电子期刊、电子图书馆等网络资料。

（2）以纸质教材为核心，通过二维码、微视频、网页链接等移动互联网技术，将在线资源与纸质教材相融合，使教材内容更加丰富生动、灵活动态，为学生提供增值服务。

（3）借助学校自身的教学资源平台和校企合作，及时分析并掌握学生的学习情况，关注学生职业能力发展，充分利用配套资源对教学过程、活页式教材进行调整。

（五）其他说明

对以上不能涵盖的内容做必要的说明。

"跨境电商 B2B 运营"课程标准

一、课程名称与适用专业

课程名称：跨境电商 B2B 运营
适用专业：国际经济与贸易专业
适用学段：高职学段

二、课程性质与设计思路

（一）课程性质

"跨境电商 B2B 运营"是国际经济与贸易专业的一门专业核心课程。本课程主要培养具有较强职业能力、专业知识和良好职业素质的跨境电商 B2B 运营专员。通过本课程的学习，学生能熟悉跨境电商 B2B 平台规则，掌握跨境电商 B2B 运营的基本流程，具备平台选择与搭建、产品发布与优化、平台广告投放、数据分析与优化的能力。本课程的铺垫课程是"国际贸易基础""进出口业务操作"，后续课程是"跨境电商 B2B 销售""跨境电商 B2B 营销"。

（二）设计思路

本课程标准依据浙江省国际经济与贸易专业中高职一体化课改指导手册和专业教学标准进行制定。课程的设计思路是以国际经济与贸易专业跨境电商 B2B 运营专员岗位的工作任务及职业能力分析为依据，紧紧围绕高职阶段的职业能力要求确定课程目标；紧紧围绕完成工作任务的需要，考虑学生在知识、技能和素养的要求和可持续发展选取课程内容。再根据学生的认知特点、能力发展的规律与知识技能结构特点，以典型工作任务载体将教学内容整合成若干个大单元，以工作过程为导向将每个大单元再设计成若干个递进式与并列式相结合的模块。通过大概念或大任务的引领整合包括平台选择与搭建、产品发布与优化、平台广告投放、数据分析与优化等理论与实践，实现教学做一体，使学生能深刻理解知识、能综合运用技术技能，具备跨境电商 B2B 运营专员岗位的相关要求。

建议本课程课时为 72 课时。

三、课程目标

通过在跨境电商实训室的仿真操作和外贸企业的全真操作，国际经济与贸易专业的学生能熟练掌握平台选择与搭建、产品发布与优化、平台广告投放、数据分析与优化的业务操作能力，养成认真严谨、勇于开拓的工作作风以及善于沟通和团队合作的工作品质，为今后从事跨境电商 B2B 运营专员岗位工作和其他外贸岗位工作奠定扎实基础。

具体职业能力目标包括：
- 能掌握产品的图片和视频拍摄制作技巧并完成文案设计。
- 能顺利完成店铺开通并优化店铺的信息化建设。
- 能熟练上传产品并进行基本的产品管理。
- 能合理制定店铺推广引流的方案，通过合适的渠道进行推广。
- 能有效分析店铺各类数据并提出有针对性的运营优化建议。

四、课程结构

（一）课程模块

"跨境电商 B2B 运营"课程由 4 个大单元构成，包括平台选择与搭建、产品发布与优化、平台广告投放、数据分析与优化。每个大单元下又设置了若干个模块。

（二）课时安排

"跨境电商 B2B 运营"课程共计 72 课时、4 学分。建议课时安排如下：

序号	学习任务 单元	学习任务 模块	建议课时数
1	平台选择与搭建	平台选择与开通 店铺装修	12
2	产品发布与优化	关键词选取 产品详情撰写 产品发布 产品优化	24
3	平台广告投放	关键词添加 广告素材准备 广告优化	16
4	数据分析与优化	产品数据分析 关键词优化 产品详情优化	20
	合计		72

五、课程内容与学习要求

序号	学习任务（单元）	知识、技能点	学习要求
1	平台选择与搭建	【知识点】 • 跨境电商 B2B 平台 • 市场调研方法 • 店铺运营方案 【技能点】 • 能根据各类调研工具对各跨境电商平台进行调研，分析优劣势 • 能根据自身产品的特点选择合适的平台 • 能分析自身产品所处行业的供需状况 • 能调研目标市场客户的喜好 • 能了解品牌视觉系统 • 能根据店铺定位设计店铺风格	• 能通过市场调研对跨境电商 B2B 平台的优劣势分析和选择更适合自身产品的平台，并确定平台店铺方案 • 能根据目标市场客户的喜好和品牌视觉识别系统确定装修店铺风格，并通过对店铺图片色彩、图片排版、文案和视频的设计以吸引客户
2	产品发布与优化	【知识点】 • 关键词表 • 产品数据 • 产品文案 • 平台规则 【技能点】 • 能掌握关键词的筛选方法 • 能通过筛选关键词整理出符合自身产品的目标市场 • 能识别关键词中的品牌词和违禁词 • 能通过对产品学习熟知产品数据	• 能通过不同渠道整理并筛选出符合自身产品的目标市场的关键词并运用 Excel 制作关键词表 • 能通过对产品学习熟知产品数据，并通过对目标市场的了解获取产品趋势 • 能通过文案撰写和提取卖点吸引客户并提高转化率 • 能通过熟悉平台的规则以及相关国家知识产权和法律知识发布符合平台规则的产品 • 能通过对产品数据分析优化该产品

续表

序号	学习任务（单元）	知识、技能点	学习要求
2	产品发布与优化	• 能通过文案撰写吸引客户并转化客户 • 能熟悉掌握平台的规则 • 能发布符合平台规则的产品 • 能通过对产品数据分析优化该产品	
3	平台广告投放	【知识点】 • 平台活动 • 广告营销活动方案 • 平台的广告规则 • 平台产品排名规则 • 社交网络平台 【技能点】 • 能掌握各平台的活动特点 • 能熟练拟订广告活动方案 • 能通过对市场分析产品销售趋势从而添加趋势关键词 • 能通过参加平台活动提升平台访客数 • 能根据数据分析结构预测销售趋势并做好库存备货 • 能调整关键词出价以提升产品排名 • 能通过社交媒体进行产品营销 • 能达到广告投入产出比最大化	• 能通过市场分析拟订广告营销活动方案 • 能通过了解平台规则完成大促活动的统筹，并能通过参加平台活动提升平台访客数 • 能通过对竞争对手产品排名分析调整关键词出价以提升产品排名 • 能通过社交媒体进行产品营销以提高产品访客数
4	数据分析与优化	【知识点】 • 产品数据 • 店铺数据 • 产品趋势图 • 客户消费心理 【技能点】 • 能掌握数据分析的基本思路与方法 • 能进行店铺数据的收集、整理及分析 • 能根据数据分析制作出产品趋势图 • 能通过制作的产品趋势图了解产品市场的趋势 • 能通过产品趋势图调整产品详情优化 • 能通过对产品数据分析调整产品详情 • 能掌握客户的消费心理和需求以促成客户订单好评	• 能通过对店铺、产品等数据的收集整理出产品数据表，并对筛选出的数据进行分析并制作产品趋势图 • 能通过产品趋势图对产品关键词、详情页等内容进行优化，从而提升产品和店铺排名 • 能根据目标市场的分析预判产品销售趋势并做出运营调整

六、课程实施

（一）教学方法

（1）在教学过程中，多采取以学习者为中心的教学模式，创新大单元教学、模块化教学、任务驱动教学、案例教学等，运用跨境电商 B2B 运营等软件完成任务，在注重培养学生职业能力的同时，培养学生认真严谨、勇于开拓的工作作风以及善于沟通和团队合作的工作品质。

（2）在教学过程中，可根据不同单元与模块的教学需要合理安排师资，组建跨境电商 B2B 运营教学团队，分工协作实施模块化教学。

（3）在教学过程中，要注意技能习得规律性与技能训练连续性，充分利用数字化资源与线上学习平台，做好课堂教学与课后练习的衔接、线上与线下的混合式学习，帮助学生熟能生巧，从新生进阶到熟手。

（二）教学评价

合理设计评价目标，开展多元评价，采用线上与线下考核相结合、阶段性与终结性评价相结合方式，探索增值评价。

（1）评价目标合理。评价目标包括学生的职业能力、通用能力、社会能力与发展能力。在评价学生跨境电商 B2B 运营能力的同时，评价学生的审美、沟通与合作意识，法律、社会和人文素养以及营销思维和创新思维。

（2）坚持多元评价。教学评价方式多元化，任课教师、教学团队、学生同伴、企业专家、网络平台等都可以参与教学评价，以多元评价方式引导学生形成个性化学习方式与创新性思维。

（3）突出阶段性评价。教学效果的评价要突出阶段性，阶段性评价要与阶段性学习成果与目标设计相吻合，体现技能习得规律与职业能力成长逻辑，促进学生逐步达成课程学习目标。

（三）教材编写与使用

（1）依据本课程标准编写教材。

（2）编写教材时，应打破以知识体系为线索的传统编写模式，采用以跨境电商 B2B 运营专员工作过程为线索，体现工学结合、任务驱动、项目导向的新形态一体化项目教材编写模式。

（3）教材内容应凸显实践性、应用性，以跨境电商 B2B 运营典型工作任务的工作过程为逻辑，强调教学内容与跨境电商 B2B 运营专员岗位的吻合；要体现基础性、层次性，以能力形成规律和学习的认知规律为线索，确保教学内容中高职衔接。

（4）教材体例设计为单元＋模块的形式。首先以典型工作任务为载体将教学内容整合成若干个大单元；其次以工作过程为导向在每个大单元中设置若干个递进式与并列式相结合的模块，将岗位学习任务贯穿起来；最后以"以学习者为中心"设计模块中的学习情境、学习活动、学习成果、学习评价等内容，确保活动具体、可操作。

（5）教材的文字表述既要体现专业标准与规范，又要简明通顺、浅显易懂、生动有趣，使学生易学、易懂、易接受。内容展示应图文并茂，多采用与真实工作过程一致的图片，引人入胜。

（6）编写教材时，可根据中高职一体化课程衔接与跨境电商 B2B 运营专员岗位能力发展，延伸和拓展学习内容，增设课程内容的选学模块，提高学生跨境电商 B2B 运营专项技能水平。

(四) 资源利用

（1）为活页式教材的使用配套数字化资源及其他教学资料，共同构建本课程的教学资源池。数字化资源主要包括多媒体课件、微课视频、测试题等，其他教学资料主要包括电子书籍、电子期刊、电子图书馆等网络资料。

（2）以纸质教材为核心，通过二维码、微视频、网页链接等移动互联网技术，将在线资源与纸质教材相融合，使教材内容更加丰富生动、灵活动态，为学生提供增值服务。

（3）借助学校自身的教学资源平台和校企合作，及时分析并掌握学生的学习情况，关注学生职业能力发展，充分利用配套资源对教学过程、活页式教材进行调整。

(五) 其他说明

对以上不能涵盖的内容做必要的说明。

"跨境电商 B2B 营销"课程标准

一、课程名称与适用专业

课程名称： 跨境电商 B2B 营销
适用专业： 国际经济与贸易专业
适用学段： 高职学段

二、课程性质与设计思路

（一）课程性质

"跨境电商 B2B 营销"是国际经济与贸易专业的一门专业核心课程。本课程主要培养具有较强职业能力、专业知识和良好职业素质的跨境电商 B2B 营销专员。通过本课程的学习，学生能进行跨境电商 B2B 市场分析，能利用平台资源开展搜索引擎营销、社媒营销和融媒体营销，能依据数据采集和分析结果制定营销方案。本课程的铺垫课程是"跨境电商 B2B 运营""商务数据分析"。

（二）设计思路

本课程标准依据浙江省国际经济与贸易专业中高职一体化课改指导手册和专业教学标准进行制定。课程的设计思路是以国际经济与贸易专业跨境电商 B2B 营销专员岗位的工作任务及职业能力分析为依据，紧紧围绕高职阶段的职业能力要求确定课程目标；紧紧围绕完成工作任务的需要，考虑学生在知识、技能和素养的要求和可持续发展选取课程内容。再根据学生的认知特点、能力发展的规律与知识技能结构特点，以典型工作任务载体将教学内容整合成若干个大单元，以工作过程为导向将每个大单元再设计成若干个递进式与并列式相结合的模块。通过大概念或大任务的引领整合包括网站搭建与运营、搜索引擎营销、社媒营销、融媒体营销、营销数据采集与分析和文案内容创作等理论与实践，实现教学做一体，使学生能深刻理解知识、能综合运用技术技能，具备跨境电商 B2B 营销专员岗位的相关要求。

建议本课程课时为 54 课时。

三、课程目标

通过在跨境电商实训室的仿真操作和外贸企业的全真操作，国际经济与贸易专业的学生能熟练掌握跨境电商 B2B 营销工具、方法和技能，养成团结协作的职业品格、爱岗敬业的劳动态度和精益求精的工匠精神，为今后从事跨境电商 B2B 营销岗位工作和其他营销岗位工作奠定扎实基础。

具体职业能力目标包括：
- 能结合目标市场特点制定合适的跨境电商 B2B 营销方案。
- 能利用网络资源开展平台内和平台外的营销推广。
- 能利用跨境电商 B2B 营销工具进行客户开发和维护。

四、课程结构

(一) 课程模块

"跨境电商 B2B 营销"课程由 6 个大单元构成,包括网站搭建与运营、搜索引擎营销、社媒营销、融媒体营销、营销数据采集与分析、文案内容创作。每个大单元下又设置了若干个模块。

(二) 课时安排

"跨境电商 B2B 营销"课程共计 54 课时、3 学分。建议课时安排如下:

序号	学习任务 单元	学习任务 模块	建议课时数
1	网站搭建与运营	独立站建站系统的选择	10
		独立站的建设与管理	
		独立站活动策划	
		独立站营销效果评估	
2	搜索引擎营销	海外主流搜索引擎介绍	8
		搜索引擎广告投放	
		搜索引擎广告账号优化	
3	社媒营销	海外常用社媒平台介绍	8
		社媒平台营销活动策划	
4	融媒体营销	海外常用直播平台介绍	10
		直播平台运营规则解析	
		直播平台选择与活动策划	
5	营销数据采集与分析	基础数据采集和管理	8
		数据调研报告的撰写	
6	文案内容创作	常见营销文案的格式与写作要求	10
		常见营销文案的撰写技巧	
	合计		54

五、课程内容与学习要求

序号	学习任务(单元)	知识、技能点	学习要求
1	网站搭建与运营	【知识点】 • 常见的独立站建站系统 • 域名购买流程 • 域名管理要求 • 域名绑定要求	• 能根据海外推广需求选择独立站建站系统 • 能协调公司内部资源完成独立站建设

续表

序号	学习任务（单元）	知识、技能点	学习要求
1	网站搭建与运营	【技能点】 • 建设独立站 • 上传公司信息和产品详情 • 制定独立站活动策划方案 • 组织实施独立站营销活动 • 收集、分析独立站营销数据	• 能收集和上传公司信息、产品详情等独立站相关内容 • 能根据公司业务部门需求制定独立站活动策划方案 • 能独立执行活动方案并对活动结果进行数据分析 • 能寻找海外专业外链资源并建立外链合作表
2	搜索引擎营销	【知识点】 • 常见的搜索引擎 • 搜索引擎广告投放流程 • 常用关键词 【技能点】 • 选择搜索引擎 • 投放搜索引擎广告 • 建立关键词表	• 能熟悉主流搜索引擎广告投放流程 • 能根据投放数据和效果进行广告账户优化 • 能建立产品词、品牌词、竞品词等公司常用关键词表 • 能根据搜索引擎广告投放要求协调公司相关部门共同准备文字、图片、视频等广告素材
3	社媒营销	【知识点】 • 常见的社媒平台 【技能点】 • 选择社媒平台 • 制作社媒营销素材 • 开通社媒平台账号 • 上传公司信息、产品详情 • 装修社媒平台 • 设置和维护社媒平台	• 根据公司推广需求选择合适的社媒平台 • 能根据社媒频道/专区的定位，完成频道/专区的开通和装修及社媒频道/专区数据跟踪平台开通和设置 • 能收集和上传社媒频道/专区公司信息、产品详情、活动信息等相关内容并定期更新维护
4	融媒体营销	【知识点】 • 常见的融媒体平台 • 常见的直播平台 • 常见的直播设备 【技能点】 • 选择直播平台 • 掌握直播平台规则 • 撰写视频脚本 • 承担拍摄执行任务 • 协调拍摄资源和相关工作人员 • 维护直播间日常管理	• 能根据工作目标制订拍摄计划并协调相关资源和人员 • 能承担公司宣传类及品牌活动的拍摄执行工作 • 能根据视频创意撰写视频脚本 • 能充分掌握产品信息和核心卖点并完成直播脚本的准备 • 能使用各种方式引导客户实现直播目标 • 能协同直播运营一起策划直播内容和活动 • 能配合视频拍摄、音频录制和其他形式的海外自媒体传播 • 能在直播前完成相关货品的准备和陈列 • 能完成直播间日常设备准备及维护 • 能熟悉海外常用直播平台并根据公司推广需求做出选择

续表

序号	学习任务（单元）	知识、技能点	学习要求
4	融媒体营销		• 能负责维护直播间及直播现场秩序、日常直播跟播及直播间管理，确保每场直播正常运行 • 能熟练掌握直播平台运营规则、流量玩法、营销方式 • 能解决直播过程中的突发问题以共同实现直播目标
5	营销数据采集与分析	【知识点】 • 基础数据分类 • 数据采集规范 • 数据分析维度 【技能点】 • 基础数据采集和管理 • 基础数据多维度分析 • 数据分析报告撰写	• 能对B2B营销各环节中涉及的基础数据进行采集和管理 • 能确保数据采集的规范性、合理性、准确性 • 能对B2B营销各环节中涉及的基础数据进行多维度分析 • 能出具数据分析报告并对营销和业务提出建设性意见供公司高层辅助决策
6	文案内容创作	【知识点】 • 常见的文案分类 【技能点】 • 文案撰写技巧 • 文案内容撰写 • 营销方案制定	• 能撰写跨境电商平台营销文案 • 能拟订跨境电商平台各类营销方案

六、课程实施

（一）教学方法

（1）在教学过程中，多采取以学习者为中心的教学模式，创新大单元教学、模块化教学、任务驱动教学、案例教学等，注重培养学生职业能力的同时，培养学生贸易强国的责任担当和使命意识、精益求精的工匠精神和善于团队合作的工作品质。

（2）在教学过程中，可根据不同单元与模块的教学需要合理安排师资，组建跨境电商B2B营销教学团队，分工协作实施模块化教学。

（3）在教学过程中，要注意技能习得规律性与技能训练连续性，充分利用数字化资源与线上学习平台，做好课堂教学与课后练习的衔接、线上与线下的混合式学习，帮助学生熟能生巧，从新生进阶到熟手。

（二）教学评价

合理设计评价目标，开展多元评价，采用线上与线下考核相结合、阶段性与终结性评价相结合方式，探索增值评价。

（1）评价目标合理。评价目标包括学生的职业能力、通用能力、社会能力与发展能力。在评价学生跨境电商 B2B 营销能力的同时，评价学生的审美、沟通与合作意识，法律、社会和人文素养以及营销思维和创新思维。

（2）坚持多元评价。教学评价方式多元化，任课教师、教学团队、学生同伴、企业专家、网络平台等都可以参与教学评价，以多元评价方式引导学生形成个性化学习方式与创新性思维。

（3）突出阶段性评价。教学效果的评价要突出阶段性，阶段性评价要与阶段性学习成果与目标设计相吻合，体现技能习得规律与职业能力成长逻辑，促进学生逐步达成课程学习目标。

(三) 教材编写与使用

（1）依据本课程标准编写教材。

（2）编写教材时，应打破以知识体系为线索的传统编写模式，采用以跨境电商 B2B 营销专员工作过程为线索，体现工学结合、任务驱动、项目导向的新形态一体化项目教材编写模式。

（3）教材内容应凸显实践性、应用性，以跨境电商 B2B 营销典型工作任务的工作过程为逻辑，强调教学内容与跨境电商 B2B 营销专员岗位的吻合；要体现基础性、层次性，以能力形成规律和学习的认知规律为线索，确保教学内容中高职衔接。

（4）教材体例设计为单元＋模块的形式。首先以典型工作任务为载体将教学内容整合成若干个大单元；其次以工作过程为导向在每个大单元中设置若干个递进式与并列式相结合的模块，将岗位学习任务贯穿起来；最后以"以学习者为中心"设计模块中的学习情境、学习活动、学习成果、学习评价等内容，确保活动具体、可操作。

（5）教材的文字表述既要体现专业标准与规范，又要简明通顺、浅显易懂、生动有趣，使学生易学、易懂、易接受。内容展示应图文并茂，多采用与真实工作过程一致的图片，引人入胜。

（6）编写教材时，可根据中高职一体化课程衔接与跨境电商 B2B 营销专员岗位能力发展，延伸和拓展学习内容，增设课程内容的选学模块，提高学生跨境电商 B2B 营销专项技能水平。

(四) 资源利用

（1）为活页式教材的使用配套数字化资源及其他教学资料，共同构建本课程的教学资源池。数字化资源主要包括多媒体课件、微课视频、测试题等，其他教学资料主要包括电子书籍、电子期刊、电子图书馆等网络资料。

（2）以纸质教材为核心，通过二维码、微视频、网页链接等移动互联网技术，将在线资源与纸质教材相融合，使教材内容更加丰富生动、灵活动态，为学生提供增值服务。

（3）借助学校自身的教学资源平台和校企合作，及时分析并掌握学生的学习情况，关注学生职业能力发展，充分利用配套资源对教学过程、活页式教材进行调整。

（五）其他说明

对以上不能涵盖的内容做必要的说明。

"跨境电商 B2B 销售" 课程标准

一、课程名称与适用专业

课程名称： 跨境电商 B2B 销售
适用专业： 国际经济与贸易专业
适用学段： 高职学段

二、课程性质与设计思路

（一）课程性质

"跨境电商 B2B 销售"是国际经济与贸易专业的一门专业核心课程。本课程主要培养具有较强职业能力、专业知识和良好职业素质的跨境电商 B2B 销售专员。通过本课程的学习，学生能获取和管理在线商机，能跟进和签订订单，能操作在线订单的结算和物流业务，能分析和处理各种从商机处理到订单履约过程中的各种问题。本课程的铺垫课程是"跨境电商 B2B 运营"，后续课程是"跨境电商 B2B 营销"。

（二）设计思路

本课程标准依据浙江省国际经济与贸易专业中高职一体化课改指导手册和专业教学标准进行制定。课程的设计思路是以跨境电商 B2B 销售岗位的工作任务及职业能力分析为依据，紧紧围绕高职阶段的职业能力要求确定课程目标；紧紧围绕完成跨境电商 B2B 销售专员岗位工作任务的需要，考虑学生在知识、技能和素养的要求和可持续发展选取课程内容。再根据学生的认知特点、能力发展的规律与知识技能结构特点，以典型工作任务载体将教学内容整合成若干个大单元，以工作过程为导向将每个大单元再设计成若干个递进式与并列式相结合的模块。通过课程综合大作业引领整合本课程中的国际市场分析、商机获取与管理、贸易磋商与谈判、订单签订与跟进、订单结算与物流、客户服务与管理等理论与实践，实现教学做一体，使学生能深刻理解知识、能综合运用技术技能，具备跨境电商B2B销售专员岗位的相关要求。

建议本课程课时为72课时。

三、课程目标

通过在跨境电商B2B销售实训室的仿真操作和外贸企业的全真操作，国际经济与贸易专业的学生能熟练掌握商机获取与管理、贸易磋商与谈判、订单签订与跟进、订单结算与物流、客户服务与管理等操作能力，养成贸易强国的责任担当和使命意识、精益求精的工匠精神和善于团队合作的工作品质，坚定对中国制造的自信，为今后从事跨境电商B2B销售专员岗位工作奠定扎实基础。

具体职业能力目标包括：

- 能运用跨境电商B2B平台对询盘及RFQ进行获取和管理。
- 能运用所学技能对询盘和RFQ进行有效回复及跟进。
- 能完成订单的磋商谈判和签订工作。
- 能根据要求完成信保订单、一达通业务，跟进国际结算、物流业务。
- 能根据国外客户的投诉做出合理的回应和处理。
- 能建立并更新买家数据库，识别客户重要程度并进行分类管理。

四、课程结构

（一）课程模块

"跨境电商B2B销售"课程由8个大单元构成，包括商机获取和管理操作、询盘分析和回复操作、订单签订和跟进操作、信用保障订单操作、订单物流交付操作、订单结算支付操作、国外客户服务操作、国外客户管理操作。每个大单元下又设置了若干个模块。

（二）课时安排

"跨境电商B2B销售"课程共计72课时、4学分。建议课时安排如下：

第五章　国际经济与贸易专业中高职一体化课程标准开发 | 165

| 序号 | 学习任务 ||建议课时数|
	单元	模块	
1	商机获取和管理操作	RFQ 规则概述 RFQ 获取方式 RFQ 质量分析 RFQ 报价与跟进	10
2	询盘分析和回复操作	国外询盘分析 询盘出口报价 发盘函书写	10
3	订单签订和跟进操作	出口合同签订 供应商选择 购销合同签订 生产跟单操作	12
4	信用保障订单操作	信用保障服务简介 信用保障订单起草 信用保障订单修改与取消 信用保障订单纠纷处理	8
5	订单物流交付操作	跨境物流方式介绍 跨境物流方案选择 一达通业务介绍 一达通业务操作	8
6	订单结算支付操作	跨境支付方式介绍 结汇与提现操作 出口退税办理	8
7	国外客户服务操作	售前咨询回复 售中服务沟通 售后服务跟进 投诉及纠纷处理	8
8	国外客户管理操作	客户管理工具 客户列表与客户分类 客户分析与转化 客户营销	8
		合计	72

五、课程内容与学习要求

序号	学习任务（单元）	知识、技能点	学习要求
1	商机获取和管理操作	【知识点】 • RFQ 概念与流程 • RFQ 卖家权益 • 报价服务力影响因子 • RFQ 商机获取方式 • RFQ 质量影响因素	• 能根据产品及商业偏好设置产品关键词，自主制定与业务相关的RFQ，以及在 RFQ 平台熟练搜索获取适合的 RFQ • 能依据 RFQ 质量影响因素分析并筛选出优质 RFQ

续表

序号	学习任务（单元）	知识、技能点	学习要求
1	商机获取和管理操作	• RFQ 报价要点 【技能点】 • 获取 RFQ 卖家权益 • 提升报价服务力 • 获取 RFQ • 分析 RFQ • RFQ 报价 • RFQ 报价管理	• 能根据不同类型的 RFQ 内容分析客户真实采购意向，并进行及时、有效、有针对性的报价 • 能结合交易所处的不同阶段对 RFQ 报价进行分类管理与重点跟进
2	询盘分析和回复操作	【知识点】 • 询盘内容 • 出口价格构成 • 出口报价核算步骤 • 询盘回复要点 【技能点】 • 读懂并分析询盘 • 能确定出口价格构成 • 能核算出口报价 • 能书写出口发盘函	• 能根据 Incoterms 2020 和询盘实际要求，准确选择贸易术语 • 能根据询盘要求，准确核算出口成本、出口费用和出口利润 • 能根据业务磋商要求，准确撰写出口发盘函
3	订单签订和跟进操作	【知识点】 • 外贸合同条款 • 供应商选择 • 采购合同条款 • 产品质检 【技能点】 • 制作形式发票、外销合同 • 签订形式发票或外销合同以确认交易 • 正确选择供应商 • 处理商品采购、产品质检业务	• 能根据磋商结果，独立制作形式发票、外销合同，完成订单确认 • 能根据外销合同内容，准确选择供应商完成商品采购
4	信用保障订单操作	【知识点】 • 信用保障服务的概念与作用 • 信用保障订单交易流程 • 信用保障订单内容 • 信用保障额度与影响因素 【技能点】 • 开通信用保障服务 • 起草信用保障订单 • 修改与取消信用保障订单 • 处理信用保障订单纠纷问题	• 能根据条件要求有效开通信用保障服务 • 能根据业务情况使用不同的方式熟练并正确起草信用保障订单 • 能根据客户要求及交易情况准确修改与取消信用保障订单 • 能根据国外客户投诉合理回应与处理各种信用保障订单纠纷问题

续表

序号	学习任务（单元）	知识、技能点	学习要求
5	订单物流交付操作	【知识点】 • 跨境物流运输方式 • 跨境物流方案 • 一达通业务 【技能点】 • 读正确选择跨境物流方案 • 能操作跨境物流业务 • 能开通和使用一达通业务	• 能根据实际业务，选择跨境物流方案 • 能根据企业背景，操作一达通产品、开票人预审业务 • 能根据外销合同，操作一达通下单业务
6	订单结算支付操作	【知识点】 • 传统国际贸易支付方式 • 跨境线上支付方式 • 结汇方式 • 支付与收款操作流程 • 出口退税操作流程 【技能点】 • 完成订单支付 • 办理结汇与提现业务 • 办理出口退税手续	• 能比较分析常用支付方式的优劣势，并根据订单情况选择合适的支付方式完成订单支付 • 能根据业务情况及时、有效地办理结汇与提现业务 • 能根据相关政策规定获取出口退税所需单据并及时办理出口退税手续
7	国外客户服务操作	【知识点】 • 客户背景调查 • 售前咨询回复 • 售中服务沟通与洽谈 • 售后服务跟进 • 投诉及纠纷处理 【技能点】 • 多渠道调查客户背景 • 撰写开发信 • 及时反馈与跟进客户在售前、售中、售后的咨询与诉求 • 处理客户的投诉与纠纷	• 能用多种工具和渠道对客户背景进行调查 • 能准确掌握不同国家外商的商务谈判风格，独立完成在线商务谈判并运用谈判技巧应对主要的谈判场景 • 能与潜在客户进行售前、售中的沟通与洽谈，能及时对客户的咨询和诉求进行反馈 • 能对国外客户的投诉做出合理的回应和处理
8	国外客户管理操作	【知识点】 • 客户管理工具介绍 • 客户列表与客户分类 • 客户跟进方式与内容 • 客户转化 • 动态客群与静态客群的基本规则 • 客户营销方式 【技能点】 • 运用客户管理工具 • 分类、跟进并转化客户 • 分析客群行为 • 运用名片营销及 EDM 营销	• 能够熟练运用客户管理工具 • 能识别客户的重要程度并进行分类管理 • 能建立并及时更新买家数据库 • 能对客户流失的原因进行分析并进行有针对性的处理 • 能根据访客行为分析进行精准营销

六、课程实施

(一) 教学方法

(1) 在教学过程中，多采取以学习者为中心的教学模式，创新大单元教学、模块化教学、任务驱动教学、案例教学等，运用跨境电商 B2B 平台运营等软件完成任务，在注重培养学生职业能力的同时，培养学生贸易强国的责任担当和使命意识、精益求精的工匠精神和善于团队合作的工作品质。

(2) 在教学过程中，组建"双元双能"课程教师团队，根据不同单元与模块的教学需要合理安排师资，分工协作实施模块化教学。

(3) 在教学过程中，要注意技能习得规律性与技能训练连续性，充分利用数字化资源与线上学习平台，做好课堂教学与课后练习的衔接、线上与线下的混合式学习，帮助学生熟能生巧，从新生进阶到熟手。

(二) 教学评价

合理设计评价目标，开展多元评价，采用线上与线下考核相结合、阶段性与终结性评价相结合方式，探索增值评价。

(1) 评价目标合理。评价目标包括学生的职业能力、通用能力、社会能力与发展能力。在评价学生跨境电商 B2B 销售能力的同时，评价学生的审美、沟通与合作意识，法律、社会和人文素养以及营销思维和创新思维。

(2) 坚持多元评价。教学评价方式多元化，任课教师、教学团队、学生同伴、企业专家、网络平台等都可以参与教学评价，以多元评价方式引导学生形成个性化学习方式与创新性思维。

(3) 突出阶段性评价。教学效果的评价要突出阶段性，阶段性评价要与阶段性学习成果与目标设计相吻合，体现技能习得规律与职业能力成长逻辑，促进学生逐步达成课程学习目标。

(三) 教材编写与使用

(1) 依据本课程标准编写教材。

(2) 编写教材时，应打破以知识体系为线索的传统编写模式，采用以跨境电商 B2B 销售专员工作过程为线索，体现工学结合、任务驱动、项目导向的新形态一体化项目教材编写模式。

(3) 教材内容应凸显实践性、应用性，以跨境电商 B2B 销售专员典型工作任务的工作过程为逻辑，强调教学内容与岗位的吻合；要体现基础性、层次性，以能力形成规律和学习的认知规律为线索，确保教学内容中高职衔接。

（4）教材体例设计为单元+模块的形式。首先以典型工作任务为载体将教学内容整合成若干个大单元；其次以工作过程为导向在每个大单元中设置若干个递进式与并列式相结合的模块，将岗位学习任务贯穿起来；最后以"以学习者为中心"设计模块中的学习情境、学习活动、学习成果、学习评价等内容，确保活动具体、可操作。

（5）教材的文字表述既要体现专业标准与规范，又要简明通顺、浅显易懂、生动有趣，使学生易学、易懂、易接受。内容展示应图文并茂，多采用与真实工作过程一致的图片，引人入胜。

（6）编写教材时，可根据中高职一体化课程衔接与跨境电商 B2B 销售专员岗位能力发展，延伸和拓展学习内容，增设课程内容的选学模块，提高学生跨境电商 B2B 营销专项技能水平。

（四）资源利用

（1）为活页式教材的使用配套数字化资源及其他教学资料，共同构建本课程的教学资源池。数字化资源主要包括多媒体课件、微课视频、测试题等，其他教学资料主要包括电子书籍、电子期刊、电子图书馆等网络资料。

（2）以纸质教材为核心，通过二维码、微视频、网页链接等移动互联网技术，将在线资源与纸质教材相融合，使教材内容更加丰富生动、灵活动态，为学生提供增值服务。

（3）借助学校自身的教学资源平台和校企合作，及时分析并掌握学生的学习情况，关注学生职业能力发展，充分利用配套资源对教学过程、活页式教材进行调整。

（五）学习建议

（1）只有让学生明确本课程所用教材的宗旨、特点、要求、内容提要及考核重点，学生才能有目的、有计划地学习，收到较好的学习效果。

（2）每个项目的学习要注重知识点与技能点的结合，从职业岗位的角度来掌握核心技能。

（3）为扩大知识和技能、积累经验，除认真学习必读教材外，学生应在课外阅读相关书籍，观看相关操作视频，并积极参与企业的顶岗实习。

"跨境电商 B2B 采购"课程标准

一、课程名称与适用专业

课程名称：跨境电商 B2B 采购

适用专业：国际经济与贸易专业

适用学段：高职学段

二、课程性质与设计思路

（一）课程性质

"跨境电商B2B采购"是国际经济与贸易专业的一门专业核心课程。本课程主要培养具有较强职业能力、专业知识和良好职业素质的跨境电商B2B采购专员。通过本课程的学习，学生能进行产品的选择，能对产品进行数据分析，能对供应商进行选择与筛选，能签订并履约订单，能对供应商进行评级和分类。本课程的铺垫课程是"国际贸易基础""商务数据分析"，后续课程是"跨境电商B2B运营""跨境电商B2B销售"。

（二）设计思路

本课程标准依据浙江省国际经济与贸易专业中高职一体化课改指导手册和专业教学标准进行制定。课程的设计思路是以国际经济与贸易专业跨境电商B2B采购专员岗位的工作任务及职业能力分析为依据，紧紧围绕高职阶段的职业能力要求确定课程目标；紧紧围绕完成工作任务的需要，考虑学生在知识、技能和素养的要求和可持续发展选取课程内容。再根据学生的认知特点、能力发展的规律与知识技能结构特点，以典型工作任务载体将教学内容整合成若干个大单元，以工作过程为导向将每个大单元再设计成若干个递进式与并列式相结合的模块。通过大概念或大任务的引领整合包括产品选择、产品数据分析、供应商考核与筛选、订单签订履约、供应商评级分类等理论与实践，实现教学做一体，使学生能深刻理解知识、能综合运用技术技能，具备跨境电商B2B采购专员岗位的相关要求。

建议本课程课时为72课时。

三、课程目标

通过在跨境电商B2B采购实训室的仿真操作和外贸企业的全真操作，国际经济与贸易专业的学生能熟练掌握不同产品的数据分析与选择标准、供应商考核评级、订单签订履约等操作能力，养成贸易强国的责任担当和使命意识、精益求精的工匠精神和善于团队合作的工作品质，为今后从事跨境电商B2B采购专员岗位工作和其他跨境电商B2B岗位工作奠定扎实基础。

具体职业能力目标包括：

- 能进行不同产品的数据分析，根据实际工作环境选择合适的产品。
- 能对供应市场进行需求分析，能对供应商进行分类考核与评级。

- 能制订合理的采购计划并进行采购组织设计。
- 能完成订单签订履约的操作，并在履约过程中控制成本。
- 能够基于全球市场认知，熟悉全球采购市场规则，掌握采购流程。

四、课程结构

（一）课程模块

"跨境电商 B2B 采购"课程由 10 大单元构成，包括跨境电商 B2B 采购与采购管理认知、采购组织设计、供应市场与需求分析、采购计划与成本管理、典型采购方式认知、供应商选择和采购洽商、采购合同管理、供应商与风险管理、进口采购管理、采购绩效管理。每个大单元下又设置了若干个模块。

（二）课时安排

"跨境电商 B2B 采购"课程共计 72 课时、4 学分。建议课时安排如下：

序号	学习任务 单元	学习任务 模块	建议课时数
1	跨境电商 B2B 采购与采购管理认知	跨境电商 B2B 采购认知	6
		采购管理认知	
2	采购组织设计	采购组织类型认知	6
		采购组织设计	
3	供应市场与需求分析	供应市场调查与分析	6
		采购需求分析	
4	采购计划与成本管理	采购计划编制	8
		采购价格分析与确认	
		采购预算编制	
5	典型采购方式认知	采购方式分类	8
		集中采购与分散采购的比较	
		其他采购模式认识	
6	供应商选择和采购洽商	供应商的选择与分析	8
		采购洽商流程认知	
		采购洽商对策与技巧	
7	采购合同管理	采购流程管理	8
		采购合同追踪	
8	供应商与风险管理	供应商的评价	8
		供应商关系管理	
		供应商风险识别与分类	
9	进口采购管理	进口采购认知	6
		进口采购管理	

续表

序号	学习任务 单元	学习任务 模块	建议课时数
10	采购绩效管理	采购绩效评定 采购绩效考核体系 采购绩效改进	8
		合计	72

五、课程内容与学习要求

序号	学习任务（单元）	知识、技能点	学习要求
1	跨境电商 B2B 采购与采购管理认知	【知识点】 ● 跨境电商 B2B 采购方式 ● 采购管理的目标 ● 采购管理的重要性 【技能点】 ● 了解跨境电商 B2B 采购的特点 ● 了解采购管理的目标 ● 掌握采购管理的重要性	● 能准确认识跨境电商 B2B 采购的特点，并与其他采购类型比较 ● 能了解采购管理的目标设置原理，掌握采购管理的重要性
2	采购组织设计	【知识点】 ● 采购组织结构形式 ● 采购组织类型 ● 采购组织结构建立 ● 采购组织设计 【技能点】 ● 了解采购组织的结构形式 ● 了解采购组织的不同类型 ● 掌握采购组织各岗位的具体职责 ● 掌握采购组织的构建方法	● 能了解采购组织的各种结构形式，识别不同的采购组织类型 ● 能分析采购组织中各岗位的需求与职责，并根据实际情况构建与设计合理的采购组织
3	供应市场与需求分析	【知识点】 ● 供应市场调查方法 ● 供应市场分析 ● 采购需求预测 ● 采购需求分析 【技能点】 ● 掌握供应市场的调查方法 ● 掌握供应市场分析方法与工具 ● 掌握采购需求预测原理和方法 ● 掌握采购需求分析方法	● 能对供应市场进行调查与分析，准确掌握供应市场的特点 ● 能对采购对象进行细分与调研，准确掌握产品的供应情况 ● 能对采购需求进行合理的预测和分析，为后续采购计划的进行做好准备

续表

序号	学习任务（单元）	知识、技能点	学习要求
4	采购计划与成本管理	【知识点】 • 采购计划编制 • 采购价格分析与确定 • 采购成本计算 • 采购预算编制 【技能点】 • 掌握采购计划的编制方法与流程 • 掌握采购价格的分析方法与确定标准 • 掌握采购成本的计算方法 • 掌握采购预算编制的方法与规则	• 能根据实际情况合理编制采购计划 • 能对采购价格进行分析，按照标准确定采购价格 • 能准确计算采购成本，合理编制采购预算
5	典型采购方式认知	【知识点】 • 采购方式的分类 • 集中采购与分散采购的比较 • 其他采购模式 【技能点】 • 掌握采购方式的分类 • 掌握集中采购与分散采购的特点和适用情境 • 了解其他采购模式	• 能准确认知不同采购类型的特点和适用情境 • 能根据实际情况选择合理的采购方式
6	供应商选择和采购洽商	【知识点】 • 供应商调查与资格审核 • 供应商选择与分析 • 采购洽商流程 • 采购洽商对策与技巧 【技能点】 • 掌握供应商的调查方法 • 掌握供应商选择标准与分析方法 • 掌握采购洽商的流程和特点 • 了解采购洽商对策与技巧	• 能应用具体方法对供应商进行调查与审核 • 能应用具体方法对供应商进行选择与分析 • 能掌握一定的对策与技巧，完成与供应商的采购洽商
7	采购合同管理	【知识点】 • 采购流程管理 • 采购合同追踪 • 采购单据与台账 【技能点】 • 掌握采购流程管理的方法 • 掌握采购合同追踪的方法 • 熟悉采购流程中的单据与台账	• 能对采购流程进行管理，包括价格管理、采购合同、采购入库、采购付款等 • 能根据报表并结合单据与台账对采购合同进行状态追踪，对采购指标进行分析

续表

序号	学习任务（单元）	知识、技能点	学习要求
8	供应商与风险管理	【知识点】 • 供应商评价 • 供应商关系管理 • 供应商风险识别与分类 【技能点】 • 掌握供应商的评价方法 • 掌握供应商关系管理方法与技巧 • 掌握供应商风险识别与分类方法	• 能对供应商进行评价与关系管理，与优质供应商保持良好的合作关系 • 能对供应商风险进行识别与分类，设置预警指标，做好风险预案
9	进口采购管理	【知识点】 • 进口采购特征 • 进口采购管理方法 【技能点】 • 掌握进口采购的特征 • 掌握进口采购管理方法	• 能准确认知进口采购的特点，并与出口采购进行比较 • 能对进口采购进行合理的管理
10	采购绩效管理	【知识点】 • 采购绩效评定 • 采购绩效考核体系 • 采购绩效改进 【技能点】 • 掌握采购绩效评定方法 • 掌握采购绩效考核体系的建立方法和适用情境 • 掌握采购绩效改进方法	• 能根据指标对采购绩效进行准确的评定，掌握采购的量化情况 • 能构建合理的采购考核体系对采购绩效进行考核，明确采购绩效与目标的差距 • 能根据采购绩效考核结果对采购绩效进行合理改进

六、课程实施

(一) 教学方法

(1) 在教学过程中，多采取以学习者为中心的教学模式，创新大单元教学、模块化教学、任务驱动教学、案例教学等，运用跨境电商 B2B 采购模拟软件完成任务，在注重培养学生职业能力的同时，培养学生贸易强国的责任担当和使命意识、精益求精的工匠精神和善于团队合作的工作品质。

(2) 在教学过程中，可根据不同单元与模块的教学需要合理安排师资，组建跨境电商 B2B 采购教学团队，分工协作实施模块化教学。

(3) 在教学过程中，要注意技能习得规律性与技能训练连续性，充分利用数字化资源与线上学习平台，做好课堂教学与课后练习的衔接、线上与线下的混合式学习，帮助学生熟能生巧，从新生进阶到熟手。

（二）教学评价

合理设计评价目标，开展多元评价，采用线上与线下考核相结合、阶段性与终结性评价相结合方式，探索增值评价。

（1）评价目标合理。评价目标包括学生的职业能力、通用能力、社会能力与发展能力。在评价学生执行采购方案能力的同时，评价学生的沟通与合作意识，法律、社会和人文素养以及营销思维和创新思维。

（2）坚持多元评价。教学评价方式多元化，任课教师、教学团队、学生同伴、企业专家、网络平台等都可以参与教学评价，以多元评价方式引导学生形成个性化学习方式与视觉表现形式。

（3）突出阶段性评价。教学效果的评价要突出阶段性，阶段性评价要与阶段性学习成果与目标设计相吻合，体现技能习得规律与职业能力成长逻辑，促进学生逐步达成课程学习目标。

（三）教材编写与使用

（1）依据本课程标准编写教材。

（2）编写教材时，应打破以知识体系为线索的传统编写模式，采用以跨境电商 B2B 采购专员岗位工作过程为线索，体现工学结合、任务驱动、项目导向的新形态一体化项目教材编写模式。

（3）教材内容应凸显实践性、应用性，以跨境电商 B2B 采购典型工作任务的工作过程为逻辑，强调教学内容与跨境电商 B2B 采购专员岗位的吻合；要体现基础性、层次性，以能力形成规律和学习的认知规律为线索，确保教学内容中高职衔接。

（4）教材体例设计为单元＋模块的形式。首先以典型工作任务为载体将教学内容整合成若干个大单元；其次以工作过程为导向在每个大单元中设置若干个递进式与并列式相结合的模块，将岗位学习任务贯穿起来；最后以"以学习者为中心"设计模块中的学习情境、学习活动、学习成果、学习评价等内容，确保活动具体、可操作。

（5）教材的文字表述既要体现专业标准与规范，又要简明通顺、浅显易懂、生动有趣，使学生易学、易懂、易接受。内容展示应图文并茂，多采用与真实工作过程一致的图片，引人入胜。

（6）编写教材时，可根据中高职一体化课程衔接与跨境电商 B2B 采购专员岗位能力发展，延伸和拓展学习内容，增设课程内容的选学模块，提高学生跨境电商 B2B 采购专项技能水平。

(四) 资源利用

（1）为活页式教材的使用配套数字化资源及其他教学资料，共同构建本课程的教学资源池。数字化资源主要包括多媒体课件、微课视频、测试题等，其他教学资料主要包括电子书籍、电子期刊、电子图书馆等网络资料。

（2）以纸质教材为核心，通过二维码、微视频、网页链接等移动互联网技术，将在线资源与纸质教材相融合，使教材内容更加丰富生动、灵活动态，为学生提供增值服务。

（3）借助学校自身的教学资源平台和校企合作，及时分析并掌握学生的学习情况，关注学生职业能力发展，充分利用配套资源对教学过程、活页式教材进行调整。

(五) 其他说明

对以上不能涵盖的内容做必要的说明。

"商务数据分析"课程标准

一、课程名称与适用专业

课程名称：商务数据分析
适用专业：国际经济与贸易专业
适用学段：高职学段

二、课程性质与设计思路

(一) 课程性质

"商务数据分析"是国际经济与贸易专业的一门专业核心课程。本课程主要培养具有互联网思维和数据素养，熟悉跨境电商 B2B 数据分析方法，掌握跨境电商 B2B 数据分析操作能力，适应外贸企业数字化发展的高素质技能型人才。通过本课程的学习，学生能具备店铺数据搜集、搭建业务数据报表、投入成效分析、客户来源及价值分析、平台产品优化、广告数据分析、类目专题促销活动策划及数据跟进的能力。本课程的后续课程是"跨境电商 B2B 运营""跨境电商 B2B 采购""跨境电商 B2B 营销"等。

(二) 设计思路

本课程标准依据浙江省国际经济与贸易专业中高职一体化课改指导手册和专业教学标

准进行制定。本课程的设计以"契合区域数据人才需求、兼顾职业发展能力"为原则，以跨境电商 B2B 数据分析人才需求为出发点，以跨境电商 B2B 采购、跨境电商 B2B 运营、跨境电商 B2B 销售、跨境电商 B2B 营销等岗位数据分析典型工作任务及职业能力分析为依据，紧紧围绕高职阶段的职业能力要求确定课程目标；紧紧围绕完成工作任务的需要，考虑学生在知识、技能和素养的要求和可持续发展选取课程内容。再根据学生的认知特点、能力发展的规律与知识技能结构特点，以典型工作任务载体将教学内容整合成若干个大单元，以工作过程为导向将每个大单元再设计成若干个递进式与并列式相结合的模块。通过大概念或大任务的引领整合包括客户数据分析、产品数据分析、营销推广数据分析、整体业务数据分析等理论与实践，实现教学做一体，使学生能深刻理解知识、能综合运用技术技能，符合跨境电商 B2B 商务数据分析工作的相关要求。

建议本课程课时为 54 课时。

三、课程目标

通过在跨境电商实训室的仿真操作和外贸企业的全真操作，完成客户数据分析、产品数据分析、营销推广数据分析、整体业务数据分析等典型工作任务，国际经济与贸易专业的学生能熟练掌握数据分析方法，具备商务数据采集与跟进、数据报表搭建、数据分析报告撰写等操作能力，养成互联网思维和数据素养，为今后从事跨境电商 B2B 运营、跨境电商 B2B 营销等岗位工作奠定扎实基础。

具体职业能力目标包括：

• 能运用多种信息渠道和工具，有针对性地采集跨境电商 B2B 产品、客户、营销推广、销售等相关数据，支持企业数字化运营。

• 能对采集的数据进行处理，整理出产品数据表、客户数据表、营销推广数据表、销售数据表等基础数据表。

• 能运用各种工具分析数据，制作产品趋势图，进行客户价值分析、营销推广投入成效分析、企业业务发展分析等。

• 能结合数据分析提出产品优化方案、营销推广优化方案及业务发展规划和建议等。

四、课程结构

(一) 课程模块

"商务数据分析"课程由 4 个大单元构成，包括客户数据分析、产品数据分析、营销推广数据分析、整体业务数据分析。每个大单元下又设置了若干个模块。

(二) 课时安排

"商务数据分析"课程共计54课时、3学分。建议课时安排如下：

序号	学习任务 单元	学习任务 模块	建议课时数
1	客户数据分析	客户数据采集	12
		整理数据，制定客户数据表	
		根据数据进行客户来源及价值分析	
		依据客户分析，制定精准营销方案及产品优化方案	
2	产品数据分析	产品数据采集	15
		整理数据，制作产品数据表	
		分析数据，制作产品趋势图	
		依据产品趋势图，制定店铺、产品优化方案	
3	营销推广数据分析	营销推广相关数据采集	18
		整理数据，制定不同营销手段投入产出数据表	
		营销推广投入成效分析	
		依据数据分析，制定广告、促销等营销活动的优化方案	
4	整体业务数据分析	采集数据，进行店铺成本利润分析	9
		采集数据，进行行业竞争与发展分析	
		依据数据分析，提出业务发展规划建议	
合计			54

五、课程内容与学习要求

序号	学习任务（单元）	知识、技能点	学习要求
1	客户数据分析	【知识点】 • 客户数据涵盖内容 • 客户数据获取渠道 • 客户数据分析维度 • 客户价值分析内涵及方法 • 基于客户数据分析的营销方案制定方法 • 基于客户数据分析的产品优化方案 【技能点】 • 生意参谋等数据获取工具操作 • 整理客户数据 • 运用RFM模型等进行客户价值分析 • 制定针对不同客户的精准营销方案 • 制定产品优化方案	• 能运用多种信息渠道和生意参谋等工具获取客户采购数据，整理出客户数据表 • 能使用RFM模型等进行客户价值分析 • 能依据客户数据分析，制定精准营销方案及产品优化方案

续表

序号	学习任务（单元）	知识、技能点	学习要求
2	产品数据分析	【知识点】 • 产品数据涵盖内容 • 产品数据获取渠道 • 产品数据分析维度 • 产品趋势图制作方法 • 产品、店铺优化维度 • 目标市场分析内容 【技能点】 • 收集并整理产品数据 • 制作产品趋势图 • 制定产品优化方案 • 制定店铺运营调整方案	• 能通过对店铺、产品等数据的收集，整理出产品数据表 • 能根据需求筛选数据进行分析，并制作产品趋势图 • 能通过产品趋势图对产品关键词、详情页等内容进行优化，从而提升产品和店铺排名 • 能根据目标市场的分析预判产品销售趋势并做出运营调整
3	营销推广数据分析	【知识点】 • 营销推广数据涵盖内容 • 营销推广数据获取渠道 • 营销推广数据分析维度 • 营销推广投入产出计算方法 • 营销推广活动优化维度 【技能点】 • 收集并整理营销推广数据 • 营销推广成效分析 • 制定营销推广优化方案 • 提出公司业务发展意见	• 能对营销各环节中涉及的基础数据进行采集和管理 • 能根据需求，制定不同营销推广手段投入产出数据表 • 能对营销各环节中涉及的基础数据进行多维度分析 • 能出具数据分析报告并对营销和业务提出建设性意见
4	整体业务数据分析	【知识点】 • 整体业务数据涵盖内容 • 整体业务数据获取渠道 • 成本利润率计算方法 • 行业竞争分析方法 【技能点】 • 收集并整理整体业务数据 • 店铺运营成本利润分析 • 行业竞争与发展分析 • 制定业务发展调整方案	• 能采集数据，对店铺运营情况进行分析 • 能采集数据，对行业竞争与发展趋势进行分析 • 能根据店铺与行业分析预判行业发展趋势并做出业务调整

六、课程实施

（一）教学方法

（1）在教学过程中，多采取以学习者为中心的教学模式，创新大单元教学、模块化教学、任务驱动教学、案例教学等，运用各种数据采集、数据处理与分析软件完成任务，强调数据采集与分析过程中的规范性、合理性、准确性，在注重培养学生职业能力的同时，培养学生互联网思维和数据素养，以及贸易强国的责任担当和使命意识、精益求精的工匠精神和善于团队合作的工作品质。

（2）在教学过程中，可根据不同单元与模块的教学需要合理安排师资，组建不同主题的商务数据分析教学团队，分工协作实施模块化教学。

（3）在教学过程中，要注意技能习得规律性与技能训练连续性，各模块练习过程中反复强调常用的数据采集方法、渠道、分析工具的应用，充分利用数字化资源与线上学习平台，做好课堂教学与课后练习的衔接、线上与线下的混合式学习，帮助学生熟能生巧，从新生进阶到熟手。

（二）教学评价

合理设计评价目标，开展多元评价，采用线上与线下考核相结合、阶段性与终结性评价相结合方式，探索增值评价。

（1）评价目标合理。评价目标包括学生的职业能力、通用能力、社会能力与发展能力。在评价学生数据采集、整理、分析能力的同时，评价学生的沟通与合作意识、法律素养以及互联网思维和数据素养。

（2）坚持多元评价。教学评价方式多元化，教学督导、任课教师、教学团队、学生、企业等都可以参与教学评价，以多元评价方式引导学生形成个性化学习方式。

（3）突出阶段性评价。教学效果的评价要突出阶段性，阶段性评价要与阶段性学习成果与目标设计相吻合，体现技能习得规律与职业能力成长逻辑，促进学生逐步达成课程学习目标。

（三）教材编写与使用

（1）依据本课程标准编写教材。

（2）编写教材时，应打破以知识体系为线索的传统编写模式，以跨境电商B2B商务数据分析工作过程为线索，采用体现工学结合、任务驱动、项目导向的新形态一体化项目教材编写模式。

（3）教材内容应凸显实践性、应用性，以数据分析典型工作任务的工作过程为逻辑，强调教学内容与数据分析相关岗位的吻合；要体现基础性、层次性，以能力形成规律和学习的认知规律为线索，确保教学内容中高职衔接。

（4）教材体例设计为单元＋模块的形式。首先以典型工作任务为载体将教学内容整合成若干个大单元；其次以工作过程为导向在每个大单元中设置若干个递进式与并列式相结合的模块，将岗位学习任务贯穿起来；最后以"以学习者为中心"设计模块中的学习情境、学习活动、学习成果、学习评价等内容,确保活动具体、可操作。

(5) 教材的文字表述既要体现专业标准与规范,又要简明通顺、浅显易懂、生动有趣,使学生易学、易懂、易接受。内容展示应图文并茂,多采用与真实工作过程一致的图片,引人入胜。

(6) 教材编写时,可根据中高职一体化课程衔接与数据分析岗位能力发展,延伸和拓展学习内容,增设课程内容的选学模块,提高学生商务数据分析专项技能水平。

(四) 资源利用

(1) 为活页式教材的使用配套数字化资源及其他教学资料,共同构建本课程的教学资源池。数字化资源主要包括多媒体课件、微课视频、数据分析案例库等,其他教学资料主要包括电子书籍、电子期刊、电子图书馆等网络资料。

(2) 以纸质教材为核心,通过二维码、微视频、网页链接等移动互联网技术,将在线资源与纸质教材相融合,使教材内容更加丰富生动、灵活动态,为学生提供增值服务。

(3) 借助学校自身的教学资源平台和校企合作,及时分析并掌握学生的学习情况,关注学生职业能力发展,充分利用配套资源对教学过程、活页式教材进行调整。

(五) 其他说明

对以上不能涵盖的内容做必要的说明。

"外贸风险管理"课程标准

一、课程名称与适用专业

课程名称: 外贸风险管理
适用专业: 国际经济与贸易专业
适用学段: 高职学段

二、课程性质与设计思路

(一) 课程性质

"外贸风险管理"是国际经济与贸易专业的一门专业主干课程。本课程主要培养学生在进出口业务中树立风险意识，提升风险的防控和解决能力。通过本课程的学习，学生能够掌握货物贸易的宏观环境风险、交易主体信用风险、合同条款风险、履约过程风险、服务和技术贸易风险、跨境电商风险等主要外贸风险的形成原因、风险特点、表现形式、防范措施等，提高有效应对国际贸易风险的能力。该课程的铺垫课程为"国际贸易基础""进出口业务操作""外贸跟单操作"等。

(二) 设计思路

本课程标准依据浙江省国际经济与贸易专业中高职一体化课改指导手册和专业教学标准进行制定。课程的设计思路是以国际经济与贸易专业外贸业务员岗位的工作任务及职业能力分析为依据，紧紧围绕高职阶段的职业能力要求确定课程目标。本课程依据主要的外贸风险类型，分成外贸风险管理概述、宏观环境风险及其防范、交易主体信用风险及其防范、合同条款风险及其防范、履约过程风险及其防范、跨境电商风险及其防范、服务与技术贸易风险及其防范7个大单元，每个大单元按照风险定义—风险类型—案例导入—案例分析—风控要点—防范对策—知识拓展进行课程设计，依据高职学生认知特点，突出了对学生职业能力的训练并充分考虑了高等职业教育对理论知识学习的需要。

建议本课程课时为54课时。

三、课程目标

本课程将国际贸易的主要风险按照风险类型分为7个大单元。每个单元明确了学生需要掌握的知识目标、能力目标、素养目标。主要通过案例教学法和小组讨论式教学，使国际经济与贸易专业的学生能树立风险意识，掌握主要外贸风险的形成原因、风险特点、表现形式、防范对策等，提高学生防范和应对外贸风险的能力，培养学生严谨细致、精益求精的职业规范，遵纪守法、诚实守信的职业品格，强化责任意识和风险意识，为今后从事外贸工作打下良好的基础。

具体职业能力目标包括：

- 能识别常见的外贸风险类型。
- 能分析宏观环境风险、交易主体信用风险、合同条款风险、履约过程风险、服务和技术贸易风险、跨境电商风险等主要外贸风险的形成原因、风险特点、表现形式、防控措施等。
- 能掌握中国出口信用保险的综合应用。
- 能践行严谨细致、精益求精的职业规范，遵纪守法、诚实守信的职业品格，强化责任意识和风险意识。

四、课程结构

（一）课程模块

"外贸风险管理"课程由 7 个大单元构成，包括外贸风险管理概述、宏观环境风险及其防范、交易主体信用风险及其防范、合同条款风险及其防范、履约过程风险及其防范、跨境电商风险及其防范、服务与技术贸易风险及其防范。每个大单元下又设置了若干个模块。

（二）课时安排

"外贸风险管理"课程共计 54 课时、3 学分。建议课时安排如下：

序号	学习任务 单元	学习任务 模块	建议课时数
1	外贸风险管理概述	外贸风险管理的含义和意义	3
		外贸风险构成要素及常见的外贸风险类型	
2	宏观环境风险及其防范	关税壁垒风险及其防范	9
		非关税壁垒风险及其防范	
		政治风险及其防范	
		汇率风险及其防范	
		出口国政策风险及其防范	
3	交易主体信用风险及其防范	进口商欺诈风险及其防范	12
		进口商破产风险及其防范	
		进口商货款拖欠和拒付拒收风险及其防范	
		供应商信用风险及其防范	
		出口信用保险	
4	合同条款风险及其防范	品质条款风险及其防范	9
		数量和价格条款风险及其防范	
		支付条款风险及其防范	
		运输和保险条款风险及其防范	
		包装条款风险及其防范	
		检验条款风险及其防范	
5	履约过程风险及其防范	质量风险及其防范	9
		运输风险及其防范	
		制单风险及其防范	
		检验风险及其防范	
6	跨境电商风险及其防范	跨境电商 B2B 电商风险及其防范	9
		跨境电商 B2C 电商风险及其防范	
7	服务与技术贸易风险及其防范	服务贸易风险及其防范	3
		技术贸易风险及其防范	
合计			54

五、课程内容与学习要求

序号	学习任务（单元）	知识、技能点	学习要求
1	外贸风险管理概述	【知识点】 • 外贸风险的含义 • 外贸风险的基本类型 • 外贸风险的构成要素 • 学习外贸风险管理的意义 【技能点】 • 能识别常见的外贸风险类型 • 能分析外贸风险的构成要素	• 能了解课程的基本情况 • 能掌握外贸风险的含义、构成要素、基本类型 • 能理解学习外贸风险管理课程的意义
2	宏观环境风险及其防范	【知识点】 • 宏观环境风险的主要类型 • 贸易壁垒风险的含义、表现形式、防控要点 • 政治风险、汇率风险、出口国政策风险的含义和防控要点 【技能点】 • 能识别常见的宏观环境风险 • 能掌握贸易壁垒风险、政治风险、汇率风险、出口国政策风险的防范措施	• 能结合中美、中印贸易摩擦，学习关税及关税壁垒风险，理解关税壁垒风险的防范措施 • 能结合案例理解学习绿色贸易壁垒、蓝色贸易壁垒、技术贸易壁垒的含义、风险表现形式及防范措施 • 能理解学习出口国退税政策和对出口商的风险影响 • 能结合案例学习政治风险、汇率风险的防范措施
3	交易主体信用风险及其防范	【知识点】 • 出口信用保险的含义、适用范围、主要类型、业务操作流程、作用 • 破产和欺诈风险的含义 • 货款拖欠和拒收拒付风险的含义 【技能点】 • 能识别常见的进口商信用风险 • 能熟悉出口信用保险的投保流程 • 能掌握进口商破产风险、欺诈风险、拒收拒付风险的防范措施	• 能理解学习出口信用保险的含义、适用范围、作用 • 能结合示例学习短期出口信用保险的投保流程 • 能结合案例学习进口商的破产风险、欺诈风险、拒收拒付风险的含义、表现形式、主要的防范措施 • 能拓展学习供应商信用风险的含义和表现形式
4	合同条款风险及其防范	【知识点】 • 品质和包装条款常见的拟定风险 • 运输和保险条款常见的拟定风险 • 支付和检验条款常见的拟定风险 • 数量和价格条款常见的拟定风险 【技能点】 • 能识别主要结算工具项下的支付条款风险并掌握主要的防范措施 • 能识别品质、包装、运输、保险、支付、检验条款的风险并掌握主要的防范措施	• 能熟悉外贸合同各主要条款的拟定规范 • 能结合案例学习品质、包装、运输、保险、支付、检验、数量和价格条款拟定的常见风险类型、表现形式和主要的防范措施 • 能深刻体会合同的合理性和科学性以及对防范外贸风险的重要性

续表

序号	学习任务（单元）	知识、技能点	学习要求
5	履约过程风险及其防范	【知识点】 • 质量风险和侵权风险的含义及表现形式 • 运输交货风险和检验风险的含义及表现形式 • 制单收汇风险的含义及表现形式 【技能点】 • 能识别质量、侵权、运输、制单收汇、检验条款的风险并掌握主要的防范措施	• 能巩固出口业务操作的履约过程，明确各个履约环节的主要工作 • 能结合案例学习质量风险、侵权风险、运输交货风险、检验风险、制单收汇风险的常见风险类型、表现形式和主要的防范措施 • 能拓展学习出口争议问题解决的重点和流程
6	跨境电商风险及其防范	【知识点】 • 跨境电商信用风险、支付风险、物流风险、法律风险的含义及表现形式 • 跨境B2B电商和B2C电商的风险比较 【技能点】 • 能识别跨境电商的信用风险、支付风险、物流风险、法律风险并掌握主要的防范措施 • 能熟悉主要的跨境B2B电商平台的平台规则	• 能学习及比较跨境电商B2B模式和B2C模式的主要风险类型 • 能结合案例学习跨境电商B2B模式下的信用风险、支付风险、物流风险和法律风险的常见风险类型、主要表现形式和重点的防范措施 • 能拓展学习跨境电商风险和一般贸易模式风险类型的异同
7	服务与技术贸易风险及其防范	【知识点】 • 服务贸易风险的含义及表现形式 • 技术贸易风险的含义及表现形式 【技能点】 • 能识别主要的服务贸易风险并熟悉防范措施 • 能识别主要的技术贸易风险并熟悉防范措施	• 能学习服务贸易风险和技术贸易风险的含义 • 能结合案例熟悉服务贸易风险和技术贸易风险的常见风险类型 • 能拓展学习服务贸易和技术贸易各类风险的防范要点

六、课程实施

（一）教学方法

（1）在教学过程中，应根据学生的实际水平以及教学不同阶段的实际情况，合理安排教学内容，应根据学生学习基础及课程体系适当调整项目选取与授课比重，遵循循序渐进的原则。

（2）在教学方法上，以案例教学为主，通过大量企业案例的分析研判，引导学生根据外贸业务员岗位职业能力要求来掌握专业技能与专业知识，提高外贸风险防范能力。

（3）在教学过程中，深入挖掘本课程育人元素，坚持立德树人。在学生知识学习和实践操作中融入思政元素，积极引导学生提升职业素养，践行严谨细致、精益求精、诚实守信、遵纪守法等职业规范，提升风险意识和风险防范能力。

（4）在教学组织形式上，以丰富的教学资源为支撑，引导学生课前自学、课中实践、课后拓展，提升学生业务水平与职业素养。采用精准化教学，基于线上网络教学平台所收集的数据开展精准化的学情分析、目标分析、内容分析、路径分析和精准教学干预，开展线上线下混合式教学，强化学生自主学习意识和能力的培养。

（二）教学评价

合理设计评价目标，开展多元评价，采用线上与线下考核相结合、阶段性与终结性评价相结合方式，探索增值评价。

（1）评价目标合理。评价目标包括学生的职业能力、通用能力、社会能力与发展能力、职业素养、创新思维等。

（2）坚持多元评价。建立科学的考评体系，教学评价方式多元化，任课教师、教学团队、学生同伴、企业专家、网络平台等都可以参与教学评价，以多元评价方式引导学生形成个性化学习方式与视觉表现形式。

（3）突出阶段性评价。教学效果的评价要突出阶段性，阶段性评价要与阶段性学习成果与目标设计相吻合，体现技能习得规律与职业能力成长逻辑，促进学生逐步达成课程学习目标。

（三）教材编写与使用

（1）依据本课程标准编写教材。

（2）编写教材时，应打破以知识体系为线索的传统编写模式，采用案例教学的形式，明确能力目标与知识目标，融入职业素养目标，以外贸风险类型为主线，按照风险定义—风险类型—案例导入—案例分析—风控要点—防范对策—知识拓展的主体结构，采用新形态一体化项目教材编写模式。

（3）教材内容应凸显实践性、应用性，要体现基础性、层次性，以能力形成规律和学习的认知规律为线索，确保教学内容中高职衔接。

（4）教材体例设计为单元＋模块的形式。首先以典型的外贸风险类型为载体将教学内容整合成若干个大单元；其次以每个风险类型下常见的风险表现形式为主线在每个大单元中设置若干个并列式相结合的模块，将学习任务贯穿起来。

（5）教材的文字表述既要体现专业标准与规范，又要简明通顺、浅显易懂、生动有趣。可通过多媒体演示、情景模拟、案例分析、案例研判、启发性思考等多种手段，深入浅出、图文并茂地展现教学内容。

（6）教材编写时，可根据中高职一体化课程衔接与外贸业务员能力发展，延伸和拓展学习内容，增设课程内容的选学模块，提高外贸风险防控水平。

（四）资源利用

（1）以系统化设计、碎片化资源为课程资源建设原则，开发本课程的教学视频、教学课件、教学动画、能力实训、案例集、试题库等数字化资源，确保数字教学资源种类丰富、形式多样、使用便捷。

（2）以纸质教材为核心，通过二维码、微视频、网页链接等移动互联网技术，将在线资源与纸质教材相融合，使教材内容更加丰富生动、灵活动态，为学生提供增值服务。

（3）充分利用线上网络学习平台，辅助课堂教学，搭建多维、动态、活跃、自主的课程学习平台，满足不同学情的差异化需求，充分调动学生的主动性、积极性和创造性。

（4）借助学校自身的教学资源平台和校企合作，及时分析并掌握学生的学习情况，关注学生职业能力发展，充分利用配套资源对教学过程及教材进行调整。

（五）其他说明

对以上不能涵盖的内容做必要的说明。

"外贸客户服务"课程标准

一、课程名称与适用专业

课程名称： 外贸客户服务

适用专业： 国际经济与贸易专业

适用学段： 高职学段

二、课程性质与设计思路

（一）课程性质

"外贸客户服务"是国际经济与贸易专业的一门专业核心课程。本课程主要培养具有较强职业能力、专业知识和良好职业素质的外贸业务员和跨境电商B2B销售专员。通过本课程的学习，学生能够掌握通过互联网和展会等方式与国外客户洽谈业务获得订单的方法，并熟悉获得外贸订单后业务跟进重要时点和要点，以及管理维护外贸客户的方式。本课程的铺垫课程是"国际贸易基础""进出口业务操作"，后续课程是"外贸风险管理""跨境电商B2B销售"等。

（二）设计思路

本课程标准依据浙江省国际经济与贸易专业中高职一体化课改指导手册和专业教学标准进行制定。课程的设计思路是以国际经济与贸易专业外贸业务员、跨境电商B2B销售专员的岗位工作任务及职业能力分析为依据，紧紧围绕高职阶段的职业能力要求确定课程目标；紧紧围绕完成工作任务的需要，考虑学生在知识、技能和素养的要求和可持续发展选取课程内容。再根据学生的认知特点、能力发展的规律与知识技能结构特点，以典型工作任务载体将教学内容整合成若干个大单元，以工作过程为导向将每个大单元再设计成若干个递进式与并列式相结合的模块。通过大概念或大任务的引领整合包括外贸客户开发、外贸客户跟进、外贸客户管理、外贸客户维护等理论与实践，实现教学做一体，使学生能深刻理解知识、能综合运用技术技能，具备外贸业务员、跨境电商B2B销售专员岗位相关要求。

建议本课程课时为54课时。

三、课程目标

通过在外贸综合实训室的仿真操作和外贸企业的全真操作，国际经济与贸易专业的学生能熟练掌握外贸客户开发、跟进、管理、维护的方法与技巧（有利于提高外贸业务运作效率，降低客户经营成本，提高企业经营水平；有利于挖掘客户的潜在价值，提高客户忠诚度和满意度，进而拓展销售市场；有利于及时地处理客户的抱怨，有效地预防客户纠纷，及时挽回流失的老客户），养成贸易强国的责任担当和使命意识、精益求精的工匠精神和善于团队合作的工作品质，为今后从事外贸业务员、跨境电商B2B销售专员等岗位工作奠定扎实基础。

具体职业能力目标包括：

- 能用多种工具和渠道对客户背景进行调查。
- 能识别客户的重要程度并进行分类管理。
- 能建立并更新买家数据库。
- 能与潜在客户进行售前、售中的沟通洽谈，能及时对客户的咨询和诉求进行反馈。
- 能针对不同客户进行建档并按照不同优先级进行分类和跟进。
- 能应用常用客户跟进技巧增强客户黏性。
- 能识别优质客户并重点跟进和维护。

- 能根据国外客户的投诉并做出合理的回应和处理。
- 能对客户流失的原因进行分析并进行有针对性的处理。

四、课程结构

(一) 课程模块

"外贸客户服务"课程由 4 个大单元构成，包括外贸客户开发、外贸客户跟进、外贸客户管理、外贸客户维护。每个大单元下又设置了若干个模块。

(二) 课时安排

"外贸客户服务"课程共计 54 课时、3 学分。建议课时安排如下：

序号	学习任务 单元	模块	建议课时数
1	外贸客户开发	客户开发的策略 客户开发的渠道 客户开发的技巧	12
2	外贸客户跟进	客户跟进的原则 客户跟进的方法 客户跟进的技巧	14
3	外贸客户管理	客户信息收集与管理 客户分级分类管理 客户满意度管理 客户忠诚度管理	16
4	外贸客户维护	客户沟通技巧 客户纠纷与处理 客户流失与挽回	12
	合计		54

五、课程内容与学习要求

序号	学习任务（单元）	知识、技能点	学习要求
1	外贸客户开发	【知识点】 - 客户开发的策略 - 客户开发的渠道 - 客户开发的技巧 【技能点】 - 掌握客户开发的基本策略 - 掌握客户开发的工具和方法 - 掌握接近客户的技巧	- 能熟练运用客户开发策略进行营销活动设计 - 能充分利用线上、线下资源高效地进行客户开发

续表

序号	学习任务（单元）	知识、技能点	学习要求
2	外贸客户跟进	【知识点】 • 客户跟进的原则 • 客户跟进的方法 • 客户跟进的技巧 【技能点】 • 掌握客户跟进的原则 • 掌握客户跟进的常用方法 • 掌握客户跟进技巧，增强客户黏性	• 能正确运用客户跟进原则进行客户跟进 • 能选择科学、合理的客户跟进方法进行客户跟进 • 能识别优质客户并重点跟进
3	外贸客户管理	【知识点】 • 客户信息收集的主要内容 • 客户分级分类管理的策略 • 客户满意度的内涵、测评方法 • 客户忠诚度的内涵、影响因素及提升策略 【技能点】 • 掌握客户信息收集的主要渠道 • 合理分配资源，对各级客户进行区别管理 • 掌握客户满意度测评方法与步骤 • 掌握客户忠诚度提升策略及技巧	• 能运用客户信息收集的渠道和方法，熟练地进行客户信息收集 • 能运用客户分级方法，对客户进行有效分级管理 • 根据客户满意度的指标及指标体系，进行客户满意度分析 • 根据客户满意与客户忠诚的关系，进行客户忠诚度分析
4	外贸客户维护	【知识点】 • 客户沟通的内容与技巧 • 客户纠纷的种类、预防与处理 • 客户流失的内外部原因 • 客户流失的预防策略与挽回 【技能点】 • 与客户进行有效沟通 • 有效预防各类客户纠纷 • 分析客户流失的原因 • 制定客户流失预防与挽回对策	• 能运用客户沟通技巧，熟练与客户进行有效沟通 • 了解各环节可能出现的客户纠纷，有效预防客户纠纷 • 能根据客户流失原因，制定客户流失挽回方案

六、课程实施

（一）教学方法

（1）在教学过程中，多采取以学习者为中心的教学模式，创新大单元教学、模块化教学、任务驱动教学、案例教学等，运用外贸客户服务等软件完成任务，在注重培养学生职业能力的同时，培养学生贸易强国的责任担当和使命意识、精益求精的工匠精神和善于团队合作的工作品质。

（2）在教学过程中，可根据不同单元与模块的教学需要合理安排师资，组建外贸客户服务教学团队，分工协作实施模块化教学。

（3）在教学过程中，要注意技能习得规律性与技能训练连续性，充分利用数字化资源与线上学习平台，做好课堂教学与课后练习的衔接、线上与线下的混合式学习，帮助学生熟能生巧，从新生进阶到熟手。

（二）教学评价

合理设计评价目标，开展多元评价，采用线上与线下考核相结合、阶段性与终结性评价相结合方式，探索增值评价。

（1）评价目标合理。评价目标包括学生的职业能力、通用能力、社会能力与发展能力。在评价学生外贸客户服务相关操作能力的同时，评价学生的审美、沟通与合作意识，法律、社会和人文素养以及营销思维和创新思维。

（2）坚持多元评价。教学评价方式多元化，任课教师、教学团队、学生同伴、企业专家、网络平台等都可以参与教学评价，以多元评价方式引导学生形成个性化学习方式与视觉表现形式。

（3）突出阶段性评价。教学效果的评价要突出阶段性，阶段性评价要与阶段性学习成果与目标设计相吻合，体现技能习得规律与职业能力成长逻辑，促进学生逐步达成课程学习目标。

（三）教材编写与使用

（1）依据本课程标准编写教材。

（2）编写教材时，应打破以知识体系为线索的传统编写模式，采用以外贸业务员、跨境电商B2B销售专员的工作过程为线索，体现工学结合、任务驱动、项目导向的新形态一体化项目教材编写模式。

（3）教材内容应凸显实践性、应用性，以外贸客户服务典型工作任务的工作过程为逻辑，强调教学内容与外贸业务员岗位的吻合；要体现基础性、层次性，以能力形成规律和学习的认知规律为线索，确保教学内容中高职衔接。

（4）教材体例设计为单元＋模块的形式。首先以典型工作任务为载体将教学内容整合成若干个大单元；其次以工作过程为导向在每个大单元中设置若干个递进式与并列式相结合的模块，将岗位学习任务贯穿起来；最后以"以学习者为中心"设计模块中的学习情境、学习活动、学习成果、学习评价等内容，确保活动具体、可操作。

（5）教材的文字表述既要体现专业标准与规范，又要简明通顺、浅显易懂、生动有趣，使学生易学、易懂、易接受。内容展示应图文并茂，多采用与真实工作过程一致的图片，引人入胜。

（6）编写教材时，可根据中高职一体化课程衔接与外贸业务员、跨境电商 B2B 销售专员等岗位能力发展，延伸和拓展学习内容，增设课程内容的选学模块，提高学生外贸客户服务专项技能水平。

（四）资源利用

（1）为活页式教材的使用配套数字化资源及其他教学资料，共同构建本课程的教学资源池。数字化资源主要包括多媒体课件、微课视频、测试题等，其他教学资料主要包括电子书籍、电子期刊、电子图书馆等网络资料。

（2）以纸质教材为核心，通过二维码、微视频、网页链接等移动互联网技术，将在线资源与纸质教材相融合，使教材内容更加丰富生动、灵活动态，为学生提供增值服务。

（3）借助学校自身的教学资源平台和校企合作，及时分析并掌握学生的学习情况，关注学生职业能力发展，充分利用配套资源对教学过程、活页式教材进行调整。

（五）其他说明

对以上不能涵盖的内容做必要的说明。

参考文献

[1] 国务院关于印发国家职业教育改革实施方案的通知（国发〔2019〕4号）[EB/OL]. http://www.gov.cn/zhengce/content/2019-02/13/content_5365341.htm.

[2] 中共中央、国务院印发《中国教育现代化2035》[EB/OL]. http://www.gov.cn/xinwen/2019-02/23/content_5367987.htm.

[3] 中共中央办公厅 国务院办公厅印发《关于推动现代职业教育高质量发展的意见》[EB/OL]. http://www.gov.cn/zhengce/2021-10/12/content_5642120.htm.

[4] 浙江省发展和改革委员会 浙江省教育厅关于印发《浙江省教育事业发展"十四五"规划》的通知[EB/OL]. http://www.zj.gov.cn/art/2021/6/28/art_1229505857_2307023.html.

[5] 浙江省教育厅办公室关于印发《浙江省中高职一体化课程改革方案》的通知（浙教办教科〔2021〕15号）[EB/OL]. http://jyt.zj.gov.cn/art/2021/6/21/art_1532983_58917715.html.

[6] 曹勇. 简论中高职一体化专业建设[J]. 天津职业大学学报，2011（5）：51-54.

[7] 姜宇国. 面向中高职一体化的职业教育管理创新：基于企业需求的分析[J]. 教育发展研究，2015（5）：80-83.

[8] 陆国民. 试析中高职贯通人才培养模式[J]. 教育发展研究，2012（17）：35-37.

[9] 徐国庆，石伟平. 中高职衔接的课程论研究[J]. 教育研究，2012（5）：69-73.

[10] 孟源北. 中高职衔接关键问题分析与对策研究[J]. 中国高教研究，2013（4）：85-88.

[11] 徐国庆. 中高职衔接中的课程设计[J]. 江苏高教，2013（3）：139-141.

[12] 臧志军，石伟平. 中美两国中高职衔接机制比较研究[J]. 教育发展研究，2013（1）：67-72.

[13] 万军. 对中高职贯通专业人才培养方案的制度分析[J]. 职业技术教育，2015（34）：32-35.

[14] 刘磊，张爱芹，李钰. 中高职贯通视域中的课程管理[J]. 职业技术教育，2015

(35)：8-11.

[15] 王丽新，李玉龙. 中高职一体化课程体系建设探析 [J]. 教育与职业，2016 (6)：94-96.

[16] 祝成林，和震. 美国技术学院预科高中人才培养模式及其对我国中高职衔接的启示 [J]. 外国教育研究，2017 (3)：117-128.

[17] 宋春林. 中高职一体化教育模式的构建 [J]. 教育发展研究，2017 (20)：50-56.

[18] 王春燕. 基于可持续发展教育理念的职业教育课程开发：PGSD 能力分析模型的构建及应用 [J]. 中国职业技术教育，2019 (18)：65-70.

[19] 于丽娟. 中高职一体化人才培养中的问题分析及发展对策：以浙江省护理专业为例 [J]. 中国职业技术教育，2020 (19)：72-77.

[20] 方洁. 新西兰高等职业教育一体化改革：动因、举措和特征 [J]. 职业技术教育，2021 (24)：65-72.

[21] 徐国庆. 中等职业教育的基础性转向：类型教育的视角 [J]. 教育研究，2021 (4)：118-127.

[22] STEWART B R & BRISTOW D H. Tech prep programs：the role and essential elements [J]. Journal of vocational and technical education，1997 (2).

[23] Ohio Department of Education. Manufacturing technologies：career field technical content standards document. P. xxxv & xxxvii [EB/OL]. http：//www. ode. state. oh. us.

[24] CARL D. Perkins Vocational and Applied Technology Education Amendments of 1998. Pub. L. No. 105-332，105th Con. http：//www. gpo. gov/fdsys/pkg/PLAW-105publ 332/html/PLAW-105publ332. htm.

[25] United States Department of Education. A Blueprint for Reform：The Reauthorization of the Elementary and Secondary Education Act [EB/OL]. [2010-03-13]. http：//www2. ed. gov/policy/elsec/leg/blueprint/.

[26] OECD. Education Policy Outlook：Australia [EB/OL]. [2021-01-14]. http：//www. oecd. org/ Australia/highlightsAustralia. htm.

[27] LAUGLO J，MACLEAN R. Vocationalisation of secondary education revisited [M]. Netherlands：Springer，2005.

[28] UNESCO Institute for Lifelong Learning，European Training Foundation，European Centre for the Development of Vocational Training. Global inventory of regional and national qualifications frameworks，Volume I：Thematic Chapters [M]. Hamburg：UIL，2015.

图书在版编目（CIP）数据

国际经济与贸易专业中高职一体化课程改革研究 / 梁帅，章安平著. -- 北京：中国人民大学出版社，2024.1

ISBN 978-7-300-32576-7

Ⅰ.①国… Ⅱ.①梁… ②章… Ⅲ.①国际经济-课程改革-研究-高等职业教育②国际贸易-课程改革-研究-高等职业教育 Ⅳ.①F11②F74

中国国家版本馆CIP数据核字（2024）第016876号

金苑文库
浙江金融职业学院中国特色高水平高职学校建设系列成果
国际经济与贸易专业中高职一体化课程改革研究
梁　帅　章安平　著
Guoji Jingji yu Maoyi Zhuanye Zhonggaozhi Yitihua Kecheng Gaige Yanjiu

出版发行	中国人民大学出版社			
社　　址	北京中关村大街31号		邮政编码	100080
电　　话	010-62511242（总编室）		010-62511770（质管部）	
	010-82501766（邮购部）		010-62514148（门市部）	
	010-62515195（发行公司）		010-62515275（盗版举报）	
网　　址	http://www.crup.com.cn			
经　　销	新华书店			
印　　刷	固安县铭成印刷有限公司			
开　　本	787 mm×1092 mm　1/16		版　次	2024年1月第1版
印　　张	12.5 插页1		印　次	2024年1月第1次印刷
字　　数	255 000		定　价	55.00元

版权所有　　侵权必究　　印装差错　　负责调换